湖南省卓越校建设系列成果

铁路运输法学教程

石纪虎　孙创前　编著

中国铁道出版社

2017 年·北京

内 容 简 介

本书力求突出铁道行业特色,遵循铁路运输活动的内在逻辑,以合同法律制度为中心,以与铁路运输活动密切相关的法律法规和规范性文件为主要内容进行编写。全书分为法学基本原理、合同法律制度、铁路运输合同、侵权法律制度和民事诉讼制度几个部分,系统地阐述了铁路运输所涉主要法律法规的基本理论和基本知识。

本书适用于铁路各专业及相关专业作为法律法规类课程的教材,也可以作为公司、铁路运输企业的管理人员和其他相关部门工作人员学习铁路运输法的参考书。

图书在版编目(CIP)数据

铁路运输法学教程/石纪虎,孙创前编著.—北京:中国
铁道出版社,2017.7
湖南省卓越校建设系列成果
ISBN 978-7-113-23274-0

Ⅰ.①铁… Ⅱ.①石… ②孙… Ⅲ.①铁路法—中国—教材
Ⅳ.①D922.296

中国版本图书馆 CIP 数据核字(2017)第 144977 号

书　　名:**铁路运输法学教程**
作　　者:石纪虎　孙创前　编著

策　　划:金　锋
责任编辑:金　锋　　　编辑部电话:010-51873125　　　电子信箱:jinfeng88428@163.com
封面设计:崔丽芳
责任校对:王　杰
责任印制:郭向伟

出版发行:中国铁道出版社(100054,北京市西城区右安门西街 8 号)
印　　刷:北京尚品荣华印刷有限公司
版　　次:2017 年 7 月第 1 版　　2017 年 7 月第 1 次印刷
开　　本:787 mm×1 092 mm　1/16　印张:12.25　字数:304 千
书　　号:ISBN 978-7-113-23274-0
定　　价:29.00 元

前　言

PREFACE

铁路运输是国家运输体系的重要组成部分,与人民群众的生活密切相关,在国民经济发展中起着重要的作用。铁路运输事业的快速健康发展,离不开法律制度保障。学习、领会保障铁路运输事业快速健康发展的法律制度的精神实质,并将之贯彻到实际工作岗位中,是铁路人的重要任务。

"民法为众法之基。私法固不待论,欲治公法者,亦应对民法有相当理解"(史尚宽语)。法学知识的学习,尤其是非法学专业人士对法学知识的学习,应以民法学知识为中心。民法学知识的基础在于合同法,对于非法学专业人士而言,学习法学知识,宜从合同法知识开始。本书力求突出铁道行业特色,遵循铁路运输活动的内在逻辑,以合同法律制度为中心,以与铁路运输活动密切相关的法律法规和规范性文件为主要内容。全书分为法学基本原理、合同法律制度、铁路运输合同、侵权法律制度和民事诉讼制度几个部分,系统地阐述了铁路运输所涉主要法律法规的基本理论和基本知识。

本书力求贯彻"着重进行法律意识、法治精神培育"的理念,养成法律思维习惯,提升法律思维能力培养目标,既对现行铁路运输法律法规及规范性文件进行了法理阐述,又有针对性地选取了部分具有代表性的典型案例,供读者阅读,以便于加深对相关法律原理的理解,养成检索、阅读典型生效裁判文书的良好习惯,进一步凸显法学学科应用性、实务性的实践性特征。

本书适用于铁路各专业及相关专业作为法律法规类课程的教材,也可以作为公司、铁路运输企业的管理人员和其他相关部门工作人员学习铁路运输法的参考书。

本书由湖南铁路科技职业技术学院石纪虎和上海海华永泰(长沙)律师事务所高级合伙人律师孙创前合作编著。

本书的编写,得到了湖南铁路科技职业技术学院以及各铁路院校同仁和专家的关心和指导,得到了湖南工业大学法学院、上海海华永泰(长沙)律师事务所各位学界同仁的帮助,在此,表示诚挚的谢意!

在本书的编写过程中,我们参考了较多的相关教材、著作和论文,本书案例,如无特别注明,均选自中国裁判文书网,在此向所有参考文献的作(编)者表示衷心感谢! 尽管我们具有多年的专业法学教学和实务工作经验,但由于水平和经验的局限,书中难免有疏漏和不足之处,敬请各位专家、同仁和读者不吝批评、指正。我们愿与同行及读者们相互切磋,教学相长,共同为铁路运输法律制度的完善,添砖加瓦,为弘扬社会主义法治精神,建设社会主义法治文化贡献绵薄之力。

编著者

2017 年 3 月

目 录

CONTENTS

绪 言

一、铁路运输法学的界定

任何学科,都是以概念为基础,通过构建一定的理论而形成的知识体系。学科以理论为阐述对象。理论,在词源意义上是指观看、观赏、观察和反思。理论是对特定事物的大量观察、经验和陈述进行系统地收集和整理;是对社会、存在和自然的复杂解释;是脱离个别事物的一般化,是脱离具体事物的抽象。理论由人提出。人提出理论,必须有个"立足点",只能从某个选定的"立足点"出发,才能对事物进行有效的观察和思考,形成理论。人们观察和思考事物,虽然可以选择"立足点",但是,"立足点"的选择并不完全是客观的,必然要受到选择者主观因素的影响,具有不可避免的主观性。"观",无论是主观的"观"还是客观的"观",都是人在"观",具有主观性,在此种意义上来说,任何理论的构建,任何学科的构建(划分)都具有一定的主观性。

法学学科以法的理论为阐述对象,是关于法的理论的知识体系。对于法学学科的建构(划分),可以从不同的视角进行。从"法学人"的视角,可以将法学学科区分为理论法学学科和应用法学学科。理论法学学科以法的一般理论为诠释对象,不涉及对具体法律条文的诠释;应用法学学科主要是从应用的视角,以特定领域的法的理论为诠释对象,在形式上主要体现为对相关法律(条文)的诠释。应用法学内部又可以进一步区分为宪法学、民商法学、行政法学、刑法学、诉讼法学等学科。铁路运输法学不是从"法学人"而是从"铁路人"的视角而构建(划分)的一门交叉性法学学科。从"铁路人"的视角构建铁路运输法学相对于以"法学人"的视角构建法学学科而言是一种"外在"的视角。从逻辑的视角而言,铁路运输法学并不是与民商法学、宪法学等学科相对应的法学学科,是一种行业法学。

二、铁路运输法学的范围

铁路运输法学作为交叉性法学学科,以铁路人所应当了解的法律法规为理论阐述对象。铁路人所应了解的法律法规知识,构成了铁路运输法学的知识体系。

铁路运输是一种合同关系,合同法律知识,由此成为铁路交通运输法学的核心内容。铁路运输合同,一般会涉及保险问题,作为铁路人,需要对保险法律知识有必要的了解。铁路运输合同双方当事人在订立、履行合同的过程中,不仅可能发生合同责任,也有可能发生侵权责任,特别是旅客人身伤害赔偿责任。作为铁路人,需要对侵权法律知识有必要的了解。旅客作为铁路旅客运输合同的当事人,相对于铁路运输企业而言为消费者,作为铁路人,需要对消费者权益保护法律知识有必要了解。无论是合同违约纠纷，还是侵权纠纷，需要通过一定的途径解决，作为铁路人，需要对纠纷解决，尤其是民事诉讼法律知识有必要的了解。铁路运输法学以合同法律知识为核心，涉及保险、侵权、消费者权益保护、诉讼等相关法律知识。

人天生具有理论化（形而上学）的倾向，对于事物的认识的一般逻辑是先具体后抽象。在实际生活中，人们只能接触到具体的合同，没有一般的合同、抽象的合同。一般的合同、抽象的合同是人们对生活接触到的具体合同的理论归纳的结果。知识必须具有普遍性和必然性，是可以分析且能够被言说、被传达、可交流。一般相对于个别，抽象相对于具体显然更容易满足知识论所要求的容易被言说、被传达、易交流的要求。理论知识的学习，与人们对具体事物认识的逻辑路径相反，宜遵循从抽象到具体，从一般到个别的路径。铁路交通运输法学的学习遵循从抽象到具体的路径，应从基本理论开始。学习铁路交通运输合同，应先学习合同的基本原理。只有掌握了合同知识的基本原理，再来学习具体的铁路运输合同，才能事半功倍。基于这一认识，本书在内容安排上，坚持以基本原理为主，重点讲授铁路运输所涉及合同法、保险法、侵权法、民事诉讼法、消费者权益保护法等法律部门的基本理论，在重点阐述基本理论的基础上，再探讨铁路运输所涉的具体法律问题。

三、铁路运输法学的目标

现代社会存在高度专业化的分工，任何一个专业领域都具有不可取代性。"法学人"和"铁路人"分属不同的专业领域，两者具有不可替代性。"铁路人"学习铁路运输法学的目的，并不是要取代"法学人"，成为精通法学理论的专业人士。法学作为一门学科，与铁路学科一样，内容繁多、体系庞杂，需要多年的精心研习，才能得其要义。"铁路人"学习铁路运输法学的主要目标不是学习（掌握）多少具体的法学知识，而是培育法治精神，培养法律意识，养成法律思维，强化法律思维能力。"法学对人的智识乐于提供也许是最好的科学思维技巧的训练——任何人，当他从法学转向其他科学时，都会感激曾有过这种法学的润养"。❶ 作为课程学习而言，"铁路人"学习铁路运输法学的目标主要应定位于法律意识、法治精神和法律思维能力的培养上，定位于养成遵纪守法，依法行事的良好习惯上。

铁路运输法学的学习，一般而言，要把握如下几个步骤：

第一，掌握法律概念。任何一部法律（典），都是由无数的抽象的法律概念组合而成的。掌握概念，是法学学习的第一步。学习法律的目的，就是要把我们社会生活上的各种现象，运用法律思维，将其转化为抽象的法律概念，以便寻求该事项在法律上的结论。

第二，探构逻辑体系。概念化、体系化是法律的基本特征，内部具有严密的逻辑结构。法律的逻辑体系，大体可分为概念的逻辑体系、法条的逻辑体系和制度的逻辑体系。

第三，重视案例分析。案例分析，在法学的学习中十分重要。学习铁路交通运输法学时，如能就日常生活中的实际案例从理论上加以分析，相当有益。案例分析，不仅可以增加学习的兴趣和信心，更能增进对法学理论的全面了解及运用。社会生活中的权益纠纷，即使再简单，都会涉及较多理论问题。

---

❶ 德古斯塔夫·拉德布鲁赫. 法理学阶梯. 舒国滢，译. 北京:清华大学出版社,2006:2.

案例思考题

中国铁路总公司作为公共交通运输企业，应否承担政府信息公开义务？

案情：铁道部于 2013 年在国务院机构改革中被撤销，同时成立国家铁路局和中国铁路总公司，其中并未涉及铁路公安机关和人员的编制归口管理机关等相关问题。原告就此问题先后向公安部、国家铁路局、人力资源和社会保障部等申请公开铁路公安机关系统归属去向等信息，得到的答复均称不掌握相关信息、不属于其公开范围。原告认为，根据《中华人民共和国政府信息公开条例》（以下简称《政府信息公开条例》）第 37 条之规定，中国铁路总公司作为公共交通运输企业，责无旁贷地承担政府信息公开义务。被告中国铁路总公司认为，自己作为企业，不是政府信息公开的答复义务机关。

法院认为，根据《政府信息公开条例》第 2 条的规定，政府信息是指行政机关在履行职责过程中制作或者获取的，以一定形式记录、保存的信息。因此，原告的申请实质是就相关问题进行咨询，并非《政府信息公开条例》所规定的政府信息公开申请，故依法驳回。

思考：非政府机关是否承担信息公开义务？

分析：从法理上分析，法院驳回原告诉讼请求的主要理由在于，原告未能准确把握《政府信息公开条例》中"政府机关"和"政府信息"这两个概念的含义。铁道部实行政企分开后，中国铁路总公司是企业而不是政府部门，国家铁路局才是政府部门。

提示：学习法律，必须注意准确把握法律概念的内涵。正确理解法律条文中所使用的法律概念的内涵，是法学学习的基本功。

第一章
法学基本原理

第一节 法的概念

一、法的意义

任何理论建构都以人性假设为基础。关于人性,法学学科的基本假设是:人具有利己性。人的利己性决定了个人与个人之间,不同的人群之间要争夺资源以及人类作为整体与其他非人类动物(生物)之间要争夺资源的基本事实。不同人群之间,人类作为整体与其他非人类动物(生物)之间争夺资源的事实决定了人与人之间必须进行合作,成为有组织的整体(群体)。人作为动物,从本能的视角而言,在自然界面前并不优越于其他动物。人没有厚实的皮毛可以御寒,没有锋利的爪子可以捕捉动物,没有结实的角来保护自身,更不能依靠自然本能准确地区分植物对人身的有益或者有害。人类只有群居形成社会并通过社会,才能最大限度地发展自我的禀赋,并以此来弥补身体禀赋和自然本能方面的不足,成为万物灵长,自然之王。

人的利己性决定了人与人之间必然存在着既存在冲突又需要合作的悖论关系:一方面,人需要为自己争夺尽可能多的资源,以使自己生活得更好,与他人形成(激烈)竞争(敌对)关系;另一方面,又必须与他人合作,成为群居动物,使人成为天生的社会动物,个人必须,也只能存在于社会之中。社会相对于个(体)人来说是一种合作体系,这种合作能够产生一种一致性的利益,从而使每个个(体)人都可能过一种比他们独自生活更好的生活。社会作为是个(体)人的合作体系,相对个(体)人而言,意味着要求个(体)人协调自己的行为,与他人保持一致,形成有序的生活状态,秩序由此成为人类社会的必然要求。秩序必须有相应的规则保障,没有规则,就不可能有良好的社会秩序。在现代社会,法律是保障社会秩序最为重要的规则。

法律规则是保障社会秩序的规则,但并不是唯一规则。除法律规则外,还有道德、宗教等社会规则来保障人类社会生活的有序状态。

法律与道德作为社会生活规则,两者之间既有密切联系又有显著区别。法律与道德的区别在于:第一,两者产生方式不同。法律通过国家制定或者认可的方式产生;道德是在社会生产生活过程中自然演化而形成。第二,表现形式不同。法律有明确的、规范的外在表现形式,即法律文本;道德通常存在于人们的观念、习惯和社会舆论中,没有明确的、外在的表现形式。第三,范围不同。法律和道德的调整范围存在交叉,但并不等同。有些领域主要由法律调整(如车辆行驶规则),有些领域主要由道德调整(如个人的感情生活)。第四,机制不同。法律以权利(力)义务为调整机制,道德只强调责任。第五,实施方式不同。法律由国家强制力保障实施,道德只能依靠社会舆论,个人良知等实施,没有外在的强制力。法律与道德的联系在于一般情形下,法律应当以道德为基础,是最低限度的道德,不得违反道德。违反道德的法律是否是法律,即"恶法非法"还是"恶法亦法",是法哲史上一个永远争论的话题。

宗教源于恐惧,源于人对死亡的恐惧。马克思主义认为,宗教是现实世界自然力量和社会力量在人们意识中的一种虚幻、歪曲的反映。宗教和法律作为社会生活规则,都具有调整社会关系、促进社会和谐的功能,两者的主要区别在于,法律只调整世俗社会中人与人之间的关系,宗教不但要调整教徒相互之间的关系,还调整教徒与教会组织,教徒与神之间的关系。

二、法的理念

人与人之间冲突和合作的实质,都是利益关系,冲突是对利益的争夺,合作是为了获得更多的利益。法律作为保障社会秩序规则的实质,是一种利益分配、利益衡量,必须在正义理念的指导下进行。法律以正义为理念,正义在很多情况下,成为法律的同义词。

正义作为法的理念,法的价值,虽然得到人类社会的普遍公认。但是,对于正义是什么,理论上众说纷纭。"正义有着一张普洛透斯似的脸,变幻无常、随时可呈不同形状并具有极不相同的面貌"。❶ 古希腊哲学家柏拉图认为,正义有城邦正义和个人正义之分。城邦正义体现为城邦国家中的治国者阶级、卫国者阶级和劳动阶级(分别是用金、银、铁不同的材料铸成)三者都按照自己的"天性"各守本分,专心于本阶级的工作,相互之间保持一致和谐的关系。个人正义体现为一种德行,是指个人的灵魂分为理性、激情和欲望三部分,每个部分各司其职、恪守本分、和谐统一。古希腊哲学家亚里士多德认为,正义是指人们在社会关系中所产生的一种美德,可以区分为一般正义和特殊正义。一般正义等同于守法。特殊正义可以区分为分配正义和矫正正义。分配正义是指应当按照比例平等原则对资源进行分配,相等的东西分配予相等的人,不相等的东西分配予不相等的人。矫正正义,是指对任何人都一样对待,仅计算双方利益与损害的平等。休谟认为,正义(公正)的有两个前提条件:一个客观条件是财富的相对匮乏;另一个主观条件是人性的自私和有限慷慨。当代美国哲学家罗尔斯认为,正义是社会制度的首要价值,正义意味着平等。社会正义要求所有的社会基本善——自由和机会、收入和财富及自尊的基础——都应被平等地分配,除非对一些或所有社会基本善的一种不平等的分配有利于最不利者。罗尔斯认为,正义可以区分为实体正义和程序正义。程序正义可以区分为完美的程序正义、不完美的程序正义和纯粹的程序正义。完美的程序正义是指人们不仅知道什么样的结果是正义,而且知道确保结果正义的方法。例如,三个人平分一个蛋糕,要想达到最公正的结果的方法便是由某个人切分蛋糕,但由其他两个人先选择。显然,在此种情形下,切分蛋糕的人要想得到最大的份额,最有效的方法

---

❶　博登海默.法理学:法律哲学与法律方法[M].邓正来,译.北京:中国政法大学出版社,1999:252.

是将蛋糕平分。不完美的程序正义是指人们知道什么样的结果是正义的,但却无法拥有实现该种结果的方法,即技术上不可行。纯粹的程序正义是指人们不知道什么样的结果是公正的,但却可以遵循一套公平的程序。针对罗尔斯的正义理论,哈耶克认为,社会正义是一种幻想,正义首先涉及人的行为,自然界本身无所谓正义与不正义。正义只能是规则调适行为的正义,没有规则也就没有正义。正义并非指人的行为本身的正当性,而是指行为规则的正当性。个人行为之正当与否,并不在于他的动机如何,不在于行为的结果如何,也不在于行为本身,而在于这种行为是否遵循规则。

正义的基本含义是指等利(害)交换。等利交换是积极正义,等害交换是消极正义。等利交换的意义在于互利,等害交换的意义在于避免互害。等利交换相对于等害交换更为根本,是最为根本、最为重要的正义。等利交换中最为根本的交换是权利义务的交换。权利义务的交换是正义最为根本的问题。正义依据主体的不同,可以区分为个人正义和社会正义。个人正义是个人之间所进行的等利(害)交换,社会正义是指以社会为主体的等利(害)交换。社会不是个人,必须由特定个人所代表。特定个人,能够代表社会者显然是社会的领导者、管理者或者统治者。社会正义由此表现为管理行为、统治行为的正义,正义首先是对社会管理者、统治者的一种要求,要求社会管理者、统治者在分配权利义务时必须以正义为指导理念。社会管理者、统治者在分配权利义务时必须以正义为指导理念,这种理念必须落实为具体的制度,社会正义的核心是制度正义。由于社会制度中最为重要的制度是分配制度,因此,社会正义最为核心的问题是分配制度的正义。

分配制度正义的具体要求是指权利必须按照贡献分配,义务必须按照权利分配。每个人作为社会的一分子,必须先对社会有所贡献,才能向社会索取利益。社会由个人组成,没有个人就没有社会。任何生活在社会中的个人,无论实际状况如何,都是社会的一分子,都是社会的创建者、缔结者,从此种意义上来说,都对社会做出了贡献。缔结社会是每个个人对社会所做出的最为基本、最为重要的贡献,都应得到应有的回报,这种回报便是基本权利。基本权利是指个人生存和发展所必需的,最起码的,最低限度的权利。由于每个人对于创建、缔结社会中所作出的贡献是相等的,因此,基本权利应当平等分配,即每个人的基本权利应当相等(同);基本权利之外的非基本权利按照贡献大小比例分配。

阅读材料

刘备、曹操和孙权三兄弟,刘备和曹操都是手工业者,而孙权什么手艺都没有。刘备和曹操想帮助孙权,于刘备从自己 30 头羊中拿出 5 头,曹操从自己 3 头羊中拿出 1 头给孙权,孙权以刘备和曹操给的 6 头羊为基础,开始专门从事养羊事业。孙权养羊 8 年后没有留下任何遗嘱突然死去。此时,孙权的羊的总数已经达到 132 头。但是,刘备和曹操的养羊没有孙权那么顺利,此时,刘备有 50 头羊,曹操有 10 头羊。除刘备和曹操外,孙权没有任何亲人。孙权所留下的 132 头羊应当如何在刘备和曹操之间进行分配?

方法一:按照人头分配,即刘备和曹操各分得 132 头羊的一半,每人 66 头。

方法二:刘备和曹操首先将自己当初送给孙权的羊拿回去,然后再平均分配。按照此种方法,刘备首先拿回 5 头,曹操拿回 1 头,然后将剩下的 126 头平均分配。最终,刘备分得 68 头,曹操分得 64 头。

方法三：按照当初两人资助孙权的"资助比例"分配，由于刘备将自己的羊的六分之一给了孙权，曹操将自己的羊的三分之一给了孙权，那么，两者的分配比应当为 $1/3 : 1/6 = 2 : 1$。最终，刘备可以分得 44 头，曹操可以分得 88 头。

方法四：刘备认为方法三不公平。有人建议，以此为基础进行完善。曹操当时将自己的羊的三分之一给了孙权，因此，应该得到孙权的羊的三分之一，即 $132/3 = 44$ 头羊；刘备当时将自己的六分之一给了孙权，因此，应当分得孙权的羊的六分之一，即 $132/6 = 22$ 头羊。余下 66 头平分。最终，刘备分得 $22 + 33 = 55$ 头羊，曹操分得 $44 + 33 = 77$ 头羊。

方法五：有人建议，应当按照当时资助给孙权的羊的比例进行分配，刘备资助了 5 头，曹操资助了 1 头，两者的资助比例为 $5 : 1$，所以，应当按照此种比例分配，即刘备分得 110 头，曹操分得 22 头。

方法六：有人建议，一半按资助比例分配，一半按照人头分配。首先，一半按照资助比例 $5 : 1$ 分配，即刘备分得 66 头中的 55 头，曹操分得 66 头中的 11 头，最后，另一半按照人头平均分配，即每人 33 头，最终，刘备分得的羊为 $55 + 33 = 88$（头）；曹操分得的羊为 $11 + 33 = 44$（头）。

方法七：有人建议，以刘备和曹操现有的羊与当时送给孙权之前的羊的总数为基础进行分配，即刘备的羊由 25 头羊增加为 50 头，增加了一倍。因此，刘备如果当初不送羊给孙权应当是 30 头羊，那么，现在应该是 60 头；同理，曹操的羊由 2 头变成了 10 头，增加了 5 倍。因此，曹操如果当初不送羊给孙权应当是 3 头，那么，现在应该是 15 头。所以，先从孙权的 132 头羊中拿出 10 头给刘备，拿出 5 头给曹操，剩下的 117 头平分，每人得到 58 头，剩下的 1 头用来作为庆祝友好分配成功的晚餐。❶

思考：你赞成哪种分配方式？为什么？

分析：上述七种分配方法，从法理上来说不违反正义原则，关键是站在什么视角来看待。

提示：法学中的问题并不如数学中的问题，有唯一正确答案，而是有多种答案。对于法学人来说，思维的重点是应当论证哪种答案最合理。

三、法的效力

法律相对于其他社会规则具有强制性，对人的行为具有约束力或者拘束力。"法律是有牙齿的，必要的时候它会咬人"。法的效力包括对象效力、时间效力和空间效力三个方面。

（一）对象效力

法的对象效力，也称法的对人效力，是指法律对哪些人有效。例如，日本人在中国是否需要遵守中国的法律？法的对象效力大致可以区分为四种情形。

1. 属人主义

属人主义是指法只对具有本国国籍的人有效，只适用于本国人，不适用于外国人。按照属人主义，本国人无论是居住国内还是国外，均应受本国法律约束；生活在国内的外国人，不受居住国法律约束。

2. 属地主义

属地主义是指法只对居住在本国领域内的自然人有效，外国自然人居住于本国国内，应

---

❶ 伯恩·魏德士. 法理学[M]. 丁小春,吴越,译. 北京:法律出版社,2003:161-163.

受本国法律约束,本国自然人居住于国外,则不受本国法律约束。

3. 保护主义

保护主义是指以维护本国国家和公民利益为根据,无论是何人在何地为何种侵害本国国家或者公民利益的行为,均应适用本国法律。

4. 折中主义

折中主义是指以"属地主义"为基础,以"属人主义"为补充,兼及"保护主义"。首先,在本国国内活动的人,无论是否具有本国国籍,均应受本国法律约束;其次,外国人原则上适用居住国法律,但有关公民义务、婚姻、家庭、继承、刑法中有特殊规定的某些犯罪,适用其本国法。

根据现行法律的相关规定,我国法律的对人效力主要包括两个方面:一是对中国公民在国外,原则上应适合中国法律,受中国法律保护并履行相应的法律义务,但当中国法律与居住国法律发生冲突时,要区分不同情况根据相应的国际法和国内法的规定来确定是否适用中国法律。二是不具有中国国籍的人居住于中国,除非法律另有规定,一律适用中国法律。另有规定一般是指法律上明确规定不适用中国法律的情形,如享有外交特权和豁免权的外国人,需要通过外交途径解决。不具有中国国籍的人在国外对中国国家或者中国公民实施犯罪,如果按照中国刑法规定最低刑为 3 年以上有期徒刑的,可以适用中国刑法,但是按照犯罪地的刑法不构成犯罪的除外。

(二)时间效力

法的时间效力,是指法律何时开始生效,何时终止效力,以及法律对其生效之前的事件或者行为是否具有溯及力的问题。

1. 法律的生效时间

法律的生效时间,一般有如下几种情形:一是自公布之日起生效。例如,《中华人民共和国村民委员会组织法》第 41 条规定,"本法自公布之日起施行"。二是法律对生效时间做出明确规定。例如,《中华人民共和国铁路法》第 74 条规定,"本法自 1991 年 5 月 1 日起施行"。

2. 法律的失效时间

法律的失效时间,一般有如下几种情形:一是新法取代旧法,旧法自然失效;二是新法明确规定废止旧法;三是由有权机关明确宣布法律失效。

3. 溯及力

法律的溯及力是指法律对其生效之前的事件和行为是否适用,适用就具有溯及力,不适用就不具有溯及力。法的溯及力主要有从旧原则、从新原则、从轻原则。从旧原则是指新法不具有溯及力,从新原则是指新法具有溯及力。从轻原则是指以新法和旧法何者对行为人有利为原则来确定适用新法或者旧法。从轻原则可以和从新原则或者从旧原则结合,形成从新兼从轻原则及从旧兼从轻原则。

关于法的溯及力,《中华人民共和国立法法》(以下简称《立法法》)第 92 条规定,"法律、行政法规、地方性法规、自治条例和单行条例、规章不溯及既往,但为了更好地保护公民、法人和其他组织的权利和利益而作的特别规定除外"。《中华人民共和国刑法》(以下简称《刑法》)第 12 条规定,"中华人民共和国成立以后本法施行以前的行为,如果当时的法律不认为是犯罪的,适用当时的法律;如果当时的法律认为是犯罪的,依照本法总则第四章第八节的规定应当追诉的,按照当时的法律追究刑事责任,但是如果本法不认为是犯罪或者处刑较轻的,适用本法"。《中华人民共和国著作权法》第 60 条规定,"本法规定的著作权人和出版者、表演者、录音录像制作者、广播电台、电视台的权利,在本法施行之日尚未超过本法规定的保护期的,依照本法予以保护"。

(三)空间效力

法的空间效力,是指法律对哪些地域有效力,即适用于哪些地区。一般而言,一国法律适用于该国主权范围所及的全部领域,包括领土、领水及其底土、领空以及作为本国领土延伸的本国驻外使馆、在外船舶及飞机等。我国法律的空间效力大致区分为三种情形:一是在全国范围内有效;二是《刑法》第 6 条规定,"凡在中华人民共和国领域内犯罪的,除法律有特别规定的以外,都适用本法。凡在中华人民共和国船舶或者航空器内犯罪的,也适用本法。犯罪的行为或者结果有一项发生在中华人民共和国领域内的,就认为是在中华人民共和国领域内犯罪"。第 8 条规定,"外国人在中华人民共和国领域外对中华人民共和国国家或者公民犯罪,而按本法规定的最低刑为三年以上有期徒刑的,可以适用本法,但是按照犯罪地的法律不受处罚的除外"。

四、法的渊源

法的渊源,也称法源,在法学理论上具有多种含义,但通常是指法的形式渊源,即法的表现形式。根据《立法法》的规定,我国法的渊源由宪法、法律、行政法规、地方性法规、自治条例和单行条例和规章构成。

1. 宪法

宪法是国家根本大法,是具有最高效力的法源,其他任何法律渊源都不得与宪法相抵触。现行宪法由序言和正文(共 4 章)两部分构成,主要内容包括我国的社会制度、国家制度的基本原则、国家机构,公民的基本权利和义务等。

2. 法律

法律有两种不同的含义。广义的法律是指所有由具有立法权的立法机关依据立法程序制定的规范性法律文件;狭义的法律是指由全国人大及其常委会制定的规范性法律文件。狭义的法律又可以区分基本法律和非基本法律。基本法律是指由全国人大制定的法律,非基本法律是指由全国人大常委会制定的法律。在全国人民代表大会闭会期间,对全国人民代表大会制定的法律进行部分补充和修改,但是不得同该法律的基本原则相抵触。

《立法法》第 8 条规定,"下列事项只能制定法律:(一)国家主权的事项;(二)各级人民代表大会、人民政府、人民法院和人民检察院的产生、组织和职权;(三)民族区域自治制度、特别行政区制度、基层群众自治制度;(四)犯罪和刑罚;(五)对公民政治权利的剥夺、限制人身自由的强制措施和处罚;(六)对非国有财产的征收、征用;(七)民事基本制度;(八)基本经济制度以及财政、税收、海关、金融和外贸的基本制度;(九)诉讼和仲裁制度;(十)必须由全国人民代表大会及其常务委员会制定法律的其他事项"。

3. 行政法规

行政法规,是指由国务院为执行法律的规定或者实现自身的法定职权所制定的规范性法律文件。行政法规的效力低于宪法和法律。

《立法法》第 64 条规定,"国务院根据宪法和法律,制定行政法规。行政法规可以就下列事项作出规定:(一)为执行法律的规定需要制定行政法规的事项;(二)宪法第八十九条规定的国务院行政管理职权的事项。应当由全国人民代表大会及其常务委员会制定法律的事项,国务院根据全国人民代表大会及其常务委员会的授权决定先制定的行政法规,经过实践检验,制定法律的条件成熟时,国务院应当及时提请全国人民代表大会及其常务委员会制定法律"。

4. 地方性法规

地方性法规,是指由具有立法权的地方人大及其常委会所制定的规范性法律文件。

《立法法》第 71 条规定,"省、自治区、直辖市的人民代表大会及其常务委员会根据本行政区域的具体情况和实际需要,在不同宪法、法律、行政法规相抵触的前提下,可以制定地方性法规。较大的市的人民代表大会及其常务委员会根据本市的具体情况和实际需要,在不同宪法、法律、行政法规和本省、自治区的地方性法规相抵触的前提下,可以制定地方性法规,报省、自治区的人民代表大会常务委员会批准后施行。省、自治区的人民代表大会常务委员会对报请批准的地方性法规,应当对其合法性进行审查,同宪法、法律、行政法规和本省、自治区的地方性法规不抵触的,应当在四个月内予以批准。省、自治区的人民代表大会常务委员会在对报请批准的较大的市的地方性法规进行审查时,发现其同本省、自治区的人民政府的规章相抵触的,应当做出处理决定。本法所称较大的市是指省、自治区的人民政府所在地的市,经济特区所在地的市、国务院已经批准的较大的市和其他设区的市。前款规定的其他设区的市,开始制定地方性法规的具体步骤和时间,由省、自治区的人民代表大会常务委员会根据本省、自治区所辖的设区的市的人口数量、地域面积、经济社会发展情况等因素确定,并报全国人民代表大会常务委员会备案。较大的市制定地方性法规限于城市建设、市容卫生、环境保护等城市管理方面的事项"。第 72 条规定,"地方性法规可以就下列事项作出规定:(一)为执行法律、行政法规的规定,需要根据本行政区域的实际情况作具体规定的事项;(二)属于地方性事务需要制定地方性法规的事项。除本法第八条规定的事项外,其他事项国家尚未制定法律或者行政法规的,省、自治区、直辖市和较大的市根据本地方的具体情况和实际需要,可以先制定地方性法规。在国家制定的法律或者行政法规生效后,地方性法规同法律或者行政法规相抵触的规定无效,制定机关应当及时予以修改或者废止。制定地方性法规,对法律、行政法规已经明确规定的内容,一般不作重复性规定"。

5. 自治条例和单行条例

《立法法》第 74 条规定,"民族自治地方的人民代表大会有权依照当地民族的政治、经济和文化的特点,制定自治条例和单行条例。自治区的自治条例和单行条例,报全国人民代表大会常务委员会批准后生效。自治州、自治县的自治条例和单行条例,报省、自治区、直辖市的人民代表大会常务委员会批准后生效。自治条例和单行条例可以依照当地民族的特点,对法律和行政法规的规定做出变通规定,但不得违背法律或者行政法规的基本原则,不得对宪法和民族区域自治法的规定以及其他有关法律、行政法规专门就民族自治地方所作做的规定做出变通规定"。

6. 规章

规章可以区分为部门规章和地方政府规章。部门规章是指由国务院组成部门及其直属机构所制定的规范性法律文件。地方政府规章是指由地方政府所制定的规范性法律文件。

《立法法》第 79 条规定，"国务院各部、委员会、中国人民银行、审计署和具有行政管理职能的直属机构，可以根据法律和国务院的行政法规、决定、命令，在本部门的权限范围内，制定规章。部门规章规定的事项应当属于执行法律或者国务院的行政法规、决定、命令的事项。没有法律、行政法规依据，部门规章不得创设限制或者剥夺公民、法人和其他组织权利的规范，或者增加公民、法人和其他组织义务的规范，不得增加本部门的权力、减少本部门的法定职责"。第 80 条规定，"省、自治区、直辖市和较大的市的人民政府，可以根据法律、行政法规和本省、自治区、直辖市的地方性法规，制定规章。地方政府规章可以就下列事项作出规定：（一）为执行法律、行政法规、地方性法规的规定需要制定规章的事项；（二）属于本行政区域的具体行政管理事项"。

五、法的分类

法律作为保障社会秩序的规则，是一种社会生活规则。社会生活具有复杂性，决定了作为社会生活规则的法律的复杂性，需要依据一定的标准进行分类，才能便于人们认识和把握。

1. 公法和私法

人与人之间的关系，可以区分为平等型关系和非平等（隶属）型关系两种基本类型。法律依据其规范关系类型的不同，可以区分为公法和私法。公法规范非平等（隶属）型关系，私法规范平等型关系。公法和私法是法理学对于法的最基本的分类。公法主要是指宪法、行政法和刑法等法律，私法主要是指民商法，包括合同法、物权法、侵权责任法、公司法、保险法等法律。现实生活中的事物一般并不存在非此即彼的明显界限，具有复杂性，对事物的分类具有相对性。从逻辑的角度而言，法律区分公法和私法的逻辑划分并不周延，在两者之间存在中间状态，法理学上称为社会法，主要包括劳动法、社会保障法、环境保护法等。

2. 实体法和程序法

法律是关于利益的规则，对于主体而言，有利益存在与否和利益如何实现的问题。法律由此可以区分为实体法和程序法。实体法是关于利益是否存在的法律规范，程序法是关于利益实现方式的法律规范。程序法包括诉讼法和非诉讼程序法。诉讼法分为民事诉讼法、行政诉讼法和刑事诉讼法，非诉讼程序法主要包括仲裁法、调解法等。实体法和程序法的划分同样不是绝对的，实体法中可能会包含有一些程序性的内容，程序法中也可能会涉及实体的内容。

3. 上位法和下位法

法律是由国家特定机构制定的，根据制定机构的不同，法律可以区分为上位法和下位法。上位法和下位法具有相对性，是两部不同法律相比较而言的，单独的一部法律，无所谓上位法或者下位法。上位法是指相对于下位法而言，制定机构级别高的法律。区分上位法和下位法的意义在于，当下位法的某个具体规定与上位法中的某个具体规定相矛盾时，应当以上位法的规定为准，称为上位法优于下位法。

4. 一般法和特别法

法律有不同的效力范围。根据效力范围的不同,法律可以区分为一般法和特别法。特别法是相对于一般法而言的。当一般法的具体规定与特别法的具体规定相矛盾时,应当优先适用特别法的具体规定,称为特别法优于一般法。

六、铁路法规

铁路运输涉及的诸多法律法规形成一个有机联系的整体,成为国家法律法规体系的一个重要组成部分。铁路运输法律法规由法律、行政法规、行政规章和司法解释四部分构成。

(一)法律

《中华人民共和国铁路法》(以下简称《铁路法》)由 1990 年 9 月 7 日第七届全国人民代表大会常务委员会第十五次会议通过,1990 年 9 月 7 日中华人民共和国主席令第三十二号公布,自 1991 年 5 月 1 日起施行。2015 年 4 月 24 日第十二届全国人民代表大会常务委员会第十四次会议修正。

《铁路法》既是铁路管理的基本法,也是调整铁路运输法律关系的基本法,内容涉及铁路运输营业、铁路建设、铁路安全与保护等。《铁路法》在铁路法律法规体系中处于龙头地位。除《铁路法》外,其他法律诸如《合同法》《保险法》《消费者权益保护法》等都是铁路运输法律法规体系的重要组成部分。

(二)行政法规

1.《铁路安全管理条例》

《铁路安全管理条例》于 2013 年 8 月 17 日中华人民共和国国务院令第 639 号公布,自 2014 年 1 月 1 日起实施,分为总则、铁路建设质量安全、铁路专用设备质量安全、铁路线路安全、铁路运营安全、监督检查、法律责任、附则共 8 章 108 条。

2.《铁路交通事故应急救援和调查处理条例》

《铁路交通事故应急救援和调查处理条例》于 2007 年 7 月 11 日中华人民共和国国务院令第 501 号公布,自 2007 年 9 月 1 日起施行,分为总则、事故等级、事故报告、事故应急救援、事故调查处理、事故赔偿、法律责任。

3.《中国人民解放军驻铁路、水路沿线交通部门军事代表条例》

《中国人民解放军驻铁路、水路沿线交通部门军事代表条例》由国务院、中央军委于 1978 年 6 月 29 日起颁布实施,主要目的在于为使军队与铁路、水路交通部门密切协同,加强国防交通建设和战时交通保障,规定军事代表办事处的任务、设置及其与铁路、水路部门、部队的关系。

4.《中华人民共和国无线电管理条例》

《中华人民共和国无线电管理条例》于 1993 年 9 月 11 日国务院、中央军事委员会令第 128 号发布,2016 年 11 月 11 日中华人民共和国国务院、中华人民共和国中央军事委员会令第 672 号修订,2016 年 11 月 25 日公布。

5.《铁路货物运输合同实施细则》

《铁路货物运输合同实施细则》于 1986 年 11 月 8 日国务院批准,1986 年 12 月 1 日铁道部发布(根据 2011 年 1 月 8 日国务院令第 588 号《国务院关于废止和修改部分行政法规的决定》修订)。

(三)行政规章

1.《铁路机车车辆设计制造维修进口许可办法》(交通运输部令 2013 年第 13 号)

2.《铁路机车车辆驾驶人员资格许可办法》(交通运输部令 2013 年第 14 号)

3.《铁路旅客车票实名制管理办法》(交通运输部令 2014 年第 20 号)

4.《铁路运输基础设备生产企业审批办法》(交通运输部令 2013 年第 21 号)

5.《违反〈铁路安全管理条例〉行政处罚实施办法》(交通运输部令 2013 年第 22 号)

6.《铁路运输企业准入许可办法》(交通运输部令 2014 年第 19 号)

7.《铁路旅客运输安全检查管理办法》(交通运输部令 2014 年第 21 号)

8.《铁路危险货物运输安全监督管理规定》(交通运输部令 2015 年第 1 号)

9.《铁路建设工程质量监督管理规定》(交通运输部令 2015 年第 2 号)

10.《铁路运输基础设备生产企业审批办法》(交通运输部令 2013 年第 21 号)

11.《铁路危险货物运输安全监督管理规定》(交通运输部令 2015 年第 1 号)

12.《铁路专用设备缺陷产品召回管理办法》(交通运输部令 2015 年第 23 号)

13.《城市轨道交通运营管理办法》(建设部第 140 号令)

(四)司法解释

1.《最高人民法院关于审理铁路运输人身损害赔偿纠纷案件适用法律若干问题的解释》(2010 年)

2.《最高人民法院关于审理铁路运输损害赔偿案件若干问题的解释》(1994 年)

七、法学思维

每门学科都有自己独特的思维方式和思维特性。法学思维,是法学人通过学术训练而形成的一种独特的思维方式。一般而言,法学思维具有如下几个方面的特征。

1. 规则思维

法学思维必须以现行法律为根据思考问题,以法律规则为标准对人们行为进行的分析和判断,是一种规则思维。"一个法律人应当始终有清晰明确的概念、严谨的体系结构、法律功能的准确认识。"❶法学思维规则性的典型形式是三段论式的法律推理,以法律规则为大前提,不能对作为大前提的法律规则怀疑,必须奉行法律至上的基本原则。

2. 目的思维

法学思维是针对某个问题的思维,以解决问题为目标,是一种目的思维。法学思维的目的性具有封闭性,法学人必须在现有法律规定的框架下找出解决问题的具体答案。对于法官而言,不能以没有具体明确的法律规定而拒绝裁判案件。法学思维必须针对问题,以解决问题为导向的特征决定了法学思维是一种实践性思维,明显区别于哲学思维的"纯思"性特征。

---

❶　王泽鉴.民法思维[M].北京:北京大学出版社,2009:166.

例如,某牧民立下遗嘱,将自己所有的骆驼分配给三个儿子,大儿子获得全部骆驼的二分之一,二儿子获得全部骆驼的四分之一,三儿子获得全部骆驼的六分之一。但是,牧民临死之前只留下了11头骆驼。三兄弟对于如何分配这11头骆驼? 如何运用目的思维,解决这个难题?

3. 论证思维

法学思维不仅仅是为解决某个问题提供答案,而是要所提供的答案提出必要充分的理由,必须进行严格的论证,需要遵循"理由优先于结论"思维原则。论证思维是一种说服思维,必须提供充分的理由说服他人,形成必要的共识。实际案件中的裁判文书如果只有结论没有说理,没有论证,被称为"强盗式逻辑"的裁判文书。

4. 程序思维

法学思维针对某个问题进行思维,提供答案,不仅需要进行论证,说明理由,还需要遵循一定的程序。程序具有自身的独立价值,程序公正是实体公正的前提。通过公正程序所得出的结论,即使未必公正,也具有一定的可接受性。程序性思维要求法官只追求程序中的真,而不是客观的真。法律意义上的真实或真相其实只是程序意义上的真实或真相。

5. 合法思维

合法思维,是指法学人在思考问题时,以是否合法为准,追求的是法律真实,而非客观真实,必须遵循"合法性优先于客观性"的原则。在司法实务中,凡是通过非法方式获得的客观真实情况不能作为定案的事实根据,法官不能以没有查明客观事实而拒绝作出裁判。

6. 平衡思维

社会生活复杂性决定了法律问题解决没有诸如数学问题答案非此即彼般的绝对性。法律纠纷常常是争论双方都有一定的道理,需要进行利益衡量,法学思维由此呈现出很强的利益平衡性的特征。

第二节 法 律 关 系

一、法律关系的含义

人生活在社会之中,必定与他人要发生联系,形成一定的社会关系。社会关系中受法律调整的关系构成法律关系。法律关系是法学理论中一个基础性概念,是法学人对法律问题进行技术性分析的基本工具。

法律关系是指某种社会关系经由法律调整所形成的法律主体之间的权利义务关系。法律关系具有三要素,即主体、客体、内容。法律关系的变动必须有一定原因,导致法律关系变动的原因称为法律事实。

法律事实,是指导致法律关系变动的客观情况或者现象。法律事实是一种客观存在的外在现象,单纯的心理现象不能成为法律事实。法律事实可以区分为法律事件和法律行为两种类型。法律事件,是指不以法律关系主体意志为转移而导致法律关系变动的客观事实。法律事件又可以区分为社会事件和自然事件两种。社会事件如战争,自然事件如自然灾害。法律行为,是指导致法律关系变动的人的有意识的活动。

法律事实导致法律关系变动,但两者并不一定具有简单的一一对应关系,可能出现同一法律事实导致多种法律关系的变动,或者多个法律事实导致一个法律关系变动的情形。多个事实导致法律关系变动的情形称为法律事实的构成。

二、法律关系的主体

法律关系是人与人之间的关系,没有人的参加,就不可能形成法律关系。人是法律关系的主体,是权利义务的承担者。法律关系中,享有权利者为权利主体,称为权利人;承担义务者为义务主体,称为义务人。法律关系的主体包括自然人、个人独资企业、合伙企业和法人。特殊情形下,国家也可以成为法律关系的主体。自然人和法人及非法人组织虽然都可以成为法律关系的主体,但是,法人及非法人组织作为主体,从最终目的上来说是为自然人服务的,是自然人实现某种目的的工具。因此,自然人是最为重要,也是最终意义的法律关系主体。

(一)自然人

1. 自然人的含义

自然人是指基于自然规律出生的人。自然人是生物学意义上的人,必定是由自然人生出的人。自然人不同于公民。公民是个公法概念,是指取得一个国籍的人。公民为自然人,但自然人不一定是该国公民。现代社会,自然人必定具有权利能力,即作为法律主体所享有的权利和承担义务的资格。

2. 自然人的出生

自然人必定是自然人生出来的,出生是自然人成为自然人的法律标志。对于自然人的出生,法学理论上主要三种不同的学说。露出说认为,应以胎儿是否露出母体为标准进行认定。露出说又可以区分为全部露出说和部分露出说两种观点。部分露出说认为,胎儿一部分露出母体即应认定为出生,全部露出说认为,胎儿的全部露出母体后才能认定为出生。初声说认为,应以胎儿的第一声啼哭作为认定出生的标准。独立呼吸说认为,应以胎儿的独立呼吸作为认定出生的标准。

我国法律对于出生认定标准未作明确规定。《中华人民共和国民法总则》(以下简称《民法总则》)第15条规定,"自然人的出生时间和死亡时间,以出生证明、死亡证明记载的时间为准;没有出生证明、死亡证明的,以户籍登记或者其他有效身份登记记载的时间为准。有其他证据足以推翻以上记载时间的,以该证据证明的时间为准"。

3. 自然人的死亡

自然人死亡的后果是导致权利能力丧失即主体资格终止。自然人的死亡在法学上可以区分为生理死亡和宣告死亡两种状况。

生理死亡的时间认定在医学上有脉搏停止跳动说、心脏搏动停止说、呼吸停止说和脑死亡说等多种观点。生理死亡还有种特殊情况即推定死亡。推定死亡是指对人生理死亡时间的推定,即不知道人是什么时间死亡,而根据法律规定认定死亡时间。"相互有继承关系的几个人在同一事件中死亡,如不能确定死亡先后时间的,推定没有继承人的人先死亡。死亡人各自都有继承人的,如几个死亡人辈分不同,推定长辈先死亡;几个死亡人辈分相同,推定同时死亡,彼此不发生继承,由他们各自的继承人分别继承"。

宣告死亡,是指宣告死亡是指自然人离开住所,下落不明达到法定期限,经利害关系人申请,由人民法院宣告其死亡的法律制度。《民法总则》第46条规定,"自然人有下列情形之一的,利害关系人可以向人民法院申请宣告其死亡:(一)下落不明满四年的;(二)因意外事件,下落不明满二年的。因意外事件下落不明,经有关机关证明该自然人不可能生存的,申请宣告死亡不受二年时间的限制"。

4. 自然人的行为能力

自然人的行为能力,是指自然人能以自己的行为取得权利,承担义务的资格。自然人的行为能力区分为三种类型。

(1)完全民事行为能力人

完全行为能力人,是指自然人通过自己独立的行为行使民事权利,履行民事义务的能力。《民法总则》第17条规定,"十八周岁以上的自然人是成年人。不满十八周岁的自然人为未成年人"。第18条规定,"成年人为完全民事行为能力人,可以独立实施民事法律行为。十六周岁以上的未成年人,以自己的劳动收入为主要生活来源的,视为完全民事行为能力人"。

(2)限制民事行为能力人

限制行为能力人,是指自然人在一定范围内具有民事行为能力,超出一定范围就不具有相应的民事行为能力。《民法总则》第19条规定,"八周岁以上的未成年人为限制民事行为能力人,实施民事法律行为由其法定代理人代理或者经其法定代理人同意、追认,但是可以独立实施纯获利益的民事法律行为或者与其年龄、智力相适应的民事法律行为"。

(3)无民事行为能力人

无民事行为能力人,是指自然人不具有以自己独立的行为取得民事权利和承担民事义务的资格。《民法总则》第20条规定,"不满八周岁的未成年人为无民事行为能力人,由其法定代理人代理实施民事法律行为"。

5. 自然人的宣告失踪

自然人的宣告失踪,是指自然人离开自己的居所下落不明达到法定期限,为保护失踪人的利益而由利害关系人申请,由人民法院宣告其为失踪人的法律制度。《民法总则》第40条规定,"自然人下落不明满二年的,利害关系人可以向人民法院申请宣告该自然人为失踪人"。

宣告死亡和宣告失踪在法律意义上的实质区别在于,宣告失踪的制度目的是为了保护失踪人,而宣告死亡的制度目的是为了保护利害关系人。

6. 自然人的监护

监护,是指为保护无民事行为能力人、限制民事行为能力人或者特定完全民事行为能力人的利益而为其设立监督和保护人的法律制度。监护人应当按照最有利于被监护人的原则履行监护职责,保护被监护人的人身、财产及其他合法权益;除为被监护人利益外,不得处分被监护人的财产。监护关系因下列原因而终止:一是被监护人取得或者恢复完全民事行为能力的;二是监护人丧失监护能力的;三是被监护人或者监护人死亡的;四是人民法院认定监护关系终止的其他情形的。监护关系终止后,被监护人仍然需要监护的,应当依法另行确定监护人。

《民法总则》第 27 条规定，"父母是未成年子女的监护人。未成年人的父母已经死亡或者没有监护能力的，由下列有监护能力的人按顺序担任监护人：（一）祖父母、外祖父母；（二）兄、姐；（三）其他愿意担任监护人的个人或者组织，但是须经未成年人住所地的居民委员会、村民委员会或者民政部门同意"。

（二）个人独资企业

个人独资企业，是指由一个自然人投资，财产为投资者个人所有，投资者以其个人财产对企业债务承担无限责任的企业。个人独资企业不具有法人资格，但以自己的名义从事民事活动。投资者设立个人独资企业，必须基本如下条件：（1）投资人为一个自然人；（2）有合法的企业名称；（3）有投资人申报的出资；（4）有固定的生产经营场所和必要的生产经营条件；（5）有必要的从业人员。

个人独资企业投资人可以自行管理企业事务，也可以委托或者聘用其他具有民事行为能力的人负责企业的事务管理。投资人委托或者聘用他人管理个人独资企业事务，需要与受托人或者被聘用的人签订书面合同，明确委托的具体内容和授予的权利范围。受托人或者被聘用的人员应当履行诚信、勤勉义务，按照与投资人签订的合同负责个人独资企业的事务管理。投资人对受托人或者被聘用的人员职权的限制，不得对抗善意第三人。投资人委托或者聘用的管理个人独资企业事务的人员不得有下列行为：（1）利用职务上的便利，索取或者收受贿赂；（2）利用职务或者工作上的便利侵占企业财产；（3）挪用企业的资金归个人使用或者借贷给他人；（4）擅自将企业资金以个人名义或者以他人名义开立账户储存；（5）擅自以企业财产提供担保；（6）未经投资人同意，从事与本企业相竞争的业务；（7）未经投资人同意，同本企业订立合同或者进行交易；（8）未经投资人同意，擅自将企业商标或者其他知识产权转让给他人使用；（9）泄露本企业的商业秘密；（10）法律、行政法规禁止的其他行为。

个人独资企业解散的法定情形：（1）投资人决定解散；（2）投资人死亡或者被宣告死亡，无继承人或者继承人决定放弃继承；（3）被依法吊销营业执照；（4）法律、行政法规规定的其他情形。

个人独资企业解散，由投资人自行清算或者由债权人申请人民法院指定清算人进行清算。投资人自行清算的，应当在清算前 15 日内书面通知债权人，无法通知的，应当予以公告。债权人应当在接到通知之日起 30 日内，未接到通知的应当在公告之日起 60 日内，向投资人申报其债权。

个人独资企业解散的，财产应当按照下列顺序清偿：（1）所欠职工工资和社会保险费用；（2）所欠税款；（3）其他债务。个人独资企业解散后，原投资人对个人独资企业存续期间的债务仍应承担偿还责任，但债权人在五年内未向债务人提出偿债请求的，该责任消灭。个人独资企业财产不足以清偿债务的，投资人应当以其个人的其他财产予以清偿。

个人独资企业清算结束后，投资人或者人民法院指定的清算人应当编制清算报告，并于 15 日内到登记机关办理注销登记。

（三）合伙企业

合伙企业是指由两个或者两个以上的自然人设立，共同出资、合伙经营、共享收益共担风险、合伙人对合伙企业债务承担无限连带责任的企业。投资设立合伙企业,必须具备如下条件:(1)有二个以上合伙人。合伙人为自然人的,应当具有完全民事行为能力;(2)有书面合伙协议;(3)有合伙人认缴或者实际缴付的出资;(4)有合伙企业的名称和生产经营场所;(5)法律、行政法规规定的其他条件。合伙协议的内容包括:(1)合伙企业的名称和主要经营场所的地点;(2)合伙目的和合伙经营范围;(3)合伙人的姓名或者名称、住所;(4)合伙人的出资方式、数额和缴付期限;(5)利润分配、亏损分担方式;(6)合伙事务的执行;(7)入伙与退伙;(8)争议解决办法;(9)合伙企业的解散与清算;(10)违约责任。

合伙企业的利润分配、亏损分担,按照合伙协议的约定办理;合伙协议未约定或者约定不明确的,由合伙人协商决定;协商不成的,由合伙人按照实缴出资比例分配、分担;无法确定出资比例的,由合伙人平均分配、分担。合伙协议不得约定将全部利润分配给部分合伙人或者由部分合伙人承担全部亏损。合伙人按照合伙协议的约定或者经全体合伙人决定,可以增加或者减少对合伙企业的出资。

1. 入伙、退伙

入伙,是指合伙企业存续期间,合伙人以外的第三人加入合伙企业,取得合伙人资格。入伙必须经得全体合伙人的同意,依法订立书面合伙企业,并办理变更登记手续。新合伙人对入伙前合伙企业的债务承担无限连带责任。

退伙,是指合伙人退出合伙组织,丧失合伙人资格。合伙协议未约定合伙期限的,合伙人在不给合伙企业事务执行造成不利影响的情况下,可以退伙,但应当提前30日通知其他合伙人。退伙可以区分为法定退伙、当然退伙和强制退伙。

合伙协议约定合伙期限的,在合伙企业存续期间,有下列情形之一的,合伙人可以退伙:(1)合伙协议约定的退伙事由出现;(2)经全体合伙人一致同意;(3)发生合伙人难以继续参加合伙的事由;(4)其他合伙人严重违反合伙协议约定的义务。

合伙人有下列情形之一的,当然退伙:(1)作为合伙人的自然人死亡或者被依法宣告死亡;(2)个人丧失偿债能力;(3)作为合伙人的法人或者其他组织依法被吊销营业执照、责令关闭、撤销,或者被宣告破产;(4)法律规定或者合伙协议约定合伙人必须具有相关资格而丧失该资格;(5)合伙人在合伙企业中的全部财产份额被人民法院强制执行。合伙人被依法认定为无民事行为能力人或者限制民事行为能力人的,经其他合伙人一致同意,可以依法转为有限合伙人,普通合伙企业依法转为有限合伙企业。其他合伙人未能一致同意的,该无民事行为能力或者限制民事行为能力的合伙人退伙。退伙事由实际发生之日为退伙生效日。

合伙人有下列情形之一的,经其他合伙人一致同意,可以决议将其除名:(1)未履行出资义务;(2)因故意或者重大过失给合伙企业造成损失;(3)执行合伙事务时有不正当行为;(4)发生合伙协议约定的事由。对合伙人的除名决议应当书面通知被除名人。被除名人接到除名通知之日,除名生效,被除名人退伙。被除名人对除名决议有异议的,可以自接到除名通知之日起30日内,向人民法院起诉。

合伙人死亡或者被依法宣告死亡的,对该合伙人在合伙企业中的财产份额享有合法继承权的继承人,按照合伙协议的约定或者经全体合伙人一致同意,从继承开始之日起,取得该合伙企业的合伙人资格。

有下列情形之一的,合伙企业应当向合伙人的继承人退还被继承合伙人的财产份额:

(1)继承人不愿意成为合伙人;(2)法律规定或者合伙协议约定合伙人必须具有相关资格,而该继承人未取得该资格;(3)合伙协议约定不能成为合伙人的其他情形。合伙人的继承人为无民事行为能力人或者限制民事行为能力人的,经全体合伙人一致同意,可以依法成为有限合伙人,普通合伙企业依法转为有限合伙企业。全体合伙人未能一致同意的,合伙企业应当将被继承合伙人的财产份额退还该继承人。

合伙人退伙,其他合伙人应当与该退伙人按照退伙时的合伙企业财产状况进行结算,退还退伙人的财产份额。退伙人对给合伙企业造成的损失负有赔偿责任的,相应扣减其应当赔偿的数额。退伙时有未了结的合伙企业事务的,待该事务了结后进行结算。

退伙人在合伙企业中财产份额的退还办法,由合伙协议约定或者由全体合伙人决定,可以退还货币,也可以退还实物。退伙人对基于其退伙前的原因发生的合伙企业债务,承担无限连带责任。合伙人退伙时,合伙企业财产少于合伙企业债务的,退伙人应当依照《合伙企业法》第33条第1款的规定分担亏损。

2. 合伙事务的执行

合伙人对执行合伙事务享有同等的权利。按照合伙协议的约定或者经全体合伙人决定,可以委托一个或者数个合伙人对外代表合伙企业,执行合伙事务。委托一个或者数个合伙人执行合伙事务的,其他合伙人不再执行合伙事务。作为合伙人的法人、其他组织执行合伙事务的,由其委派的代表执行。执行合伙事务所产生的收益归合伙企业,所产生的费用和亏损由合伙企业承担。

合伙人对合伙企业有关事项作出决议,按照合伙协议约定的表决办法办理。合伙协议未约定或者约定不明确的,实行合伙人一人一票并经全体合伙人过半数通过的表决办法。除合伙协议另有约定外,合伙企业的下列事项应当经全体合伙人一致同意:(1)改变合伙企业的名称;(2)改变合伙企业的经营范围、主要经营场所的地点;(3)处分合伙企业的不动产;(4)转让或者处分合伙企业的知识产权和其他财产权利;(5)以合伙企业名义为他人提供担保;(6)聘任合伙人以外的人担任合伙企业的经营管理人员。

3. 合伙人的权利义务

不执行合伙事务的合伙人有权监督执行事务合伙人执行合伙事务的情况,执行事务合伙人应当定期向其他合伙人报告事务执行情况以及合伙企业的经营和财务状况。

合伙人为了解合伙企业的经营状况和财务状况,有权查阅合伙企业会计账簿等财务资料。合伙人分别执行合伙事务的,执行事务合伙人可以对其他合伙人执行的事务提出异议。提出异议时,应当暂停该项事务的执行。如果发生争议,依照《中华人民共和国合伙企业法》(以下简称《合伙企业法》)第30条规定作出决定。受委托执行合伙事务的合伙人不按照合伙协议或者全体合伙人的决定执行事务的,其他合伙人可以决定撤销该委托。

合伙人不得自营或者同他人合作经营与本合伙企业相竞争的业务。除合伙协议另有约定或者经全体合伙人一致同意外,合伙人不得同本合伙企业进行交易。合伙人不得从事损害本合伙企业利益的活动。

4. 合伙企业的解散

合伙企业有下列情形之一的,应当解散:(1)合伙期限届满,合伙人决定不再经营;(2)合伙协议约定的解散事由出现;(3)全体合伙人决定解散;(4)合伙人已不具备法定人数满30

天;(5)合伙协议约定的合伙目的已经实现或者无法实现;(6)依法被吊销营业执照、责令关闭或者被撤销;(7)法律、行政法规规定的其他原因。合伙企业解散,应当由清算人进行清算。

清算人由全体合伙人担任;经全体合伙人过半数同意,可以自合伙企业解散事由出现后15日内指定一个或者数个合伙人,或者委托第三人,担任清算人。自合伙企业解散事由出现之日起15日内未确定清算人的,合伙人或者其他利害关系人可以申请人民法院指定清算人。

(三)公司

公司,是指投资者出资设立,投资者承担有限责任,具有法人资格的企业。公司为企业的一种,与独资企业、合伙企业相比,不仅具有企业通有的营利性和工具属性等特征,还具有自身独有的法人性和社团性特征。公司的营利性是指公司的成立与存续都以营利为目的。工具性是指公司仅仅是一种利害关系人用来实现自己利益的制度工具。法人性是指公司具有法人资格,是企业法人。社团性是指公司由复数股东构成。

《中华人民共和国公司法》(以下简称《公司法》)第2条规定,"本法所称公司是指依照本法在中国境内设立的有限责任公司和股份有限公司"。有限责任公司,是指由不超过一定人数的股东投资组建,公司股东以其出资额为限对公司债务承担责任,公司以其全部资产对其债务承担责任的公司。股份有限公司,是指由一定数量以上的股东组成,公司资本均分为等额股份,股东以其认购的股份为限对公司承担责任,公司以其全部资产对公司债务承担责任的公司。有限责任公司与股份有限公司的主要区别在于,有限责任公司相对于股份有限公司而言,具有封闭性(非公众性),股东人数有一定的限制(最高不得超过50人),公司资本没有证券化;股份有限公司的资本证券化为等额股份,可以面向社会公开发行,具有社会公众性。

1. 公司设立

公司设立,是指以创办公司并取得法人资格为目的而进行的一系列法律行为的总和。公司设立行为的性质,理论上有三种不同的学说。契约说认为,公司设立行为是一种契约行为,性质为合伙契约,发起人签订设立协议、制定公司章程等行为应当视为是一种合伙协议。单独行为说认为,公司设立行为为每个人发起人各自以设立公司为目的而为的单独行为。共同行为说认为,公司是设立行为是发起人为组织设立公司这一共同目的而为的具有相同内容的共同行为。

(1)设立原则

公司设立的原则是指公司设立的基本依据和基本方式。自从公司产生以来,从公司立法史的演变历程来看,公司经历了一个由特许主义到核准主义,最后到准则主义的历史进程。

特许主义主要盛行于公司发展初期。按照特许主义原则,国家对有限公司的设立严加控制,必须依据国家元首或者国家的特别法律规定而设立。1600年的英国东印度公司就是特许主义时期的产物。

核准主义主要流行于18世纪,首见于法国的商事条例。按照核准主义原则,公司的设立必须具备法律规定的条件,并且还须经过国家相关部门的审批。《民法通则》对于企业的设立采用的就是核准主义。核准主义的公司设立原则,带有强烈的国家干预色彩。核准主义的优点在于:通过国家相关部门的审批,尽可能排除不符合条件的公司成立,从而最大限度地降低市场风险和债权人可能受到的损失。但是,核准主义亦存在一些不容忽视的缺点:第一,公司设立时间长,效率不高;第二,容易产生权力寻租的腐败问题;第三,容易造成错觉,即经过国家相关部门审批后的公司都是合格公司。

准则主义主要流行于 19 世纪,英国 1862 年公司法首先采用了这一公司设立原则。现代各国公司法普遍采用这一原则。按照准则主义原则,公司设立必须符合法律事先规定的设立条件即可取得法人资格。

公司的设立,原则上采用的是准则主义,例外采用核准主义,即一般情况下,设立公司,只要符合法律规定的条件,并不需要行政主管部门的审批就可以直接到工商行政部门进行公司设立登记,但是,如果法律、行政法规对设立公司规定必须报经审批的,则应当在公司登记前依法办理审批手续。一般而言,需要审批才能设立的公司,主要是哪些涉及国家安全、公共利益和关系到国计民生的行业,如金融机构等。

（2）设立方式

公司设立方式有发起设立和募集设立。发起设立,又称共同设立或者单纯设立,是指由发起人认足全部注册资本总额的一种公司设立方式。发起设立既适合于有限责任公司,也适合于股份有限公司。募集设立,又称"渐次设立"或"复杂设立",是指发起人只认购公司股份或首期发行股份的一部分,其余部分向社会公开募集或者向特定对象募集而设立公司。募集设立只适合于股份有限公司的设立,不适合于有限责任公司的设立。

（3）设立条件

公司设立的条件,通常可以概括为三要件或者三要素,即人的要素、物的要素和行为要素。人的要素是指股东人数和资格条件;物的要素包括公司资本、住所等。行为要素是指必须履行的一系列行为等。

第一,主体条件。有限责任公司由于具有人合性和封闭性,以人身信任为基础,为了维持此种人身信任关系,各国公司法对有限责任公司股东人数一般有一定的限制,大致有三种立法例:一是单重限制,即对有限责任公司股东的最高人数或者最低人数做出限制;二是双重限制,即对有限责任公司股东的最高人数和最低人数均做出限制;三是放任自由,即对有限责任公司股东人数不做任何限制。对有限责任公司股东人数不做限制的理由在于,有限责任公司股东人数的多少并不是决定股东相互之间人身信任的决定性因素,所以,应当交由股东自行决定。《公司法》第 24 条规定,"有限责任公司由五十个以下股东出资设立"。股份有限公司由于具有公众性的特征,股东人数较多,且流动性强,因此,法律对公司发起人人数上限不予规定,而只规定发起人人数的下限。《公司法》第 78 条规定,"设立股份有限公司,应当有二人以上二百人以下为发起人,其中须有半数以上的发起人在中国境内有住所"。

第二,资本条件。公司资本,是指由公司章程确定并由全体股东认缴的全部出资。公司资本的意义在于:一是公司运营的物质基础;二是为公司债权人的债权实现提供最低限度的担保财产。

第三,制定公司章程。公司作为一个组织,必须有自己的根本准则,这便是公司章程。《公司法》规定,公司设立必须依法制定公司章程。公司章程是公司这一组织的总章程,相对于一个国家的"宪法",在公司的经营管理中具有非常重要的作用。

第四,公司名称和组织机构。公司作为享有权利能力和行为能力的民事主体,在对外与第三人进行民事活动时,必须以自己的名义进行,且有一定的机构(个人)代表自己对外为意思表示。这就要求公司必须有自己的名称和的组织机构(法定代表人)。

第五,公司住所。公司住所的法律意义主要表现在:一是行政管辖的重要依据,例如,公司住所是确认公司登记、税收的主要依据;二是司法管辖的重要依据,例如,案件的司法管辖及诉讼文书送达都以公司住所为依据;三是确认债权债务履行地的重要依据;四是涉外诉讼中确定适用何种法律的重要准据点之一。

(4)设立程序

第一,订立设立人协议。设立人协议从法律性质上来说为合伙协议。作为合伙性质的设立人协议,仅仅对公司设立人具有法律约束力,对第三人不产生法律效力。公司设立人协议是非常重要的文件,因此,在通常情形应当采用书面形式。

第二,制订公司章程。有限责任公司章程由全体股东共同制订,且必须在公司章程上签名、盖章。股份有限公司章程,如果采用发起设立的,则由发起人制定;如果是募集设立的,由发起人制定,并交由创立大会审议通过。

第三,申请行政审批。拟设立从事特殊行业或者特种经营活动的公司,根据法律、行政法规需要审批的,则在登记前,设立人必须向有关行政主管部门申请行政审批。只有经过行政主管部门依法审批后,公司才能依法办理注册登记。

第四,认缴资本。发起设立的,公司股东以货币出资的,即应当将货币出资缴存于公司开立的临时账户;以非货币出资的,应当按时依法办理财产权利转移手续。公司股东出资后,必须由验资机构进行验资并出具验资证明。募集设立,向社会公开发行股票,应当履行相应的程序。

第五,组建公司机关。公司成立,必须依法组建公司组织机构选举确定公司董事和监事,依法组建公司董事会(执行董事)和监事会(执行监事)等公司法定机构,并确定公司法定代表人。

第六,申请设立登记、领取营业执照。公司各项设立事项完成后,应当向工商行政主管部门申请公司登记。申请公司登记必须按照主管部门的要求报送相关材料,包括公司设立登记申请书、公司章程、验资证明以及行政机关审批文件等。工商行政主管部门审查合格的,准予登记并依法颁发营业执照。公司营业执照签发日期为公司成立日期。

2. 公司变动

公司作为法人组织,与自然人的人生类似,经设立而诞生,并通过开展生产经营活动而逐步成长。有限责任公司作为生产经营实体在市场上打拼,必须不断调整自身以适应市场环境的发展变化,从而引起资产、股权、业务乃至人格发生变化。对此,公司法理论上统称为公司变动。公司变动可以区分为实质变动和形式变动两种,实质变动是指公司资产、股权、业务的变动;形式变动是指公司人格的变动,主要是指公司的合并、分立以及终止等情形。

(1)公司合并

公司的合并,是指几个公司合并为一个公司,是几个公司订立合并契约并依照法定程序进行而合并为一个公司的法律行为。公司合并可以采取吸收合并或者新设合并。一个公司吸收其他公司为吸收合并,被吸收的公司解散。两个以上公司合并设立一个新的公司为新设合并,合并各方解散。

吸收合并也称兼并,是指一个公司吸收其他公司,吸收公司继续存在并扩大规模,被吸收的公司解散的公司合并形式。吸收合并是一种狭义上的兼并。如果用公式表示,吸收合并用为 A＋B＝A。在吸收合并中,吸收公司因合并而获得被吸收公司的财产和债权,同时也有义务承担被吸收公司的债务。

新设合并也称创设合并,是指两个或者两个以上公司合并设立成为一个新的公司,合并各方解散的公司合并方式。新设合并用公式表示为 A＋B＝C。由于新设合并为原有公司消灭,新公司诞生,因此,从法律性质上分析,新设合并属于公司合并与公司设立的结合,所以,公司的新设合并行为必须同时满足公司合并与公司设立的相关规定。

（2）公司分立

公司分立是指一个公司分立为几个公司,即一个公司依照法律规定分立成几个具有独立法人资格的公司的行为。公司分立可以被用于多种目的。例如,公司分立可能会使公司能够更好地适应市场,如可以使特定的事业部门独立后被另外的公司继承,从而确保公司经营效率化;可以使公司内部纠纷,如因继承引发的分歧得到消除的作用;可以区分亏损的事业部门和优良的事业部门,由不同的公司分别继承,从而使继承亏损事业部门的公司予以解散,确保继承优良事业部门的公司进一步发展。公司分立可以区分如下形态:

单纯分立,即一个公司分立为几个公司的行为。单纯分立可以进一步区分为存续分立和消灭分立。存续分立,是指公司分立为几个公司,原公司继续存在。存续分立的实质是公司将其营业中的一部分分离出去设立新公司,原公司以剩余的营业继续存在。消灭分立,又称解散分立,是指公司分立为几个公司,原公司消灭。消灭分立的实质是将公司营业划分为几部分,分别成立新公司。

分立合并,是指公司其营业分立为几部分,被分立的部分营业合并至其他公司。分立合并又可以进一步区分为:一是消灭分立合并和存续分立合并。消灭分立合并,是指公司将其营业分别出资于几个公司,原公司消灭。存续分立合并,是指公司将其营业分别出资于几个公司,但仍然保留自己继续存在。二是吸收分立合并和新设分立合并。吸收分立合并,是指公司将其部分营业分离出去归并入其他既存公司,所分离出去的营业被其他既存公司吸收。新设分立合并,是指公司将其部分营业分离出去与其他既存公司的营业作为共同出资设立新公司。

公司分立的这些形态还可以进一步组合,形成存续吸收分立合并、存续新设分立合并、消灭吸收分立合并、消灭新设分立合并等多种形态。

（3）公司终止

公司终止,是指公司依据法定程序结束营业并消灭法人资格。公司基于一定的原因而终止,必须进行清算。导致公司终止的原因有公司破产和公司解散。

公司破产,是指公司不能清偿到期债务,且资产不足以清偿全部债务或者明显缺乏清偿能力时,依据公司债权人或者公司的申请,由人民法院依法宣告破产并对其财产进行清算的制度。

公司解散,是指公司因一定事由的发生而使其法人资格消灭的情形。公司解散与公司终止应当予以区别。公司终止是指公司经法定程序消灭法人资格和结束营业,公司终止的后果是营业资格和法人资格消灭。《民法通则》第45条规定,"企业法人由于下列原因之一终止:(1)依法被撤销;(2)解散;(3)依法宣告破产;(4)其他原因"。《公司法》第180条规定,"公司因下列原因解散:(一)公司章程规定的营业期限届满或者公司章程规定的其他解散事由出现;(二)股东会或者股东大会决议解散;(三)因公司合并或者分立需要解散;(四)依法被吊销营业执照、责令关闭或者被撤销;(五)人民法院依照本法第一百八十三条的规定予以解散"。

3. 公司清算

公司清算,是指公司解散后,依照法定程序清理公司债权债务,处理公司财产,了结各种法律关系并最终使公司法人资格归入消灭的行为和程序。对于解散和清算的关系,大致有两种立法例:一是"先算后散",即先进行公司清算,再解散公司;二是"先散后算",即先解散公司,再进行清算。我国采用后一种模式,先解散公司,再进行清算。对于公司司法解散和清算的关系,《公司法司法解释(二)》第2条规定,"股东提起解散公司诉讼,同时又申请人民法院对公司进行清算的,人民法院对其提出的清算申请不予受理。人民法院可以告知原告,在人民法院判决解散公司后,依据公司法第一百八十四条和本规定第七条的规定,自行组织清算或者另行申请人民法院对公司进行清算"。

公司清算,有破产清算和非破产清算之分,破产清算适用破产清算程序,主要由破产法规定;非破产清算适用非破产清算程序,主要由公司法规定。破产清算以公司破产为前提,破产清算过程中,清算人如果发现公司资产不能清偿公司债务的,则应当转入破产清算程序。非破产清算,包括自行清算和指定清算。自行清算是指公司自行组织清算。《公司法》第183条规定,"公司应当在解散事由出现之日起十五日内成立清算组,开始清算。公司的清算组由股东组成。指定清算是公司应当清算而未在法定期限内自行组织清算,法院经利害关系人的申请,可以指定清算人进行清算。指定清算包括:(1)公司解散逾期不成立清算组进行清算的;(2)虽然成立清算组但故意拖延清算的;(3)违法清算可能严重损害债权人或者股东利益的。债权人未提起清算申请,公司股东申请人民法院指定清算组对公司进行清算的,人民法院应予受理"。由此可见,指定清算既具有破产清算的一些特征,又具有自行清算的一些特征,属于一种处于破产清算和自行清算之间的制度。

三、法律关系的客体

法律关系的主体之间的权利义务必指向一定的对象,这种由权利义务所指向的对象构成法律关系的客体。法律关系的客体承载着一定利益,包括物质利益和精神利益,有形利益和无形利益。法律关系的客体主要包括物、行为、智力成果和权利(利益)等。

1. 物

物作为法律关系的客体,是指存在于人身之外,能够满足人们的社会需要而又能为人力控制或者支配的物质资源。物不同于财产。财产的主要特征在于能够流通,可用于交换,具有经济价值。物不一定具有经济价值,成为财产,财产也不一定是物,可以是权利。

物存在于人身之外,人身非物。但是,人身的某部分一旦与分身分离,例如,血液、毛发、器官等,就成为了物。人死亡后,尸体(骨灰)成为一种具有精神利益的物。不是人身的一部分,但通过一定技术手段而成为人身的组成部分,如假牙、假眼等,是否还是物,理论上有两种观点,一种观点认为不是物,另一种观点认为,应当区分不同情况,如果是通过非医学人士即可以装拆的应视为是物(如一般的假牙),而必须通过医学人士装拆的不能视为物(心脏起搏器)。

物必须能够满足人们的生产或者生活需要,具有一定的使用价值。不具有使用价值,不能满足人们某种需要的物仅仅是物理学意义上的物,不是法学意义上的物。满足需要可能仅仅是某种特定的某个人的需要(如情人的照片),并不一定要满足不特定的人的需要。

物必须为人力所能控制或者支配,不能为人力控制或者支配的物,仅仅是物理学或者哲学意义上的物,不是法学意义上的物。人力控制或者支配通常而言是指普通人力控制或者支配,利用特殊科学手段控制或者支配的物(如月球)不是一般法学意义上的物。

物可以依据一定标准进行分类。一是动产和不动产。动产是指可以移动而不损害其价值或者用途的物,不动产是指不能移动或者移动会损害其价值或者用途的物。二是特定物和种类物。特定物是指具有独立特征而不能以其他物替代的物,种类物是指具有共同特征,而能以品种、规格、质量或者度量衡等加以确定的物。种类物因权利主体的指定而成为特定物。三是可分物和不可分物。可分物是指可以分割且不影响其价值及用途的物,不可分物是指不能分割或者分割会影响其价值及用途的物。

货币、有价证券可以视为是特殊的物。

2. 行为

行为,是指法律关系的主体为实现一定目的而进行的活动。行为可以区分为有物化结果的行为和没有物化结果的行为。行为作为法律关系的客体在实务中通常表现为劳务。例如,铁路企业将旅客运载至目的地的行为,就是运输合同法律关系的客体。

3. 智力成果

智力成果,是指通过人的智力活动所创造出的精神成果。智力成果是一种非物质化的知识形态的劳动产品,具有非物质性的特征,但总要以一定的形式表现出来。人们对其占有不是具体实在的控制,而是表现为认识和利用。智力成果主要包括作品、发明、实用新型、外观设计和商标等。

四、法律关系的内容

法律关系的内容是指法律关系主体所享有的权利和应承担的义务。不同的法律关系,具体的权利义务不同,但都表现为权利义务关系,权利义务是法律关系的核心内容。

1. 权利

权利,是指由法律所赋予法律关系主体满足其利益的法律手段。权利必定由主体享有,属于主体的权利,无主体无权利。权利对于主体而言,乃是一种自由,意味着对他人行为的一种约束和控制。例如,刘备向孙权表示(通知),将于××年×月×日终止对荆州的使用租赁关系。

权利是无形的,具有抽象性,需要通过思维才能把握。例如,刘备为曹操画了一张肖像画,经得曹操同意送给孙权。对于此张肖像画,刘备享有著作权(知识产权),曹操享有肖像权(人格权),孙权享有肖像画的所有权(财产权)。

权利的无形性,抽象性,要求权利必须以一定的方式向外表彰,以使他人知晓谁为权利主体。例如,对于不动产所有权,法律要求必须进行登记,以登记记载(表彰)权利主体。作品以署名记载(表彰)权利主体。债权以债权证书(借条或者欠条)证明权利主体为谁。

权利,可以依据不同的标准进行分类。一是绝对权和相对权。绝对权是指权利人可以对抗任何人,无须义务人实施一定行为即可实现的权利。绝对权的义务主体不特定,又称为对世权。相对权,是指须通过义务人实施一定行为才能实现的权利。相对权的义务主体特定,又称为对人权。二是专属权和非专属权。专属权是指专属于某个主体的权利,非专属权是指不属于某主体专有的权利。专属权原则上不得让与和继承,非专属权原则上可以让与和继承。三是民事权利和非民事权利。民事权利是指主体作为私法主体所享有的权利,非民事权利是指主体作为公法主体所享有的权利。四是财产权和人身权。财产权是指以财产利益为内容的权利,人身权是指以人身利益为内容的权利。

权力不同于权利。权利与权力的联系在于:一是权力来源于权利。二是权力维护权利。三是权利优位于权力。权力与权利的区别在于:第一,权利由民事主体享有,权力由特定的国家机构或者个人享有。第二,权利可以放弃,权力不能放弃。权力与职责相伴随。放弃权力则可能意味着渎职,为法律所禁止。

2. 义务

义务与权利相对应,是指按照法律规定,法律关系主体必须为一定行为或者不为一定行为,以满足权利主体的利益的法律手段。义务对于主体而言,乃是一种约束。义务,根据发生依据不同,可以区分为法定义务和约定义务。法定义务是指依据法律规定而产生的义务,约定义务是指依据约定而产生的义务。义务,根据履行义务的行为方式不同,可以区分为积极义务和消极义务。积极义务是指义务人应当做出一定积极行为的义务,又称为作为义务。消极义务是指行为人必须为消极行为或者容忍他人的行为的义务,又称为不作为义务。

义务以责任作为保障。通常情形下,有义务必有责任。法律责任,是指违反法律义务而应当承担的法律后果。法律责任可以区分为刑事责任、民事责任和行政责任三种形态。

案例阅读

铁路部门的售票方式应否考虑特殊人群的特殊要求?

案情: 原告系视力残疾人士,在登录中国铁路客户服务中心网站(网址为www. 12306. cn)(以下简称涉诉网站)购票时,发现必须进行图片验证码识别,并且没有任何替代措施。原告认为涉诉网站充分考虑各类残障人士需求,尽可能提供便捷的人性化服务,确保残障人士享受与其他客户平等的权利。《中华人民共和国残疾人保障法》第55条规定:公共服务机构和公共场所应当创造条件,为残疾人提供语音和文字提升、手语、盲文等信息交流服务,并提供优先服务和辅助性服务。但是,被告的涉诉网站上进行的图形验证码设置,未考虑视力残疾人士的特殊需要,设计验证码方案时,设置障碍将所有视力残疾人排除在涉诉网站服务人群之外,是典型基于视力残疾的歧视,严重违反了《残疾人保障法》,侵犯了原告为视力残疾人的人格权。

被告中国铁路总公司认为,网络购票程序中采取图片验证码方式,是为了在现有技术手段条件下,最大限度防范抢票软件和票贩子囤积车票、倒卖车票,确保社会公众购票。不存在对残疾人特别是视力障碍残疾人士的歧视。

法院认为,购票有车站售票窗口购票、代售点购票、电话订票、自动售票机购票、手机APP购票等多种途径和方式,除网络和手机APP购票需要图形验证程序外,其他方式均不需要通过图形验证方式完成购票程序。这两种方式虽然对视力障碍人士有较为明显的影响,但并非基于视力残疾的歧视行为。

思考: 本案中权利与义务是什么关系?

分析: 权利和义务具有相对性,权利的行使必须以义务的履行为保障。原告作为残疾人士向铁路部门主张权利,以铁路部门负有相应的义务为前提。铁路部门如果不负有相应的义务,则原告所主张的权利就不是一种"真正"的权利,而是一种"臆想"的权利。

提示: 权利是否真正存在,需要从义务主体的角度思考,即权利主体的相对方是否真正负有相应的义务。法律的核心问题是:谁(权利主体)因为什么事(法律事实、客体)对谁(义务主体)享有什么样的权利(内容)?

第三节　法　律　解　释

一、法律解释的意义

法律解释,在法学理论上通常有两种含义,一是指由特定机关所进行的具有立法性质的法律解释;二是在法律实施过程中的解释。法律实施过程中的法律解释,实际上是解释法律,是对法律(条文)含义(意思)的理解和说明。解释法律是法学人的一项基本技能,是一种专业性思维活动。法律需要解释,任何法律,非经解释,不能适用。法律需要解释的原因在于:

第一,法律条文由语言文字表述,语言文字的含义具有模糊性、不确定性、歧义性,需要解释,才能明确法律概念语词的含义。例如,"果实自落于邻地者,视为属于邻地,但邻地为公用地者,不在此限"的法律条文中,"果实""自落"和"邻地"三个概念都需要解释。果实,从植物学的意义上来说,是指被子植物的雌蕊经过传粉受精,由子房或花的其他部分(如花托、花萼等)参与发育而成的器官,是指植物所结之果。花卉不是果实,自落于邻地,如何处理,需要解释。自落,包含多种情形:一是成熟蒂落;二是果实因强风、地震等自然原因而掉落;三是果实由他人敲打而落;四是果实因鸟啄食果实而导致果实掉落;五是果实因果实所有权人摘取而失手掉落;六是果实因第三人驾车撞倒而掉落;七是果实因邻人故意摇动果实而掉落。以上几种情形是否都属于"自落",需要解释才能确定。邻地,是否仅指直接相邻的地面,还是包括水面、屋顶以及果实自落于疆界线等情形,需要解释。❶

第二,法律规定(条文)相对于社会生活来说具有一定的滞后性,需要解释,才能适用于具体的生活情形。例如,美国宪法规定,国会有权建立陆军和海军,没有提空军,后来情形发生了变化,需要建立空军,因此,通过法律解释,可以得出美国国会有权建立空军的

---

❶　王泽鉴.法律思维与民法实例[M].北京:中国政法大学出版社,2001:214.

结论。

法律解释,在实践中常常表现为三种类型:一是当事人(律师)的解释,二是法官(裁判者)的解释,三是学者(法学教授)的解释。三者对于法律解释具有不同的目标:当事人(律师)解释法律,具有利己性的特征,以解释结论对自己有利为目标;法官(裁判者)解释法律具有时限性的特征,必须在法律规定的时间内将系争案件裁判完毕,以解释结论有利于解决问题,符合现行法律规定为目标;学者(法学教授)解释法律具有中立性的特征,没有时间限制,以解释结论符合自己所主张的理论学说为目标,不一定受现行法律规定的限制,可能会对现行法律规定持批判态度。

二、法律解释的目标

文本解释目标有作者中心论、读者中心论和文本中心论三种观点。法律解释是文本解释,同样有原意说、解释者说和文本说三种观点。❶

原意说认为,法律作为文本,与其他任何文本一样,都是作者(立法者)有意识、有目的活动的产物,是作者内在思维活动,价值取向的外化。法律解释的目标在于探求立法者在制定法律时的原意。原意说的关键在于如何探求立法者的原意,对此问题,原意说内部存在语义原意说、历史原意说和理性原意说的分歧。语义原意说认为,立法者在制定法律时的原意体现在其所使用的语词上,因此,解释者寻求原意应当从法律条文的语词本身入手,而不需要也不应通过诸如立法史材料等其他材料来确定立法者的原意。历史原意说认为,寻求立法者在制定法律时的原意不能局限于法律条文的语词,还必须借助于各种立法资料,从立法资料中寻求原意,因为立法资料反映了立法背景,对于准确把握立法者原意具有一定的指导作用。理性原意说认为,解释法律应当"想象重构",即解释者把自己假设为立法者,通过重构立法者意图的方式解释法律,弥补法律所可能存在的缺漏。原意说存在理论上的困境:第一,立法本身是不同意见折中、妥协,甚至有意以模糊语言表达的产物,根本就不存在明确的立法意图。第二,基于语言的歧义性、模糊性、多义性的特点,立法意图不可能通过语言准确表达出来。法律文本会出现立法者所没有意识到的意思,即存在"书不尽言,言不尽意"以及"言外之意"的诠释学问题。第三,解释者对立法意图的领会不可能一致,存在"仁者见仁,智者见智"的诠释学问题。立法者作为法律文本的作者,一旦法律文本产生后,便成了读者。第四,法治国家的基本原则是尊重法律条文的客观意思而非立法者的主观意思。第五,解释者无法"想象重构"立法者的原意,因为两者不可能有共同的社会实践,无法形成共同的前见。

文本说认为,法律解释的目标在于探求法律条文本身的合理意思。因为法律一经制定出来,便成为与立法者相分离的独立存在,即立法者作为法律文本的作者,一旦创作出作品后,便成了读者,作为读者对作品的理解同样要受到作品本身的限制。文本说要求解释者以同一语言体中普通成员所理解的法律条文的意思解释法律。文本说存在理论上的困境:第一,法律文本用文字表达,而文字具有模糊性、多义性、歧义性,因此,不可能有绝对清晰的法律文本原意。第二,法律文本常常是不完整的,存在缺漏。第三,法律文本的意思需要解释

---

❶ 张志铭.法律解释操作分析[M].北京:中国政法大学出版社,1999:36.

者去寻找。读者不同,对文本的意思领会就不同。例如,对于一部《红楼梦》,正如鲁迅先生所说,"单是命意,就因读者的眼光而有种种:经学家看见《易》,道学家看见淫,才子看见缠绵,革命家看见排满,流言家看见宫闱秘事"。

解释者说认为,法律文本的意思取决于解释者的理解,或者说,法律解释结论是解释者所理解的意思。解释主体说与理性原意说的区别在于理性原意说将解释者视为是立法者的代言人,不承认解释者有自己独立的理解意思,而解释主体说则直接承认解释者有自己独立的理解意思。

三、法律解释的方法

1. 文义解释

文义解释,是指按照法律条文所使用的语言文字的文义,对法律进行解释。法律以语言文字为载体,因此,确定法律条文的含义,首先必须确定法律条文所使用的语言文字的含义。从这种意义上来说,文义解释成为法律解释的起点,法律解释必须从文义解释入手。语言文字的意义,可以依据不同的标准进行区分:一是中心意义和边缘意义。语词或者概念的意义可以区分为核心领域和边缘地带,核心领域内的意义通常是明确的,但是边缘地带的意义便存在模糊性,越偏离核心领域,意义越模糊。因此,对语词或者概念进行文义解释时,必须注意边缘地带的意义一定要在文义的射程之内。"法律概念具多义性,有其核心领域(概念核心,Begriffskem)及边际地带(概念周边,Begriffshof),其射程的远近,应依法律意志而定,在边际灰色地带容有判断余地,但不能超过其可能的文义。否则即超越法律解释的范畴,而进入另一阶段的造法活动(法律续造,Reehtsfortbildung)"。❶ 二是通常含义和特殊含义。通常含义,又称为普通含义,英美法系上称为清楚含义规则(Plainmeaning)或者黄金规则(thegoldenrule),是指对法律文本所使用的语词或者概念进行解释时,应当以普通人的理解能力依据通常的语法含义进行理解。特殊含义,即专业术语,即属于某特定群体所使用的术语,例如,法律专业术语,技术专业术语,对专业术语的解释应当按照专业人士的理解进行。例如,民法上的"善意",并非指日常生活中的慈善心肠,而是指"不知情"。对法律条文进行文义解释时,首先应当按照法律条文所使用语言文字的通常含义进行解释,只有当事人对语言文字的使用有特殊含义时,才依据特殊含义进行解释。

在某运输财产保险案例中,投保人所运输的大蒜灭失,保险人以《公路货物运输保险条款》有蔬菜、水果、活牲畜、禽鱼类和其他动物不在保险货物范围内的规定,而大蒜属于蔬菜为由拒绝赔偿。投保人则以大蒜和花椒、大料一样属于调味品而不是蔬菜进行抗辩。❷ 国外也发生过西红柿属于水果还是蔬菜的争议案例。

2. 体系解释

体系解释,又称整体解释,是指在对法律文本进行解释时,应当将所有条文视为一个有机统一的整体,从整体的视角,依据法律条文在法律体系上的位置,即它所在编、章、节、条、款、项以及前后法律条文的关联等,对每一条文进行解释,以正确确定每一条文在法律中的地位并准

---

❶ 王泽鉴. 债法原理[M]. 北京:中国政法大学出版社,2001:220.

❷ 摘自《齐鲁晚报》2011 年 2 月 16 日,A15 版。

确理解其所具有的真正意思。体系解释以法律条文具有严密的逻辑体系性为假定前提。

3. 立法解释

立法解释,又称历史解释、沿革解释、法意解释,是指对法律进行解释,需要参考法律制定过程中的事实和资料。历史解释的理论依据在于,任何文本都是在一定的历史条件下诞生的,离开文本诞生的历史条件不可能正确理解文本的含义。历史解释假定:第一,立法者的意思并不单纯表现在法律文本上,或者说,单纯法律文本不足以反映立法者意思的内容,因此,应当从法律文本诞生的历史过程中寻找立法者的意思;第二,立法者将所有意思均反映在法律文本中存在困难,从文本诞生的历史过程来理解法律文本有利于全面把握法律文本的含义。

例如,某铁路局曾在其管辖线路的客车上实行有偿供水,即每杯白开水2毛钱,遭到旅客质疑。铁路局认为,《铁路法》第13条规定"铁路运输企业应当采取有效措施做好旅客运输服务工作,做到文明礼貌、热情周到,保持车站和车厢内的清洁卫生,提供饮用开水,做好列车上的饮食供应工作"中的"提供饮用开水",并没有必须是"无偿提供",可以是"有偿提供"。《铁路法》起草者(原铁道部)认为,在起草时的意思是"无偿"提供,而不是"有偿"提供。

4. 扩张解释

扩张解释,是指某个法律条文所使用的文字、语句的文义过于狭窄,不足以表示立法者的真意时,扩张法律条文文字、语句的含义的解释方法。扩张解释适用于法律条文的文义范围与立法本意范围相比过窄的情形。

例如,日本旧刑法曾规定盗窃罪的对象为"物"。法院在审理一起窃取"电"的案件中,一、二审法院均认为"电"非"物",窃"电"行为并不构成盗窃罪。后来,法院扩张了"物"的含义,包含"电"。

5. 限缩解释

限缩解释,又称缩小解释,与扩张解释相对,是指法律条文的文义过于宽泛,超过了法律条文,立法者的本意,将本来不适用的情形包括进去了,通过缩小法律条文的含义,排除本不应适用的案件的解释方法。

以"诽韩案"为例。20世纪70年代,我国台湾地区《潮州文献》1976年第二卷第4期发表了一篇署名"干城"的文章——《韩文公苏东坡给予潮州后人的观感》(以下简称"观感")。此文云:"韩愈为人尚不脱古文人风流才子的怪习气,妻妾之外,不免消磨于风花雪月,曾在潮州染风流病,以至体力过度消耗,及后误信方士硫磺铅下补剂,离潮州不久,果卒于硫磺中毒"。此文引起郭寿华的同乡黄宗识的异议,说郭寿华有意诽谤韩愈,有意以派亲关系上诉法院。由于黄宗识并不是韩愈后代,无诉讼权,他便找到韩愈第三十九代直系血亲韩思道提起自诉。台北地方法院竟受理此案,经过二审宣判郭寿华犯诽谤死人罪,罚金300元。此案判决后,引起文坛极大的震惊。韩思道作为韩愈的第三十九代直系血亲,有无诉权?需要进行限缩解释,排除其诉权。

6. 当然解释

当然解释,是指法律虽没有明确规定,但根据法律条文的立法本意,比法律条文明确规定的情形更应适用的法律解释方法。当然解释的法理根据是"举重以明轻,举轻以明重"。例如,法律规定,因过失导致他人财产损失应当负赔偿责任,那么,故意导致他人财产损失,更应该负赔偿责任。

7. 目的解释

目的解释,是指以立法目的的作为根据进行法律解释。目的解释出现于对某个法律条文、法律制度有两种或者两种以上的不同解释结论时,应当以最符合立法目的的解释结论为准。

对于目的解释与立法解释的关系,理论上有两种不同的见解。有学者认为,历史解释与目的解释在本质上是相同的,都立足于当今去探求法律规范的意旨。历史解释探求的是立法者的意思,然而立法者的意思并非指立法者当时之意思,而系指依当时立法者处于进入所应有之意思。❶ 有学者认为,两者并不同相同。历史解释为立法者制定规范时之欲,目的解释依主观说为立法者事实上赋予规范的意思,依客观说为法条现时所具有的合理意思。❷

复习思考题

1. 试述法律在人类社会生活中的价值。
2. 试述法律思维的特征。
3. 试述法律关系的要素。
4. 试述法律解释的方法。

案例思考题

案例一

普罗泰戈拉招收了一名叫欧提勒士(Euathlus)的学生。两人签订了一份协议约定:普向欧传授辩论技巧,教其代理诉讼;欧先向普交一半的学费,另一半学费等到欧毕业后帮人打赢官司后再交。但是,欧毕业后,一直没有帮人代理诉讼。普为得到另一半学费,决定起诉欧。普的想法是:无论自己是否打赢此场官司,都可以要回另一半学费。因为如果自己打赢官司,则按照法庭裁决,欧应当向自己支付另一半学费;反之,如果自己打输了官司,则根据先前签订的合同,欧也应当向自己缴纳另一半学费。欧的想法是,无论自己是否打赢此场官司,肯定不要交另一半学费。因为如果自己打赢了,按照法庭裁决,显然不需要交另一半学费;反之,自己打输了,则按照先前所订立的合同约定,也不需要缴纳另一半学费。

思考: 师生各方说法看似都合理,但为什么相互矛盾呢?

分析: 当事人一般都具有利己性思维,都从有利于自己的角度思考问题。

提示: 作为法律人,必须明确的一个基本事实是,当事人在通常情形下都是从利己的角度,向第三人述说对自己有利的事实,不可能站在客观、公正的立场来向第三人陈述案件事实。

案例二

1963 年,美国一位名叫恩纳斯托·米兰达的无业青年,涉嫌劫持和强奸妇女而被捕,警官对此进行审问时没有告知其有权保持沉默,有权不自认其罪。米兰达在审问中承认了自

❶ 杨仁寿. 法学方法论[M]. 北京:中国政法大学出版社,1999:163-169.
❷ 梁慧星. 民法解释学[M]. 北京:中国政法大学出版社,1995:227.

己的罪行,并在供词上签字。以此为依据,陪审团判决米兰达有罪,法官判处有期徒刑 20 年。米兰达不服,在狱中服刑期间多次向美国联邦最高法院写信上诉。1966 年,美国最高法院以五比四的一票之差裁决地方法院的审判无效,理由是警官在审问前,没有告知米兰达有保持沉默的权利。

思考:法律事实的真实和合法是什么关系?

分析:法律真实不等于客观真实,法律上认可的事实必须是通过合法证据证明的事实。合法证据必须通过合法途径收集,通过非法途径收集的证据材料不能作为认定案件事实的证据。

提示:法律人思考问题,必须坚持合法性原则。不合法,即使是真实的,也会被排除。

案例三

李某于 2005 年 9 月 5 日经工商注册成立北京月球村航天科技有限公司,领取了营业执照。10 月 19 日,该公司向社会公开销售月球土地。

思考:从法律的角度,如何看待北京月球村航天科技有限公司销售月球土地的行为?

提示:从民法的角度来看,月球上的土地只是物理意义上的物,不是法律意义上的物。月球上的土地既然不是法律意义上的物,就不存在所有权问题,也就无法买卖。

从行政法的角度来看,根据"法律不禁止就可为"的原则,北京月球村航天科技有限公司出售月球土地的行为不违法。

从国际法的角度来看,1979 年联合国通过的《关于月球的协定》宣布,月球及其自然资源是"全体人类的共同财产"。北京月球村航天科技有限公司对月球土地不可能拥有任何权利,当然不能销售月球上的土地。

从刑法的角度来看,北京月球村航天科技有限公司以销售月球上的土地的方式获取非法利益,情节严重的,可能构成犯罪。

案例四

某医科大学鉴于医学院是培养健康卫士的地方,而吸烟是世界公认的三大不良公害之一,因而决定从 1996 年起不招收吸烟学生。1996 年初,在北京召开的第十届世界烟草和健康大会组委会上,大会也发出了在全国医学院校开展禁烟活动的倡议,倡议从 l996 年起医学院不再招收吸烟的学生。

思考:从法学的角度思考上述决定和倡议是否合适?

提示:从现行法律规定来看,《中华人民共和国宪法》第 46 条规定,"中华人民共和国公民有受教育的权利和义务"。这表明医学院的决定和大会组委会的倡议与宪法相抵触。

第二章
合同法律制度

第一节　合同的概念

一、合同的界定

对于合同的界定,大陆法系采纳"合意"说,英美法系采纳"允诺"说。"合意"说认为合同是当事人双方所达成的合意;"允诺"说认为,合同是依法可以执行的允诺。《中华人民共和国民法通则》(以下简称《民法通则》)第85条将合同界定为"当事人之间设立、变更、终止民事关系的协议"。《中华人民共和国合同法》(以下简称《合同法》)第2条则从正反两面对合同的概念进行界定:第1款从正面将合同界定为"平等主体的自然人、法人、其他组织之间设立、变更、终止民事权利义务关系的协议";第2款从反面将"婚姻、收养、监护等有关身份关系的协议"排除在"合同"范畴之外。

合同作为"设立、变更、终止民事权利义务关系的协议",有三种形态,即"设立""变更"和"终止"。"设立"与"终止"相对应,"设立"是指当事人之间的某种"民事权利义务关系"由无到有,即因合同订立而导致当事人双方之间发生某种本来没有的民事权利义务关系。"终止"是指当事人之间的某种"民事权利义务关系"由有到无,即因合同的订立而导致当事人之间已经存在的某种民事权利义务关系不再存在。例如,当事人订立了合同后经协商一致同意解除合同,这种解除合同的协议本身就是合同,双方签署解除合同的协议就是一种订立合同的行为。"变更"是指当事人之间存在的某种民事权利义务关系发生"变化",即民事权利义务关系的某些方面发生变化。例如,当事人之间签订无息借款合同后,再签订一份补充协议将无息借款变更为有息借款,这种补充协议本身就是一份新的合同。

"合同"并不以民法上的"合同"为限,除了民法上的合同之外,还有行政法上的合同,劳动法上的合同。为了将民法上的合同与其他部门法上的合同进行区分,在表述上,通常将行政法上的合同称为"行政合同",劳动法上的合同称为"劳动合同",而民法上的合同则称为"合同"。民法上的合同又可以进一步划分为不同类型的合同。例如,可以划分为身份合同和物权合同、债权合同,民事合同和商事合同等。

大陆法系对合同概念的界定采纳"合意"说,认为合同是当事人双方所达成的协议(合意)。合同以合意为前提,无合意无合同。合意是合同的必要要件而非充分要件,合同必定是合意,但合意不一定是合同。在实践中,对于某个合意是否为合同的判定常常产生困惑。

合意是否为合同的判定在民法理论上就是"情谊行为"的认定问题。

情谊行为,也称"好意施惠",是指人们在生活事实中所达成的合意但不能被认定为合同的情形。情谊行为与合同最主要的区别在于,情谊行为中虽然当事人双方达成了一致,形式上形成了合意,但实质上并没有缔结法律关系的意图。

例如,刘备请孙权吃晚饭,孙权答应后却并不赴约,或者孙权按时达到后刘备却将之拒之门外。这是典型的情谊行为而非合同,刘备或者孙权均不能以答应为由而提起诉讼,要求对方承担责任。

法律将此类行为认定为情谊行为的理由在于,法律应具有谦抑性,不能将所有的社会生活事宜都纳入自己的调整范围,而只应当调整具有重大意义的社会生活。此外,从实践层面考量,任何国家的司法系统都不可能管辖所有的日常生活纠纷,而只能对较为重要的社会生活纠纷进行干预。这实际上也是法律和道德的分工问题,将此类行为排除在法律的管辖之外,交由道德调整也许更符合行为人的本意,如果法律强行进行调整,明显违反人们的法律感情。

在实践中,对于某项合意是否为合同的判定属于利益衡量问题,并没有绝对的标准,而需要依据社会生活观念做出判定。

二、合同的根源❶

合同,从哲学上分析,是当事人双方关于行为的约定,一方当事人通过约定将自己的自由交由另一方进行支配。那么,为什么一方当事人要将自己的自由交由他人支配呢?或者说,在人类历史发展的长河中,"合同"为什么会诞生,"合同"存在的根源是什么呢?麦克尼尔认为,合同产生的根源有社会、劳动的专业化和交换以及选择和未来意识四个因素。

合同必定存在于社会之中,没有社会就不可能有合同。社会是合同产生的首要根源。社会作为合同产生的根源主要表现在如下几个方面:第一,社会创造了需要,人们为了满足自己的需要而需要与他人进行交换,从而为合同的诞生提供了初始动机。第二,社会创造了语言,为人们相互交流提供了有效手段。合同的订立以语言为媒介,没有语言,人们相互之间就不可能进行谈判,也就不可能订立合同。第三,社会创造了秩序,为合同的订立、履行提供了秩序保障。合同必须在稳定的社会秩序中才能有效地发挥作用,没有稳定的社会秩序,合同的订立、履行就成为空中楼阁。同时,合同制度本身属于社会制度的组成部分,反过来对社会秩序的稳定具有促进作用。第四,社会创造了货币,货币的产生大大扩张了交易的范围,促进了合同制度的发展。

合同的经济本质在于交换,交换以劳动的专业化为前提。没有劳动专业化,就不存在交换,没有交换也就没有合同。因此,劳动的专业化和交换是合同产生的另一重要根源。

合同的法律本质在于合意,合意的前提是意志自由,意志自由的表现形式是选择。没有自由意志,就没有选择,没有选择就没有合同。因此,选择成为合同产生的第三个根源。

合同的订立到履行有个时间过程,也就是说,相对于合同订立的时间点来说,合同的履行时间点属于未来。由此合同表现出当事人对自己未来的一种规划,这种规划以未来意识

---

❶ 麦克尼尔. 新社会契约论[M]. 雷喜宁,译. 北京:中国政法大学出版社,1994:1-11.

为前提,人们如果没有未来意识,就不可能与他人订立合同。因此,未来意识便成为合同产生的第四个根源。

三、合同的过程

合同从缔结前当事人双方开始接触时起,到履行完毕时止,需要经历一个连续的过程。这个连续过程可以进行如下逻辑划分。自缔约双方开始接触时起到合同签署合同时止,这是合同订立阶段。合同订立阶段结束后存在两种可能:一是合同成立,二是合同未成立。合同未成立,合同过程到此结束。合同成立,即进入合同过程的第二个逻辑阶段,合同效力的判定阶段。成立的合同是否有效同样存在两种可能:一是合同虽然成立但却不能生效,成为所谓的病态合同;二是合同成立并生效。合同成立并生效即进入合同过程的第三逻辑阶段,合同的履行阶段。合同进入履行阶段后同样会产生两种可能:一是合同生效并得到实际履行,合同履行完毕,合同过程终止,合同过程的逻辑生命自此结束。二是合同虽然生效但未得到实际履行。生效合同未实际履行者同样存在两种可能:一是合同虽然未实际履行,但负有履行义务的当事人有合理理由者;二是合同未实际履行,且负有履行义务的当事人没有合理理由者,则应当违约责任。无论是合同债务得到履行,还是因合同债务未得到履行而承担违约责任,都将导致合同过程的终止。

第二节　合同的订立

一、合同订立的概念

1. 合同自由原则

法律鼓励人们订立合同,但并不强迫人们订立合同。合同自由,是合同法的一项基本原则。合同自由原则包括四个方面的内容:一是缔结合同的自由,是指当事人有权决定是否与他人签订合同;二是选择相对人的自由,是指当事人可以自由决定与何人签订合同;三是合同内容的自由,是指当事人有权依法决定合同的内容;四是合同方式的自由,是指当事人有选择合同形式的自由。

2. 合同订立的含义

合同订立,是指双方当事人为意思表示并达成合意的过程。合同订立必须采取一定的方式进行。当事人订立合同的方式可以区分为一般方式和特殊方式。一般方式是指"要约—承诺"方式。"要约—承诺"方式还存在变异程序,即交叉要约和意思实现。特殊方式包括竞争、强制、附合等。竞争缔约方式包括拍卖和招标两种类型。

3. 合同成立的要件

合同成立是合同订立的结果。合同成立以合同订立为前提,合同订立以合同成立为目的。合同成立的要件包括主体、合意。主体要件是指须存在双方或者多方当事人。没有当事人,就不可能订立合同,合同也就无法成立。合意要件是指当事人的意思表示一致。当事人的意思表示不一致,达不成合意,合同当然就无法成立。

二、缔约的一般方式

合同订立的一般方式以现实生活中的典型交易为理论预想模式,主要体现为当事人双方相互之间通过讨价还价达成合意的过程。这个过程在合同法理论上被划分为"要约"和"承诺"两个逻辑阶段。

(一)要约

要约是合同成立的起点,没有要约就没有合同。要约,在法律实务中也称为发盘、报价或者发价,是指一方当事人以缔结合同为目的,向另一方当事人提出,希望与对方缔结合同的意思表示。发出要约者被称为要约人,接受要约者被称为受要约人。《合同法》第14条规定,"要约是希望和他人订立合同的意思表示"。该项意思表示必须"内容具体确定且表明经受要约人承诺,要约人即受该意思表示约束"。

1. 要约的构成要件

第一,要约是特定人的意思表示。要约人发出要约的目的在于缔结合同。合同存在于特定的当事人之间,因此,只有要约人特定才有缔结合同的可能。要约人必须特定,是指受要约人在客观上能够确定要约人即可,至于要约人是自然人还是法人或者是合伙组织,是本人还是代理人,均无不可。要约人必须特定但并意味着受要约人需要知道要约人是"谁"。在特定情况下,受要约人并不需要知道是在和"谁"缔结合同,只需要明显是在与特定某人缔结合同即可。例如,自动售货机在法律上被视为是要约,消费者只需要按照指示投入货币即成为受要约人,至于具体的要约人是"谁",作为消费者的受要约人并不需要知道。

第二,要约必须表明缔结合同的目的。要约以缔结合同为目的,要约的这一目的必须在要约中明确表示出来。要约只有明确表达出与受要约人缔结合同的目的,受要约人才可能做出与要约人缔结合同的意思表示,即承诺。要约是否明确表示出缔结合同的目的,属于法律解释的问题,存有异义时,应当依据客观标准进行解释。

第三,要约必须向相对人(受要约人)发出。要约虽然以缔结合同为目的,但是,要约必须经过受要约人的承诺后才能达成合意成立合同。没有受要约人的承诺,就不可能达成合意成立合同。因此,要约的相对人即受要约人必须特定。受要约人必须特定并不一定是指特定的某个人,可以是特定的群体。例如,商业广告被视为要约者,即是向特定群体发出的要约。

第四,要约的内容必须具体确定。要约以缔结合同为目的,这就要求要约必须具体确定。要约的内容如果不具体确定,受要约人就无法承诺,合意就无法达成,合成就不可能成立。要约内容的具体确定至少要求必须具备合同的必要条款。合同内容具体确定依合同的类型而定,合同的类型不同,合同条款的内容就不同,要约的内容也就不同。

第五,要约必须表明要约人将缔结合同的最后决定权交由受要约人。要约人向受要约人发出的希望受要约人与自己订立合同的意思表示的显著特征在于,要约人将是否缔结合同的最终决定权交由受要约人。受要约人受领要约人的发出的要约后,有自由选择权,既可以选择与要约人缔结合同,也可以选择不与要约人缔结合同。但是,对于要约人而言,则没有此种选择权,一旦受要约人选择与自己缔结合同,要约人就必须与受要约人缔结合同。

2. 要约的具体认定

要约与要约邀请具有相似性,在实践中容易混淆。要约邀请也称要约引诱,是指向他人发出希望他人向自己发出缔结合同的要约的意思表示。要约邀请人向他人发出要约邀请的目的并不在于缔结合同,而是希望受领要约邀请人向自己发出缔结合同的要约。要约与要约邀请的区别主要体现在两个方面:一是要约必须具备合同的必要条款,即要约的内容必须具体确定;而要约邀请只需具备希望他人向自己发出缔结合同的要约即可,并不需要具备合同的必要条款,内容不需要具体确定;二是要约中必须包含要约人受要约拘束的意思;而要约邀请则不欠缺此种拘束的意思。

要约与要约邀请的区别在理论上虽然明确具体,但在实践中对两者的区分仍然可能存在争议。当区分两者存在争议时,则需要根据交易习惯、社会观念加以判定。换言之,两者的区分仍然是一个需要解释的主观问题,需要根据个案的实际情况进行利益衡量。一方面需要考虑相对人对表意人意思表示的理解是否值得保护,另一方面需要表意人本身是否需要保护,两者相矛盾时如何公平处理。根据《合同法》第 15 条的规定,属于要约邀请的典型情形有:

第一,价目表的寄送。价目表的寄送,是指商家将为推销自己的商品或者服务而向公众寄送有关商品或者服务的价格信息,以此作为手段来激发消费者的消费欲望,希望消费者向自己发出缔结合同的要约。这种价目表的寄送行为的主要目的在于激发消费者的消费欲望,并不在于向消费者表明商家受拘束的意思,因此只能认定为要约邀请非要约。价目表的寄送在通常情形下应当认定为要约邀请而非要约,但是,在特定情形下,价目表的寄送如果符合要约的构成要件,也可以认定为要约。

第二,拍卖、招标公告。拍卖公告和招标公告为要约邀请而非要约的理由在于,公告的内容并不包含作为此类合同的主要条款的价格条款。拍卖中的价格条款需要在拍卖的过程中经过无数次要约后才能最终确定价格条款;招标中的价格条款需要在决标时才能最终确定。

第三,招股说明书。按照《公司法》《证券法》的有关规定,招股说明书中虽然必须明确记载每股的票面金额和发起价格以及认股人的权利义务等事项,但法律要求发行招股说明书的目的并不在于拘束招股人而在于激发认股人的购买欲望,从而向招股人发出购买股票的要约,所以,招股说明书仅是要约邀请而非要约。

第四,商业广告。商家向公众发行商业广告的目的在于激发消费者的购买欲望而非拘束自己,故应当认定为要约邀请,但是,商业广告中如果已明确表明商家受拘束的意思则应当认定为要约。

第五,商品标价陈列。商品标价陈列在大陆法通常被认定为要约而在英美法系则一般认定为要约邀请。我国合同法理论采大陆法系的观点,通常将商品标价陈列认定为要约而非要约邀请。当然,商品标价陈列作为要约应以柜台或者货架上的商品为限,不包括商店临街橱窗里标价陈列的商品。临街橱窗里标价陈列的商品通常应认定为要约邀请而非要约,理由在于商家的此种行为仅仅具有吸引顾客的作用,并没有受拘束的意思。自选商场或者超市中货架或者柜台上标价陈列的商品并不构成要约,而仅仅是要约邀请,顾客将商品从货架或者柜台上取走并将之交由收银员时才构成要约,收银员收款的行为构成承诺。对于某些特殊商品,例如必须经药剂师认定才可以出售的药品,当顾客在自助药店柜台上将该药品取走并将之交由收银员付款时,并不构成要约。药剂师如果认定顾客不符合购买条件者,可以拒绝,因此,只有药剂师同意顾客购买时才构成要约。

第六,自动售货机。自动售货机的设置,对于消费者来说构成要约,消费者只要按照指示将钱币投入即构成承诺。当然,自动售货机的设置构成要约,以机器正常运作为条件,如果自动售货机发生故障者,则要约应自动失效。

第七,理发店、影剧院。理发店的营业标识,属于要约邀请,顾客进店要求理发,则为要约。影剧院的放映公告为要约,顾客购票为承诺。

第八,出租车。出租车显示"空车"标识的行为是要约还是要约邀请,或者说顾客招手示意出租车停车的行为是要约还是承诺,理论上有不同的见解。理论争议的实质在于对于顾客的招手停车行为,出租车是否可以拒载。从有利于顾客的角度而言,应当将顾客招手停车的行为解释为承诺,即出租车排队等候或者显示"空车"标识的行为属于要约,对其具有拘束力,对于顾客招手示意停车的行为不能拒载。

第九,现货寄送。现货寄送是指商家将商品直接寄送给未订购此种商品的人。对于此种行为,学者多认为属于要约,顾客接受货物即构成承诺,合同成立。现货寄送可以区分为两种情形:一是商家通过物流公司将货物寄送给顾客,当物流公司将货物送至顾客时,需要顾客签收。此种情形的顾客签收应当视为承诺,商家的寄送行为视为要约。二是商家通过物流公司将货物寄送给顾客,不需要顾客履行签收手续,此种情形的现货寄送应当视为要约邀请,顾客接收货物的行为同样属于要约邀请,对顾客并不拘束力。

第十,公用事业。公用事业对于消费者来说,具有强制缔约的义务,因此,公用事业的服务应当视为要约,消费者接受服务的行为即构成承诺。

十一,悬赏广告。对于悬赏广告,理论上有单独行为说和合同说两种不同的观点。在通常情形下,广告说有利于悬赏广告人,单独行为说则有利于完成特定行为的人。我国司法实务采纳合同说,因此,悬赏广告属于要约,完成特定行为的人属于受要约人,完成悬赏广告所约定的行为属于承诺。

十二,出版社或者杂志社的稿约。出版社或者杂志社的要约为要约邀请而非要约,作者的投稿行为属于要约,对投稿人具有拘束力而对出版社或者杂志社没有拘束力。

3. 要约的形式

要约的形式与合同形式有着密切关系。在契约自由原则下,合同形式原则上不受限制,可以是口头形式,也可以是书面形式,因此,要约的形式同样可以是口头形式,或者书面形式。书面形式包括合同书、信件和数据电文(包括电报、电传、传真、电子数据交换和电子邮件)等可以有形地表现所载内容的形式。

要约的形式,可以是明示的,也可以是默示的。要约采用明示形式的,又可以区分为对话的要约和非对话的要约。默示的要约如将商品陈列于柜台上,以推定的方式表现出来。

对话的要约是指要约人发出要约的时间点与受要约人受领要约的时间点相同,双方可以直接交换意见,不一定双方都在同一地点。例如,刘备在成都给处于南京的孙权以电话形式发出的要约属于对话的要约,因为两者虽然处于不同地点,但发出要约与接受要约的逻辑时间点相同,且可以直接交换意见。不属于对话的要约就是非对话的要约。非对话要约的主要特点在于要约人发出要约的时间点与受要约人受领要约的时间点不同,双方当事人不可以直接交换意见。一般而言,口头要约为对话的要约,书面要约为非对话的要约。

对话的要约和非对话的要约在通常情形下容易区分,不易混淆,但在特殊情况下如何区分,理论上存在争议。例如,在口头要约的情形下,如果要约人和受要约人相互之间语言不通,需要现场翻译,则属于非对话的要约;当事人采用 QQ 方式进行合同磋商谈判是对话的要约还是非对话的要约以及当事人虽然都在现场,但却采取书面形式为要约,是否属于非对话的要约,理论上就存在争议。对话要约与非对话要约的区分如果存在争议,仍然属于法律解释问题,需要进行利益衡量,做出价值判断。

4. 要约的生效

要约作为意思表示应于什么时候生效,从逻辑上来说有四种时间点可以选择:

一是表达说,认为要约人将要约的意思表达出来即生效。例如,刘备准备向曹操订购草船 20 艘,签好订单放置于自己的办公桌上,并未交于秘书诸葛亮寄送出去。按照表达说,此时刘备已经成为要约人,曹操如果因其他原因到达刘备办公室得知这一消息即可承诺,从而双方之间成立合同。

二是发出说,认为要约人必须将要约发出(投邮)才生效。

三是达到说,认为要约必须到达受要约人时才生效。

四是了解说,认为受要约人必须了解要约的意思后才生效。从利益或者风险分配的视角来看,表达说不利于要约人控制其意思表示;了解说对受要约人最有利,因为只需要承担对意思表示作错误理解的风险,风险程度最轻;发出说则将要约在运输途中的风险(如信件丢失)交由受要约人承担;到达说将要约在运输途中的风险分配予要约人承担,受要约人只需要承担要约到达后的风险。

要约的生效是否需要区分为非对话要约与对话要约两种情形分别确定,理论上有两种不同的观点:一种观点认为应当区分,对话的要约生效,不宜采到达主义,而应当采了解主义;❶另一种观点则认为不需要区分,一律采用到达主义。❷《合同法》采这一见解。到达主义中的"到达"的指要约进入受要约人或者其代理人能够控制并应当能够了解的地方。例如,对于自然人而言,到达其信箱或者住所;对于法人而言,到达其营业场所或者办公场所。

科学技术的发展促使要约形式发生了根本性变化。为了适应这一变化,《合同法》规定了数据电文形式的要约,并明确规定"采用数据电文形式订立合同,收件人指定特定系统接收数据电文的,该数据电文进入该特定系统的时间,视为到达时间;未指定特定系统的,该数据电文进入收件人的任何系统的首次时间,视为到达时间"。对于这一规定,《电子签名法》要进行更为详细的规定。

5. 要约的效力

要约一经发出,就可能会对要约人和受要约人的利益产生一定的影响,因此,为了维护当事人的利益,保护交易安全,法律必须赋予要约以一定的效力。要约的效力具体表现为要约发出后对要约人和受要约人的拘束力。

❶ 余延满. 合同法原论[M]. 武汉:武汉大学出版社,2000:102.
❷ 崔建远. 合同法总论(上卷)[M]. 北京:中国人民大学出版社,2011:132.

第一,要约对要约人的拘束力。要约对要约人的拘束力,又称为形式拘束力,是指要约人发出要约后,要约一旦生效,要约就应受到要约的拘束,不得对要约进行变更、限制、扩张或者撤回、撤销。法律赋予要约形式拘束力的目的在于保护受要约人的利益,维护交易安全。要约人在要约中预先声明不受要约拘束,或者依其他情形可以判定要约人不受要约拘束者,在受要约人未经承诺之前,要约人可以自由撤回、撤销、变更。

第二,要约对受要约人的拘束力。要约对受要约人的拘束力,又称为实质拘束力或承诺适格,是指受要约人在要约生效时取得承诺的权利。受要约人的此种权利,原则上不得继承,也不得随意转让。相对于要约人来说,在通常情形下,受要约人对要约人并无承诺义务。在强制缔约的情形下,承诺则成为一种法定义务。

第三,要约存续期间。要约的存续期间,是指要约发生法律效力的期间,在此期间,受要约人取得承诺资格。因此,要约存续期间也可以称为承诺期间。要约的存续期间可以分为两种情形:一是要约明确约定了存续期间,则受要约人只能在此期间为承诺。对于要约存续期间的计算,《合同法》第24条有明确规定"要约以信件或者电报做出的,承诺期限自信件载明的日期或者电报交发之日开始计算。信件未载明日期的,自投寄该信件的邮戳日期开始计算。要约以电话、传真等快速通信方式做出的,承诺期限自要约到达受要约人时开始计算"。二是要约未明确约定存续期间,如果属于对话的要约,则受要约人应当即时做出承诺,但当事人另有约定者除外;如果属于非对话要约,则受要约人应当于合理期间做出,并达到要约人。合理期间需要考虑三方面的因素:一是要约到达受要约人的时间;二是受要约人考虑是否承诺所需要的时间;三是受要约人发出承诺并到达要约人所需要的时间。

6. 要约的撤回

要约的撤回,是指要约生效之前,要约人可以撤回其发出的要约。要约撤回的通知应当先于或者与要约同时到达受要约人。要约能够撤回的前提条件是要约撤回的通知应当先于或者与要约同时到达受要约人,因此,如果要约撤回通知无法先于或者同时到达受要约人者,则该种要约就无法撤回。例如,在电子合同的场合,由于电文数据传输速度快,在现有技术条件下,根本就没有办法撤回。要约撤回只要求要约撤回的通知先于或者同时与要约到达,并不要求受要约人先了解要约撤回的意思表示。因此,很可能出现这样要约撤回通知与要约同时到达受要约人,但受要约人却先了解要约的意思表示,而对要约撤回的意思表示一无所知,此种风险无疑应当由受要约人承担。

要约撤回的通知按正常渠道可以先于或者与要约同时到达受要约人,但是,基于特殊原因,要约撤回的通知于要约到达受要约人之后才到达要约人,是为要约撤回的迟到。对于要约撤回的迟到是否发生要约撤回的效力?现行《合同法》未予明确,国外有规定此种情形下受要约人依据诚实信用原则负有通知义务,受要约人未履行通知义务者,视为要约撤回未迟到,发生要约撤回的效力。要约人向要约人发出要约撤回迟到的通知,则该要约撤回通知不发生法律效力,要约因到达受要约人而生效。

7. 要约的撤销

要约的撤销,是指要约发生效力后,要约人向受要约人发出取消要约的行为。要约一旦生效即具有法律拘束力,不得随意撤销,要约的撤销存在要约人利益保护和受要约人利益保护的平衡问题。为此,法律一般对要约的撤销附加了一定的条件,只有在符合法律规定的条件下,要约人才可以撤销要约。《合同法》从正反两方面对要约的撤销进行了规定:第一,撤销要约的通知应当在受要约人发出承诺通知之前到达受要约人;第二,要约人确定了承诺期限或者以其他形式明示要约不可撤销以及受要约人有理由认为要约是不可撤销的,并已经为履行合同作了准备工作的要约不得撤销。

要约撤销的方式应当与要约一致。例如,要约人如果以商业广告形式向公众发出要约,则撤销要约的形式也应当采用商业广告的形式,至于公众是否阅读了该撤销要约的商业广告,在所不问。

学理上认为,在特定情形下,要约人以实际行动向受要约人表明自己已经改变与受要约人缔结合同的意图,而此种意图亦为受要约人所获得,则要约人即使没有向受要约人发出撤销要约的通知,同样可以发生要约撤销的效果。❶

要约撤销与撤回一样,同样存在迟到问题,即要约撤销的通知按照通常方式可以在受要约人发出承诺之前到达受要约人,但却因为未能如期在受要约人发出承诺前到达。对此,按照类推适用的原则,应当准用要约撤回的原则,即受要约人负有通知义务。

要约撤销必须符合法律规定的条件,否则就不得撤销。这里的"不得撤销"应当如何理解呢? 是要约人必须与受要约人缔约还是要约人可以撤销要约而不与受要约人缔结合同,但必须因此向受要约人承担缔约过失赔偿责任? 对此,应当区分为两种情形:一是如果缔约过失责任能够赔偿受要约人损失的,则应当理解为要约人可以撤销要约;二是如果缔约过失不能赔偿受要约人损失,缔约对于受要约人来说具有特别利益,则应当理解为要约人不可以撤销要约,受要约人依法承诺而导致合同成立。❷

要约撤回与撤销两者都是在受要约人承诺之前到达受要约人,两者的区分在于,要约撤回发生在要约生效之前,要约撤销发生在要约生效之后。

8. 要约的终止

要约的终止,也称要约的失效、要约的消灭,是指要约丧失法律效力。要约终止后,要约人和受要约人均不再受要约拘束。导致要约终止的事由有:

第一,要约的承诺期限届满,受要约人未为承诺。要约中如果约定由承诺期限的,则受要约人应当在约定的期限内决定是否做出承诺,受要约人在承诺期限届满时未为承诺,要约当然终止。

第二,要约拒绝。要约人向受要约人发出要约后,受要约人是否接受要约,向要约人发出承诺,有自主选择权。受要约人如果选择向要约人发出拒绝承诺的通知,要约当然因此终止。

第三,受要约人实质性变更要约。要约已经包含缔结合同的主要内容,在通常情形下,受要约人对要约人进行承诺只需要"同意"即可。但是,在现实生活中,这种完全无条件同意的情形并不多见。《合同法》规定,受要约人可以对要约作非实质性变更,因此,如果受要约人对要约做出了实质性变更,则视为新的要约,原要约自然终止。

第四,要约人死亡或者丧失行为能力。要约人为自然人者,如果发出要约后忽然死亡或

❶ 李永军. 合同法[M]. 北京:法律出版社,2004:106.
❷ 韩世远. 合同法总论[M]. 北京:法律出版社,2004:105.

者丧失行为能力,对于要约的效力是否产生影响?对此,现行《合同法》并无明确规定。国外有要约不因此受影响,但要约人另有其他意思者(例如,要约有明确表示仅对要约人生效)除外的立法例。我们认为,这一立法例可以为我国实务所采用。要约人为法人者,要约发出后法人被宣告破产的,受要约人可以向破产管理人承诺。

第五,受要约人死亡或者丧失行为能力。要约人发出要约后,在未到达受要约人之前,受要约人死亡者,应当理解为要约在逻辑上无法到达受要约人,要约因此不能生效;要约到达后受要约人死亡者,受要约人的继承人有无继承的承诺权利的权利?理论上有不同的见解:一种观点认为除非要约人特别注重受要约人的人身性质或者有明确的反对意思时,可以继承;另一种观点则认为承诺并非财产性权利,不得为继承标的,继承人不得继承承诺权利。但是,如果要约并非注重受要约人个人性质的,则可以理解为系向不特定人发出的要约,受要约人的继承人可以取得承诺资格。❶ 要约人向受要约人发出要约后,在要约未到达受要约人之前,受要约人丧失行为能力者,要约不因此受到影响,其代理人可以代理受领要约。要约到达其代理人时生效。当然,如果要约中明确要求受要约人为完全行为能力者,则要约当然因受要约人丧失行为能力而不生效,代理人不得代理受领。

第六,要约撤销。要约人依法撤销要约,要约当然终止。

(二)承诺

承诺在合同成立阶段是具有决定性意义的一步。要约人向受要约人发出要约后,受要约人如果承诺,合同就因此而成立,对双方具有法律约束力。承诺,在法律实务中也称为发盘或者接受,是指受要约人向要约人发出的同意与要约人缔结合同的意思表示。承诺与要约的性质一样,都属于意思表示。

1.承诺的构成要件

第一,承诺必须由受要约人做出。要约人向受要约人发出要约,目的在于欲与受要约人缔结合同。因此,只有受要约人(含其代理人)才有权利向要约人做出承诺。除受要约人外,其他任何第三人向要约人发出缔结合同的意思表示,都不构成承诺,而视为是一份新的要约。

第二,承诺必须向要约人做出。受要约人承诺的目的在于与要约人缔结合同,因此,承诺需要向要约人做出。要约人死亡的情形下,如果合同未具有人身性质,受要约人可以向要约人的继承人做出承诺。

第三,承诺必须在要约存续期间内做出。承诺的做出以要约的有效为前提,因此,受要约人的承诺必须在要约的存续期间内做出。在要约未定存续期的情形下,如果属于对话的要约,受要约人应当立即做出承诺;如果属于非对话的要约,受要约人应当在合理的期限内做出。未在要约存续期间内做出的承诺,属于迟到的承诺,除要约人及时通知受要约人该承诺有效外,不发生承诺的效力,而是成为新的要约。但是,如果承诺依通常情形可以在合理期间内到达要约人而未按时到达的,属于承诺的特殊迟到。对此,要约人对受要约人负有通知义务,如果要约人怠于通知,则视为承诺未迟到,承诺有效,合同成立。

第四,承诺的内容应当与要约的内容一致。合同以合意为前提,合意就是指承诺的内容

---

❶ 王泽鉴.债法原理(一)[M].北京:中国政法大学出版社,2001:167.

与要约的内容一致。如果受要约人在承诺中对要约的内容进行扩张、限制或者变更,则不属于承诺,而应视为新的要约。承诺与要约内容一致,在合同法理论上称为合意。合同成立要求当事人之间形成合意,合同成立以合意存在为前提,没有合意,就没有合同。

2. 承诺的方式

受要约人向要约人做出承诺的意思表示,必须以一定的方式做出。受要约人向要约人发出承诺的方式,可以区分为几种情形:

一是受要约人按照要约要求的方式向要约人发出承诺。

二是受要约人未按照要约要求的发生发出承诺,但该方式在要约约定的期限内或者合理的期限内到达了要约人。例如,曹操向刘备发出要约,表示愿意以 20 万元的价格向刘备出售草船一艘,要求刘备以公函的方式回复。刘备未按要约要求回复而是直接将 20 万元款项付至曹操指定的账户上的行为是否构成有效的承诺?对此,理论上有两种不同的见解。我们认为,从鼓励交易的原则出发,应当认定刘备的行为构成有效承诺。

三是受要约人按照要约要求以特定行为做出了承诺,在行为完成后,受要约人应当将自己完成行为的事实通知要约人。当然,这种通知并不是承诺,而仅仅是根据诚实信用原则,受要约人需要履行的义务。

要约中如果没有约定承诺的方式,受要约人应当如何承诺呢?当要约人未指定承诺方式时,受要约人未承诺意思表示,应当依据交易习惯、商业惯例等做出承诺。

承诺通常应当以明示方式做出,沉默或者不作为不构成承诺。但是,在特殊情形下,沉默或者不作为也可以构成有效承诺。一般认为,如下情形沉默或者不作为构成承诺:(1)受要约人事先向要约人声明沉默构成承诺的;(2)依据交易习惯或者当事人之间的交易惯例,承诺不需要通知的;(3)格式合同当事人没有拒绝要约的,视为承诺。

3. 承诺的撤回

承诺的撤回是指受要约人以一定方式阻止承诺发生法律效力的行为。承诺撤回的通知应当在承诺通知到达要约人之前或者与承诺通知同时到达要约人。当然,如果承诺撤回的通知在特殊情况下迟到,基于诚实信用原则,要约人负有通知义务。

4. 承诺的生效

承诺的生效应当区分不同情形讨论:一是非对话的承诺,到达要约人时生效。二是对话的承诺生效,理论上有到达主义和了解主义之争,理论上认为我国《合同法》采了解主义,以正常情况下一般人的理解为准。❶ 三是承诺如果不需要通知的,根据交易习惯或者要约的要求做出承诺行为时生效。四是承诺以沉默方式做出的,应当自要约有效期限届满时生效。

承诺的生效决定着合同的成立。承诺生效的时间和地点决定着合同成立的时间和地点。对于合同成立的时间与地点,应当区分不同情形:一是合同成立以承诺生效的时间与地点为准,承诺生效的时间点与地点即为合同成立的时间点与地点。二是以当事人签字盖章的时间点与地点为准,当事人采用合同书形式订立合同的,自双方当事人签字或者盖章时合同成立。双方签字盖章不在同一时间点的,以最后签字盖章的时间点与地点为准。三是法律、行政法规规定或者当事人约定采用书面形式订立合同,当事人未采用书面形式但一方已

---

❶ 余延满. 合同法原论[M]. 武汉:武汉大学出版社,2000:117.

经履行主要义务,对方接受的,以接受履行义务的时间点与地点为合同成立的时间点与地点。四是当事人采用信件、数据电文等形式订立合同的,可以在合同成立之前要求签订确认书。签订确认书的时间点与地点为合同成立的时间点与地点。五是当事人可以自由约定合同成立的时间点与地点。

关于合同成立的时间与地点,需要讨论的问题是,当事人在合同书中载明的时间与地点与合同书实际签署的时间与地点不同的情形下,应当以何者为准?例如,当事人在 2014 年 9 月 9 日在株洲签署合同,但合同书中却标明双方于 2014 年 9 月 10 日在长沙签署。在实务中还出现当事人在签字盖章时,根本就不签署日期,而仅仅签名、盖章。对此问题,如果能够通过其他证据证明实际时间和地点的,以实际的时间和地点为准,不能证明的,则以合同记载的时间和地点为准。

应当注意的是,在一个合同订立过程中,要约可以多次,但承诺只能一次。例如,某学生去商场买衣服,见到某件自己喜欢的衣服标价 1 000 元,问售货员"是不是可以少一点",售货员说"可以,你出个价",学生问"最低要多少",售货员答"诚心要的话 800 元",学生问"能否再少点",售货员答"开张生意,再少 50 元",学生问"500 元卖不卖",售货员答"再加点,700元",学生说"最多加 50 元,550 元",售货员说"诚心要,就 620 元,你拿走",学生说"600 元,不卖的话,我就走了",售货员说"好,亏本卖给你算了"。

在这一系列的讨价还价过程中,有多次要约,但只有一次承诺,即最后售货员说"好,亏本卖给你算了"这句话为承诺,其他的包含有价格的谈话都是要约。

三、缔约的特殊方式

(一)强制缔约

强制缔约,是指依照法律规定,应相对人的请求,而负有与其缔约义务的情形。强制缔约的与一般缔约的区别在于强制缔约排斥了缔约自由,有关当事人负有强制缔约义务。

强制缔约可以区分为不同的类型:

一是强制要约与强制承诺。强制要约是指相关主体按照法律规定必须订立某项契约。例如,医生、会计师等必须购买强制责任保险,因此法律强制规定这些主体必须向保险人要约。强制承诺是指相关主体按照法律规定必须与要约人缔结契约。例如,铁路、飞机、电信、煤气、自来水等公用企业,一旦相对人(要约人)发出缔约的要约,就必须承诺。

二是直接强制和间接强制。直接强制缔约是指由法律规定的强制缔约,间接强制缔约是指法律并没有直接规定,但通过法律解释可以推断相关主体负有强制缔约义务的情形。

法律明文规定的强制缔约的情形主要有:(1)公共运输领域的强制缔约义务,包括但不限于铁路、出租车、飞机等公共运输企业。(2)电信、供电(水、气、热)企业的强制缔约义务。(3)保险企业的强制缔约义务。(4)医院在特定情况下的强制缔约义务。在病人危重及急诊的情况下,医院负有强制缔约义务。(5)优先购买权制度下的强制缔约义务。

根据法律规定,可以解释相关主体负有强制缔约义务的情形主要有:(1)商店、理发、住宿、餐饮等企业在一定条件下具有强制缔约义务。(2)建设用地使用权期满后的强制缔约义务。

关于强制缔约的经典案例有"影剧院拒绝案"。在该案中,原告作为一名文艺评论家,针对被告影剧院上演的剧目进行了尖锐的批评,从而导致原告与被告主管部门交恶。被告因此拒绝向原告出售门票,原告通过其他途径获得了该影剧院的门票亦被被告拒绝入内。❶

负有强制缔约义务人如果违反强制缔约义务,应当承担民事责任以及必要的行政责任。

(二)附合缔约

附合缔约,是指合同条款完全由当事人一方事先拟定,相对人只有完全接受该条款才能与对方达成合意成立合同的缔约方式。附合缔约的合同条款在理论上被称为格式合同条款,简称为格式合同或者格式条款,也被称为定式合同、标准合同、附合合同、一般交易条款、定型化契约或者定型化契约条款等。《合同法》第 39 条第 2 款规定,"格式条款是当事人为了重复使用而预先拟定,并在订立合同时未与对方协商的条款"。

1. 格式合同的特征

格式合同与一般合同相比,具有如下几个方面的特征:

第一,格式合同由单方事先拟定。一般合同条款由当事人双方协商拟定。格式合同条款的产生并不通过协商途径产生,而是事先由一方拟定,相对人根本就不能与对方协商。通常情形下,格式合同条款由提供商品或者服务的一方拟定;特定情形下,为保护交易公平,维护当事人之间的利益平衡,可以由超脱于当事人双方之外的第三方的社会团体或者国家机关授权的机构拟定。

第二,格式合同具有广泛性、持久性、细节性。格式合同的广泛性是指格式合同面向的是社会公众而非某个单个个人作为受要约人而拟定的;持久性是指格式合同在某个特定时期内持续有效,适用于该时期内所订立的全部合同;细节性是指格式合同包含合同的全部条款。

第三,格式合同具有不平等性。格式合同的不平等性是指提供格式合同条款的一方通常在经济地位或者法律地位上相对于相对人来说处于优势地位。这种优势地位决定了格式合同条款的提供方可以将自己事先拟定好的格式条款强加于相对人。

第四,格式合同一般具有明示性。格式合同一般具有明示性是指格式合同通常通过书面形式体现出来。格式合同条款提供方将所有条款都明示给相对人。

2. 格式条款订入合同

格式条款并不当然成为合同内容,而需要经历相应的订入程序,经双方达成合意后才能成为合同内容的组成部分。当事人经过协商达成合意将格式条款作为合同内容的组成部分称为格式条款订入合同。格式条款订入合同必须满足一定的条件。格式条款订入消费者合同,格式条款的提供方即商人必须提请消费者注意格式条款,以确保消费者有机会了解格式条款的内容,并同意将之订入合同。格式条款订入消费者合同的条件为:一是格式条款提供方以合理的方式提请对方(消费者)注意。二是消费者签字确认。

3. 格式条款的解释

《合同法》第 41 条规定,"对格式条款的理解发生争议的,应当按照通常理解予以解释。对格式条款有两种以上解释的,应当做出不利于提供格式条款一方的解释。格式条款和非

---

❶ 朱岩.强制缔约制度研究[J].清华法学,2011,(1).

格式条款不一致的,应当采用非格式条款"。

第一,通常理解解释规则。格式条款的通常理解解释规则,是指在对格式条款进行解释时,应当按照普通人的理解能力为标准来理解格式条款。格式条款,特别是格式合同相对于普通合同来说,具有专业性,相对人如果未具备相应的专业知识,很难理解格式条款的真正含义。格式条款按照通常理解进行解释,有利于防止格式条款提供者利用格式条款专业性的特点损害相对人的权益。此外,格式条款通常理解解释规则也对相对人的理解能力提出了要求。相对人必须以社会普通公众的理解能力来理解格式条款的含义,相对人因为未具备普通人的理解能力导致对格式条款理解不正确的风险由自己承担。因此,通常理解解释规则对格式条款提供者来说,要求其必须按照社会普通公众的理解能力来拟定格式条款,尽量避免拟定专业性过强的格式条款;对于相对人来说,要求其必须努力提升自己的理解能力,以达到群体中等理解能力的水准。

第二,不利解释规则。合同解释中不利于起草人解释规则应用于格式条款解释上便是不利解释规则,是指当对格式条款可以作几种不同解释时,应当选择最不利于格式条款提供者一方当事人的解释。不利解释规则以公平原则为基础,目的在于要求格式条款提供者在拟定格式条款时必须坚持公平原则,按照公平原则的要求来拟定格式条款。此外,不利解释规则也要求格式条款提供者在拟定格式条款时,尽量避免歧义。不利解释规则的典型表现为保险法上的不利于保险人的解释规则。《保险法》第30条规定,"采用保险人提供的格式条款订立的保险合同,保险人与投保人、被保险人或者受益人对合同条款有争议的,应当按照通常理解予以解释。对合同条款有两种以上解释的,人民法院或者仲裁机构应当做出有利于被保险人和受益人的解释"。

第三,限制解释规则。限制解释规则,是指在对格式条款进行解释时,应当作严格限制,不得有类推、扩张或者补充。限制解释规则的目的在于保护相对人的利益。因为格式条款提供者在拟定格式条款时,为追求自己利益的最大化,可能会忽视相对人的利益。

案例阅读

铁路部门收取异地售票手续费是否合理?

案情:原告异地购买火车票,被铁路部门收取异地售票手续费。原告认为,依据《消费者权益保护法》第26第二款和第三款"经营者不得以格式条款、通知、声明、店堂告示等方式,做出排除或者限制消费者权利、减轻或者免除经营者责任、加重消费者责任等对消费者不公平、不合理的规定,不得利用格式条款并借助技术手段强制交易。格式条款、通知、声明、店堂告示等含有前款所列内容的,其内容无效"的规定,应当认定该收费内容为无效条款。

被告铁路部门认为,原告有多种购票方式可以选择,其选择异地人工窗口购票,是完全自愿的,不属于违背公平原则、强制交易行为。

法院认为,《铁路法》(2015年修正)赋予了铁路企业对铁路旅客运输杂费的自主定价权,中国铁路总公司制定365号文件确定异地售票手续费为5元的规定符合法律规定,不存在不合理之处。

思考:本案中合理行为与合法行为是什么关系?

分析：人民法院认为铁路部门收取异地售票手续费合法，但是并没有论证是否合理，即收费所依据的法律规定本身是否合理。从法理上分析，铁路部门收取异地售票手续费，必须论证异地售票增加了成本，否则，就属于合法而不合理的行为。

提示：依据法律所为的行为是合法行为，但不一定是合理行为。

(三)事实缔约

传统的合同法理论认为，合同以合意为前提，没有合意就没有合同。但是，现实生活中，有些合同似乎并没有合意的存在，而仅仅基于一定事实过程而成立，至于当事人的意思如何，法律在所不问。例如，作为人们生活必需品的煤气、电、水等，人们在与相关企业订立合同时，根本就没有意思自由进行选择。针对这一事实，1941年，德国学者豪普特(Haupt)提出了"事实的合同关系"的概念，认为此种类型的合同成立并不是基于合意，而是基于事实过程而成立的合同关系，可以区分为三种类型：一是基于社会接触而产生的事实的合同关系，如缔约过失责任、司机对好意同乘人的责任等；二是基于团体关系而产生的事实的合同关系，如合伙合同，事实上的劳动关系等；三是基于社会给付义务而产生的事实的合同关系，如公用企业提供的服务等。对于"事实的合同关系"理论，现行法律并没有接纳，理论上对此亦没有形成统一见解。

(四)交叉要约

交叉要约，也称为要约的吻合，是指当事人相互为意思表示内容相同的要约。例如，甲向乙发出愿意以10万元购买乙某房屋的要约，乙亦向甲发出愿意以10万元价格出售该房屋的要约。对于交叉要约能否导致合同成立，各国立法规定不一。《合同法》对此没有规定，理论上有肯定说、否定说等不同观点，但以肯定说为通说，以鼓励交易。交叉要约导致合同成立，便存在一个合同成立时间的问题，对此，理论上认为应以后一要约到达对方的时间为合同成立的时间。

交叉要约通常发生在非对话的意思表示订立合同的场合。在对话的意思表示场合下，则有同时表示的缔约方式。同时表示，是指在对话为意思表示的情形下，当事人同时向对方做出内容相同的意思表示而达成合意，从而订立合同的方式。

(五)意思实现

意思实现，是指受要约人通过行为而非意思表示向要约人为承诺，从而导致合同成立的缔约方式。由于意思实现纯粹是一种实施行为而非表示行为，行为人将自己内心意思通过行为直接体现出来，并不依赖于任何表示行为，所以，意思实现属于非表示行为。

意思实现的构成要件为：一是根据交易习惯或者要约要求承诺不需要通知；二是受要约人做出了有可认为的承诺事实。可认为的承诺事实主要有两种情况：一是履行行为，例如宾馆为客人预留房间；二是受领行为，例如拆阅现物要约的商品。

(六)国家任务

《合同法》第38条规定，"国家根据需要下达指令性任务或者国家订货任务的，有关法人、其他组织之间应当依照有关法律、行政法规规定的权利和义务订立合同"。按照国家任务订立合同，既是当事人双方的权利，也是当事人双方的义务。这种合同成立的方式，与通常采用"要约—承诺"方式不同，为一种特殊的缔约形式。

四、合同成立的认定

(一)合意

合同成立以缔约双方当事人达成合意为前提，没有合意就没有合同的成立。双方当事人达成了合意，合同成立。合意，从逻辑的角度划分，可以为完全合意和实质性合意两种类型。完全合意是指受要约人的承诺内容与要约的内容完全一致。现实生活十分复杂，法律如果要求承诺内容与要约内容完全一致，合同成立的难度加大，这不利于鼓励交易。承诺内容应当与要约内容完全一致，在英美合同法理论上被称为"镜像规则"。由于"镜像规则"并利于鼓励交易，因此逐渐为各国立法所放弃，成立合同并不要求完全合意，而只要求实质性合意即可。

实质性合意是指受要约人的承诺内容未对要约内容作实质性变更，即当事人对合同的主要条款在客观上达成合意(意思表示一致)。《合同法》第30条规定，"承诺的内容应当与要约的内容一致。受要约人对要约的内容做出实质性变更的，为新要约。有关合同标的、数量、质量、价款或者报酬、履行期限、履行地点和方式、违约责任和解决争议方法等的变更，是对要约内容的实质性变更"。

合意与不合意相对应，不合意的出现当然就意味着合同不成立。在实践中，如果认定不存在不合意，就推定存在合意，合同成立。因此，合同成立与否的关键在于是否存在不合意。不合意有两种形式，公然不合意和隐藏不合意。公然不合意又称为明显不合意，意识的不一致，是指当事人明确意识到双方意思表示不一致。例如，刘备愿意以每年不低于4 000万元的价金将荆州出租给孙权，孙权却只愿意以每年不高于3 000万元的价金承租，两者明确意识到租金的不一致，为公然的不合意。公然的不合意当然不能导致合同成立。隐藏不合意，又称无意识的不一致，是指当事人认为已经达成了合意，但实际上并没有达成合意的情形。例如，瑞士与法国商人在德国签订买卖合同，约定以法郎付款，但瑞士商人认为是瑞士法郎，法国商人认为是法国法郎，双方意思不一致在付款时才被发现。

合意与不合意，属于法律解释的结果，存在价值判断。客观事实上的不合意，可能被解释为法律上的合意，反之，客观事实上的合意，也有可能被解释为不合意。事实上的不合意被解释为法律上的合意时，便发生了法律上的错误。合意是否存在的解释，实际上为价值衡量的问题。当因不可归责于双方的事由而导致意思表示不一致时，应当解释为不合意，双方均不对此负责；当因一方当事人较轻微过失而导致意思表示不一致时，解释为不合意，但存在缔约过失；当因一方当事人一定程度的过失而导致意思表示不一致时，解释为存在合意，但意思表示错误，可以撤销，存在信赖利益损失赔偿责任问题；当一方当事人对错误的发生具有很高的归责性，即存在重大过失时，解释为合意存在，合同有效，否定错误方的撤销权。❶

(二)条款

合意必须通过一定的形式体现出来，这便是合同条款。合同条款记载当事人的权利义务。合同条款相对于合同权利义务来说，属于形式，但相对于合同形式来说，又属于内容。

---

❶ 叶金强. 私法效果的弹性化机制——以不合意、错误与合同解释为例[J]. 法学研究，2006，(1).

合同条款通常由当事人协商确定。

1. 主要条款

主要条款，也称必要条款，是指合同成立所必须具备的条款。当事人必须就合同主要条款达成一致，否则就不能成立。合同主要条款的法律效力在于决定合同是否成立，而不是决定合同是否有效，因此，也被称为合同成立条款。

合同主要条款，有的是由法律直接规定的。例如，对于借款合同，法律要求必须有币种条款；有的是由合同性质决定的，例如，买卖合同必须有标的物条款；有的是由当事人约定的。例如，买卖合同的当事人如果对包装方式有特别约定，则该约定便成为合同主要条款。一般而言，法律规定的条款和合同性质决定的条款两者相结合，也就决定了合同的类型。合同的主要条款主要包括两类：一是当事人和标的条款；二是法律直接规定或者当事人约定必须具备的条款。

2. 提示条款

提示条款是指合同通常应当包含的条款。根据《合同法》第12条的规定，合同的提示条款包括：

第一，当事人。合同由当事人双方协商订立，没有当事人，就不可能成立合同。因此，合同条款的第一部分，就是要确定当事人。对于自然人当事人而言，当事人的确定通常需要明确姓名、身份证号码、住所三项要素。对于法人当事人而言，当事人的确定通常需要明确名称、法定代表人、注册地（主要营业地）等要素。

第二，标的。当事人订立合同的目的在于确定双方相互之间的权利和义务。权利义务必须指向特定的对象，即有标的。标的是一切合同的必备条款。没有标的，就不可能成立合同。对于合同标的，理论上通常认为是指给付行为。但《合同法》第12条所规定的标的为标的物。

第三，数量和质量。标的必须确定，确定标的需要从数量和质量两个方面进行。数量包括计算标准和计算方式，是否允许一定的差异。例如，商品房买卖合同对于商品房的面积，一般约定了误差范围。质量包括规格、技术指标等。对于标的的质量，合同约定的越详细越好。

第四，价款或者酬金。一般情形下，当事人订立合同，均有一方是向另一方支付金钱。一方向对方支付金钱是取得标的代价。价款是针对标的物而言，酬金是针对服务而言。

第五，履行期限。合同在为当事人约定义务的同时，必须确定履行期限。合同义务的履行期限，可以是期间，也可以是期日。履行期限在合同中是非常重要的条款，是确定当事人是否为约的重要依据。当事人必须履行期限内履行义务，否则就构成违约，将会被追究违约责任。

第六，履行地点。当事人履行合同所约定的义务，必须在一定的地点以一定的方式完成。履行地点关系到当事人履行费用的承担，标的物以外灭失的风险分配等重要问题。在诉讼上，履行地点还是确定管辖的重要依据。对于涉外合同而言，履行地点还是确定法律适用的重要依据。

第七，违约责任。当事人在订立合同时，必须考虑的重要问题是，合同生效后，当事人不履行合同债务怎么办。因为合同订立后，当事人并不一定愿意履行。为督促当事人履行合同债务,当事人有必要在合同中对违约责任进行明确。因为法律虽然对违约责任进行了规定,即使当事人在合同中没有约定违约责任,违约方仍然需要承担违约责任。但是法律所规定的违约责任并不一定为当事人所订立的合同"量身定做"。因此,为减少违约行为出现后当事人之间围绕违约责任问题而产生的争议,合同有必要对违约责任进行明确约定。

第八,解决争议的方法。当事人可以在和谐的气氛中订立合同,但并不一定能够在和谐的气氛下履行合同。因为种种原因,当事人订立合同,极有可能发生争议。争议发生后,如何解决,当事人有一定的自由选择权。例如,当事人既可以选择诉讼的方式解决,也可以选择仲裁的方式解决。因此,当事人可以在合同中对解决争议的方法进行约定。

五、缔约失败的后果

当事人以订立合同为目的进行接触,并不一定能够导致缔约成功。当事人缔约不成功,合同未能成立,可能会产生一定的后果,即导致一定的损失。因缔约不成功而导致的损失,原则上由当事人自行承担。但是,如果一方当事人因为过错而导致另一方当事人在缔约过程中遭受损失,则可能要承担相应的责任。此种责任,在合同法理论上称为缔约过失责任。

1. 缔约过失责任的概念

缔约过失责任,是指当事人在缔约过程中,一方当事人因为过失而导致另一方当事人遭受损害时所应当承担的赔偿责任。缔约过失责任的承担形式以赔偿损失为原则,例外情形下可以适用解除合同或者拒绝履行等其他形式。缔约过失责任的赔偿损失在通常情形下为赔偿维持利益,受害人因缔约过失同时遭受信赖利益损害的,则还应当赔偿信赖利益损失。信赖利益,也称消极利益,是指缔约当事人因缔约不成功而失去的利益。信赖利益包括通常直接损失和间接损失两部分。直接损失部分包括:一是缔约费用,即为了缔约而支付的合理费用,例如为缔约而花费的考察费用、通讯费用等;二是为履行合同做准备而花费的合理费用。例如,运送标的物的费用;三是利息损失。间接损失是指缔约人丧失了与第三人另行缔约的机会损失。信赖利益的赔偿,原则上不得超过当事人在缔约时所预见的损失,也不得超过履行利益。当然,缔约过失如果导致对方当事人人身或者已有财产损害的,则应当完全赔偿;如果对方当事人有过错的,则适用过失相抵规则。

2. 缔约过失责任的类型

第一,缔约之际未尽忠诚义务而给对方造成损害的缔约过失责任。当事人进行缔约,并不一定会导致缔约成功,但是,缔约当事人双方的缔约时,应当受到诚实信用原则的限制,在磋商、谈判时尽忠诚义务。如果一方当事人假借合同,恶意进行磋商,或者故意隐瞒与订立合同有关的重要事实或者提供虚假情况而给对方造成损害的,属于违反忠诚义务的行为,应当承担赔偿责任。假借合同,恶意进行磋商,是指一方当事人本没有与对方订立合同的意图,但却故意与对方进行磋商,从而导致对方遭受损害。故意隐瞒与订立合同有关的重要事实或者提供虚假情况,是指一方当事人的缔约过程中,故意将与订立合同有关的重要事实或者信息隐瞒,不告知对方。

第二,擅自撤回或者撤销要约而给对方造成损害的缔约过失责任。要约对要约人具有法律拘束力,因此,如果要约人随意撤回或者撤销要约而给对方造成损害的,应当向受要约人承担缔约过失责任,赔偿受要约人的损失。

第三,缔约之际未尽通知、保护或者保密等义务而给对方造成损害的缔约过失责任。缔约当事人因为缔约而进入较一般人更为特殊的领域,此时双方相互之间应当承担比通常更高要求的通知、保护以及保密等义务,一方当事人违反此种义务而给对方造成损害的,当然应当承担缔约过失责任,赔偿对方的损失。

第四,合同未成立,无效或者被撤销而给对方造成损害的缔约过失责任。在合同未成立,无效或者被撤销的情形下,如果一方有过错,而对方因此遭受损害的,有过错的当事人应当向对方承担赔偿责任。可撤销合同如果撤销权人在法律规定的时间内没有行使撤销权,则称为完全有效合同。但是,如果享有撤销权的当事人所遭受的损害并没有因为合同有效而消除时,是否可以请求对方承担缔约过失责任? 对此,有学者认为,撤销权的行使期间为一年,而缔约过失责任赔偿的请求权行使期间为两年,两者相互独立,即缔约过失责任赔偿请求权并不因撤销的权的消灭而消灭。❶

第五,无权代理而给对方造成损害的缔约过失责任。代理人与相对人缔约,应当有代理权。无权代理人因无权代理而导致合同无效时,如果给对方造成损害,当然应当承担相应的赔偿责任。

3. 缔约过失责任的内容

缔约过失责任的承担形式以赔偿损失为原则,例外情形下可以适用解除合同或者拒绝履行等其他形式。缔约过失责任的赔偿损失在通常情形下为赔偿维持利益,受害人因缔约过失同时遭受信赖利益损害的,则还应当赔偿信赖利益损失。

信赖利益,也称消极利益,是指缔约当事人因缔约不成功而失去的利益。信赖利益包括通常直接损失和间接损失两部分。直接损失部分包括:一是缔约费用,即为了缔约而支付的合理费用。例如,为缔约而花费的考察费用,通讯费用等。二是为履行合同做准备而花费的合理费用。例如,运送标的物的费用。三是利息损失。间接损失是指缔约人丧失了与第三人另行缔约的机会损失。信赖利益的赔偿,原则上不得超过当事人在缔约时所预见的损失,也不得超过履行利益。

当然,缔约过失如果导致对方当事人人身或者已有财产损害的,则应当完全赔偿;如果对方当事人有过错的,则适用过失相抵规则。

案例阅读

因自己的过错而导致他人财产损害时,是否应承担责任?

案情: 原告因急需资金给儿子购买和装修房屋而向被告(银行)申请贷款,被告同意向原告提供抵押担保贷款,并按照被告的要求提供了身份信息、信誉度证明、收入证明、房屋共有证明等材料,以及要求原告对拟提供抵押的房产进行了评估。原告按照被告要求进行了房产评估后被告知,根据被告内部贷款操作规程,原告年龄已超过申请贷款年限,被告无法向原告发放贷款。

法院认为,被告未谨慎审查原告是否符合该行发放贷款的资格,而要求原告提供相关资料,违背了诚实信用原则,因此导致原告为订立借款合同对房屋进行评估、安全鉴定、抵押登

---

❶ 韩世远. 合同法总论[M]. 北京:法律出版社,2004:146.

记而造成的评估费、安全鉴定费、登记费损失,被告具有过错,应当承担赔偿责任。

思考:合同未成立,就不会有责任产生吗?

分析:世界上没有免费的午餐,订立合同也一样。当事人为订立合同而花费一定的费用,这是缔约成本,无论合同是否订立成功,在通常情形下由缔约人自己承担,不得以缔约没有成功而要求对方承担。但是,另一方当事人不能因为自己的过错,而导致缔约失败时,则对方当事人可以主张赔偿,要求对方当事人承担损失。

提示:在生活中,无论是订立合同还是做其他任何事情,都不能因为自己的过错而增加他人的负担。

第三节 合同的生效

一、有效要件

合同是否有效,需要依据标准进行判断,这一标准便是合同有效的要件。法律要求当事人所达成的合意必须符合体现国家意志的法律规定,目的在于权益保护,既要保护第三人的权益不因当事人缔结合同(合意)的行为所侵害,也要维护当事人之间利益的平衡。合同的生效要件,需要围绕第三人权益保护和当事人利益平衡的目的确定,可以区分为当事人的缔约能力、意思表示、合同标的、合同形式和合同目的等五个要件。

(一)缔约能力

合同为当事人所达成的合意,合意以意思表示为前提。当事人为意思表示,必须有意思表示的能力。意思表示的能力是指当事人能够认识到自己行为的后果并愿意对为自己行为负责的能力。具有此种意思表示能力者,即具有缔约能力,不具有此种意思表示能力者,即不具有缔约能力。法律要求当事人具有缔约能力的目的首先在于保护当事人的权益,当事人如果不具有缔约能力而与他人订立合同,很可能会因认识不到自己行为的后果而导致自己的权益受损,甚至被恶意者利用,为此,法律有必要对缺乏缔约能力者予以特别保护。当然,法律在给予缔约能力缺乏者特殊保护的同时,也应当考虑到对方当事人权益的保护,特别是对方有充分理由相信与之缔约者具有缔约能力的情形的场合。

(二)意思表示

合同成立是当事人双方意思表示一致的结果。当事人为意思表示,是将内心意思以一定的形式表示于外部。从逻辑划分的角度来讲,意思表示可以区分为意思和表示两部分,意思表示虽然从逻辑上可以划分为意思和表示两个要素,但是由于内心意思并不表示于外,对于其他人来说无法观察,所以,法律上只能通过表示于外的行为来考察,由此形成了意思表示问题上意思说和表示说两种不同的理论学说。意思说侧重于从表意人的角度来理解意思表示,表示说侧重于从第三人信赖的角度来理解意思表示。意思表示可以划分为如下几个阶段。

第一,意思形成阶段。意思形成是指表意人基于一定事实、原因或者理由而形成某种意思。意思形成阶段的核心问题是表意人为什么会产生意思表示的冲动。例如,刘备听说荆州将马上成为国家重点开发地区,而准备在荆州大兴土木、投资商品房,为此,刘备产生了拟向孙权购买荆州土地意思。

第二,选用表达意思的语言或者方法阶段。当事人为订立合同而形成的意思必须向外表达,才能为相对人所知,否则就无法产生法律意义。当事人要表达自己的意思,必须选用适当的语言或者方式。例如,刘备向孙权表示愿以1亿元的价格购买荆州土地若干。

第三,意思表示的发出阶段。意思表示的发出是表意人决定将自己已经表达好的意思传达于相对人。意思表示的发出在意思表示过程中具有极为关键的地位。"一言既出驷马难追",发出的意思表示是无法收回的,因此,表意人是否向相对人发出意思表示必须非常慎重。例如,刘备写好信件交由诸葛亮发出。

第四,意思表示到达阶段。意思表示的到达是指表意人发出的意思表示到达受领人。意思表示到达受领人即生效。因此,意思表示的到达在意思表示过程中也具有非常重要的地位。例如,刘备写的信件到达孙权手中。

第五,相对人了解阶段。相对人了解是指相对人知道并了理解了表意人的意思表示。对于以文字形式的意思表示来说便是阅读了文字。例如,孙权拆阅了刘备来信。

第六,相对人承诺阶段。相对人承诺是指相对人了解表意人的意思表示后同意与其订立合同。例如,孙权同意刘备的请求,愿意与其缔结合同。

在理想的情形下,当事人的内心意思与外在表示应当一致,即当事人表示出来的意思与其内心想要对外表达的意思一致。但是,在特殊情形下,当事人向外表示出来的意思与其内心想要对外表达的意思可能不一致,由此就形成了意思表示瑕疵。由于意思表示瑕疵并没有反映当事人的真实意思而可能对当事人的权益产生影响,为保护当事人的权益,法律就应当要求当事人意思表示真实。意思表示瑕疵,合同效力可能会受到影响,成为瑕疵合同。

意思表示瑕疵,可能是基于表意人自身的原因而产生,也可以基于表意人以外的因素产生。意思表示瑕疵基于表意人自身原因而产生,根据表意人的主观状况,又可以进一步区分为基于故意的意思表示瑕疵和非基于故意的意思表示瑕疵。基于故意的意思瑕疵又可以进一步区分为仅表意人故意的意思表示瑕疵和表意人和相对人共同故意的意思表示瑕疵。仅表意人故意的意思表示瑕疵在理论上被称为真意保留。基于表意人和相对人共同故意的意思表示瑕疵,包括虚伪表示和隐藏行为两种类型。非基于故意的意思表示瑕疵即意思表示错误。基于表意人以外因素导致的意思表示瑕疵,包括欺诈和胁迫两种类型。

(三)合同标的

1. 确定

合同标的必须确定,否则,合同内容就无从实现,当然也就无法发生效力。合同标的的确定,是指标的能够达到被具体认定的程度,或者说能够确定当事人之间的权利义务。例如,刘备与孙权签订土地使用权出让合同,不能说出让荆州的某块土地,而必须明确写明标号。合同标的的确定具有相对性,即只要有确定的可能,即具有确定性。因此,凡是能够通过合同解释确定的,即构成确定性。例如,买卖合同如果缺乏标的或者数量,就是不确定。但是,如果仅仅是价款不确定,则可以通过合同解释进行补正的,则不构成不确定。

2. 可能

合同标的可能是指合同标的可能实现,标的不可能实现的在理论上称为标的不能。标的不能可以区分为：

一是事实不能与法律不能。事实不能是指标的在事实上不可能实现。法律不能是指因违反法律规定而不能实现。

二是自始不能与嗣后不能。自始不能是指自合同成立时就不能实现。嗣后不能是指合同成立时能够实现，但成立后因为某种导致标的不能实现。

三是客观不能与主观不能。标的不能实现与当事人无关者，为客观不能。标的因当事人原因而不能实现者，为主观不能。

四是全部不能与部分不能。全部不能是指标的全部不能实现，部分不能是指标的部分不能实现。

3. 合法

现代民法对于合法一般不从正面定义，而是采取"不违法即合法"的原则予以确定。合同标的合法是指合同标的不违法。例如，刘备如果与孙权签订买卖血液的合同，就违反了法律的规定，为不合法合同。

（四）合同形式

合同成立，当事人双方所达成的合意必须以一定的载体体现出来。这种体现合意的载体便是合同形式。合同形式可以区分为口头形式、书面形式和推定形式三种类型。

口头形式是指当事人的意思表示并没有用文字进行记载，而仅仅只以语言的方式订立合同、表达合意的形式。口头形式可以采取面对面的对话形式，也可以采取电话交谈的方式。合同采取口头形式的优点在于简便易行。日常生活中的很多交易，均采用口头形式，可以减少交易成本。口头形式的缺点在于发生争议时，举证困境。

推定形式是指当事人并未用语言、文字为意思表示，而是用行为或者沉默的方式表达合意的形式。推定形式有作为推定和沉默推定两种类型。作为推定形式是指当事人通过实施行为的方式为意思表示。例如，向自动售货机投币购买商品。沉默推定形式是指在特定情形下，当沉默构成承诺时，当事人以沉默承诺成立合同即为沉默推定方式。

书面形式是指当事人以文字为意思表示，表达合意的形式。书面形式包括合同书、信件、数据电文等普通书面形式以及公证、鉴证、登记、审批等特殊书面形式。

数据电文是一种新兴的书面合同形式，也称为电子信息、电子通信、电子数据、电子记录、电子文件等。《中华人民共和国电子签名法》第2条规定，"数据电文，是指以电子、光学、磁或者类似手段生成、发送、接收或者储存的信息"。第4条规定，"能够有形地表现所载内容，并可以随时调取查用的数据电文，视为符合法律、法规要求的书面形式"。第5条规定，"符合下列条件的数据电文，视为满足法律、法规规定的原件形式要求：（一）能够有效地表现所载内容并可供随时调取查用；（二）能够可靠地保证自最终形成时起，内容保持完整、未被更改。但是，在数据电文上增加背书以及数据交换、储存和显示过程中发生的形式变化不影响数据电文的完整性"。第6条规定，"符合下列条件的数据电文，视为满足法律、法规规定的文件保存要求：（一）能够有效地表现所载内容并可供随时调取查用；（二）数据电文的格式与其生成、发送或者接收时的格式相同，或者格式不相同但是能够准确表现原来生成、发送或者接收的内容；（三）能够识别数据电文的发件人、收件人以及发送、接收的时间"。

书面合同的公证，是指当事人将所签订的书面合同交由公证机关审查，以确保合同符合法律规定的有效要件,真实有效。公证的作用在于证明力,经过公证的书面合同非经法院判决,不得否认其效力。书面合同的鉴证,有广义和狭义之分,广义的合同鉴证是当事人以外的任何第三方对当事人订立合同的证明,即证明当事人的意思表示真实。狭义的合同鉴证是指工商行政管理机关根据合同双方当事人的自愿申请,对双方所立合同的真实性和合法性进行审查。《合同法》第 44 条规定,"法律、行政法规规定应当办理批准、登记等手续生效的,依照其规定"。最高人民法院关于适用《中华人民共和国合同法》若干问题的解释(一)(以下简称《合同法司法解释(一)》)第 9 条规定,"依照合同法第 44 条第 2 款的规定,法律、行政法规规定合同应当办理批准手续,或者办理批准、登记等手续才生效,在一审法庭辩论终结前当事人仍未办理批准手续的,或者仍未办理批准、登记等手续的,人民法院应当认定该合同未生效;法律、行政法规规定合同应当办理登记手续,但未规定登记后生效的,当事人未办理登记手续不影响合同的效力,合同标的物所有权及其他物权不能转移"。

(五)合同目的

合同目的,即当事人的缔约目的,是指希望通过订立、履行合同所最终得到的东西、结果或者达到的状态。合同目的,通常表现为特定的经济利益,即当事人订立合同的目的在于获得某种经济利益,但并不以此为限。合同目的不同于合同动机。合同动机是指促使当事人的订立合同的内在起因。动机存在于行为人的内心,难以为外人所知晓,目的必定会通过一定形式表现出来,可以为外人所认知并了解。合同目的可以区分为一般目的和特殊目的。一般目的是指当事人所欲实现的经济利益目的,特殊目的是指当事人基于特殊需求或动机而产生的目的。合同的一般目的可以从合同约定中反映出来,但特殊目的并不一定会在合同约定中反映出来。因此,特殊目的在通常情形下不具有法律意义,只有在合同中明示或者为对方当事人所明知外,才能对对方当事人产生法律约束力。

二、合同生效

一般而言,合同一旦成立就有效,一旦有效就生效。合同成立时间、合同有效时间与合同生效时间三者一致。但是,当事人如果对合同生效时间有特别约定,或者法律对合同生效时间有特别规定的,则合同有效后并不立即生效,而是必须具备当事人约定的事由或者法律规定后才能生效。有效而未生效合同主要有两种类型:一是附生效条件或者期限的合同;二是需要履行批准、登记手续的合同。

1. 附生效条件、期限的合同

当事人缔结契约,是对自己未来的一种安排,一种期望。未来具有不确定性,为应对这种不确定性,法律允许缔约人在订立合同时,附加条件或者期限,对合同的效力进行控制。条件或者期限在理论上被称为附款。

条件,是指当事人以将来客观上不确定事实的发生或者不发生作为决定合同生效或者消灭的依据。条件可以区分为生效条件和解除条件。附生效条件的合同在条件为成就前,合同不生效。附解除条件的合同在条件成就时,合同失效。期限是指以将来确定发生的事实作为决定合同生效或者消灭的依据。条件和期限的区别在于,条件是事实的发生与否不确定,而期限是确定发生的事实。条件和期限有时候很难区分。例如,当事人约定以某人年满 100 岁作为合同生效的附款。

《合同法》第 45 条规定，"当事人对合同的效力可以约定附条件。附生效条件的合同，自条件成就时生效。当事人为自己的利益不正当地阻止条件成就的，视为条件已成就；不正当地促成条件成就的，视为条件不成就。"《合同法》第 46 条规定，"当事人对合同的效力可以约定附期限。附生效期限的合同，自期限届至时生效"。

2. 需批准、登记的合同

《合同法》第 44 条第 2 款规定，"法律、行政法规规定应当办理批准、登记等手续生效的，依照其规定"。此类合同在未办理批准、登记手续前，如果符合合同有效要件，则为有效合同，但并未生效。

3. 格式条款的生效

格式条款仅体现一方当事人的意思，在一定程度上背离了合同自由原则，有违合同正义原则，因此，必须受到法律的严格规制，以平衡当事人双方的利益。《合同法》第 39 条第 1 款规定，"属于以采用格式条款订立合同的，提供格式条款的一方应当遵循公平原则确定当事人之间的权利和义务，并采取合理的方式提请对方注意免除或者限制其责任的条款，按照对方的要求，对该条款予以说明"。

格式条款生效必须具备如下条件：

第一，条款内容公平合理。格式条款在一定程度上是对合同自由原则的否定，为此，必须给予纠正，法律对合同自由原则否定的纠正便是合同正义原则，因此，格式条款必须符合合同正义原则，即内容必须公平合理。

第二，合理、适当提示原则。由于格式条款完全由一方当事人事先拟定，因此，拟定格式条款的当事人必须以合理方式提请对方注意免除或者限制责任的条款，当事人要求说明的，必须给予说明。合理、适当提示是指格式条款拟定方当事人必须以尽可能使用对方当事人能够明白的语言进行说明。

4. 生效合同的效力

有效但未生效合同不具备生效合同的效力，当事人不得请求对方履行合同。有效未生效合同虽然不得履行，但并不是不受法律保护。合同生效后，依法对当事人双方乃至第三人产生法律约束力。合同生效的实质是体现当事人意思的约定得到法律承认和保护，法律依据当事人的意思（约定）赋予法律效力。生效合同的法律效力具体体现为合同权利和义务。

三、合同无效

合同无效的实质理由在于损害了国家利益或者社会公共利益。《合同法》第 52 条规定，"有下列情形之一的，合同无效：（一）一方以欺诈、胁迫的手段订立合同，损害国家利益；（二）恶意串通，损害国家、集体或者第三人利益；（三）以合法形式掩盖非法目的；（四）损害社会公共利益；（五）违反法律、行政法规的强制性规定"。

《合同法》第 40 条规定，"格式条款具有本法第 52 条和第 53 条规定情形的，或者提供格式条款一方免除其责任、加重对方责任、排除对方主要权利的，该条款无效"。第 53 条规定，"合同中的下列免责条款无效：（一）造成对方人身伤害的；（二）因故意或者重大过失造成对方财产损失的"。最高人民法院关于适用《中华人民共和国合同法》若干问题的解释（二）（以下简称《合同法司法解释（二）》）第 10 条规定，"提供格式条款的一方当事人违反合同法 39 条第 1 款的规定,并具有合同法第 40 条规定的情形之一的,人民法院应当认定该格式条款无效"。

1. 部分无效

部分无效是相对于全部无效而言的,是指合同内容中的某部分不符合合同有效要件而不生效力。《合同法》第 56 条规定,"合同部分无效,不影响其他部分效力的,其他部分仍然有效"。

合同部分无效的主要情形有:

第一,合同标的由数种不同事项构成,其中某项或者数项无效。例如,买卖合同中的标的物有数项,其中一项为法律禁止流通物,则该部分无效。

第二,合同标的数量超过法律允许的范围。例如,借款合同的利息约定过高,过高部分无效,其他部分有效。

第三,合同中某项条款无效。例如,劳动合同中如果包含有"工伤概不负责"的条款,则该条款无效,其他部分的效力不受影响。合同无效以整体无效为原则,部分无效只在特殊情形下产生。

2. 无效补正

无效合同的补正,是指导致合同无效的原因消除时,可以认定合同有效。《合同法司法解释(一)》第 9 条规定,"依照合同法第 44 条第 2 款的规定,法律、行政法规规定合同应当办理批准手续,或者办理批准、登记等手续才生效,在一审法庭辩论终结前当事人仍未办理批准手续的,或者仍未办理批准、登记等手续的,人民法院应当认定该合同未生效;法律、行政法规规定合同应当办理登记手续,但未规定登记后生效的,当事人未办理登记手续不影响合同的效力,合同标的物所有权及其他物权不能转移"。《商品房买卖合同解释》第 2 条规定,"出卖人未取得商品房预售许可证明,与买受人订立的商品房预售合同,应当认定无效,但是在起诉前取得商品房预售许可证明的,可以认定有效"。

3. 无效后果

合同无效,并不是指不符合合同有效要件的合同不发生任何法律效果,而仅仅是指合同不能按照当事人的约定发生法律效果,或者说,仅仅是当事人的合意因不符合国家意志而被法律否认,不能产生合同债权债务的效力。无效合同虽然不发生履行效力,即当事人不得依赖于国家法律强制力来实现缔约目的,但是并不意味着合同当事人不按照自己的约定实施行为。合同被认定为无效,但当事人仍可能会依照合同约定实施行为,因此,无效合同当事人如果依照合同的约定为实施行为,应当受到法律的否定。当事人所实施的行为如果构成刑事或者行政违法行为,则应当依法承担刑事、行政责任;当事人所实施的行为如果没有构成刑事或者行政违法行为,则仅仅产生私法上后果,发生返还财产、损害赔偿等民事责任。因此,无效合同当事人实施履行行为的后果可以区分为公法上的后果和私法上的后果。

(1)私法后果

无效合同履行在通常情形下产生返还财产的后果,在给对方造成损害的情形下,则产生损害赔偿的责任。返还财产是指无效合同当事人基于无效合同而取得对方财产的,应当将财产返还给对方。返还财产以财产能够返还为前提,如果财产不能返还或者不必要返还的,则应当折价补偿。合同无效,如果一方当事人因为过错而给对方造成损害,则应当依法承担损害赔偿责任。双方都有过错的,应当各自承担相应的责任。损害赔偿责任的性质为缔约过失责任。

（2）公法后果

无效合同的当事人的履行行为如果违反刑法或者行政法的规定,则将产生刑事责任或者行政责任。无效合同的当事人履行行为违反刑法规定,构成犯罪的,行为人依法应当承担刑事责任。例如,当事人签订毒品买卖合同后,如果实际履行交易,则构成刑事违法,将承担刑事责任。反之,当事人虽然签订了以毒品为标的的买卖合同,但并不实际履行,也没有进行任何准备行为,则仅仅只是合同标的违反法律强制性规定而无效,并不构成刑事违法。再如,刘备与张飞签订以刺杀孙权为目的的合同,只要张飞不履行该合同,不为刺杀孙权进行任何准备行为,就仅仅是无效合同而不构成犯罪,不需要承担刑事责任。无效合同的当事人履行行为如果违反行政法规定,构成行政违法,行为人应当依法承担行政责任。承担行政责任的形式有罚款、吊销营业执照、生产许可证、责令停产停业、收缴等。

四、效力未定

（一）可撤销合同

合同如果系因当事人意思表示不真实而订立,显然就无法体现意思表示人的真实意思,可能损害其权益,从而导致当事人之间的利益失衡。为确保当事人之间利益的平衡,保护意思表示人的权益,法律将此类合同确定为可撤销合同,因瑕疵意思表示而受有不利益的人享有撤销权。撤销权人在一定的期限内可以依法行使撤销权,从而导致合同无效,使可撤销合同转变为无效合同。撤销权人在法定期限内未行使撤销权,合同因意思表示瑕疵而效力瑕疵的障碍消失,合同有效。《合同法》规定,撤销权的行使应当以诉讼的方式为之,即撤销权人必须向人民法院提起诉讼,请求人民法院或者仲裁机构依法予以撤销或者变更。撤销权人请求变更的,人民法院或者仲裁机构应当予以变更,而不得撤销。撤销权人请求撤销的,人民法院或者仲裁机构酌情予以变更或者撤销。撤销权人行使撤销权的除斥期间为1年,自撤销权知道或者应当知道撤销事由之日起开始计算。可撤销的情形包括:

1. 欺诈

欺诈,是指缔约当事人一方为订立合同故意向对方隐瞒事实或者提供不真实信息,使对方陷入错误而做出意思表示。通常情形下,缔约人因欺诈而订立合同,受欺诈人的利益会受到不利影响;但在特殊情形下,因欺诈而订立的合同并不必然导致受欺诈人利益受损,反而有可能是欺诈人的利益受到损害。欺诈的构成要件为:

第一,欺诈行为。欺诈行为可以是积极的作为,也可以是消极行为。积极行为是指故意告知对方虚假信息。例如,将赝品说成是真品。但是,缔约当事人如果询问对方与订立合同无关的信息,当事人故意告知虚假信息的,不构成欺诈。例如,女性在应聘工作时,招聘方如果询问其是否怀孕,受聘者如果故意告知不真实情况,因该信息与工作无关,故不构成欺诈。消极行为是指指向对方隐瞒事实。消极欺诈通常以欺诈行为人负有说明义务为前提,因为在通常情形下,当事人并没有普遍的告知义务;只有当相对人询问时,才有告知义务,单纯的沉默不构成欺诈。

第二,欺诈行为产生于缔约前。欺诈的目的在于使对方为不真实意思表示。合同成立后,当事人的意思表示已经完成,当然就不存在不真实意思表示问题,也就不存在欺诈问题。

第三,欺诈行为使对方产生合理信赖。欺诈行为使对方产生合理信赖是指欺诈行为与被欺诈人所作出的意思表示之间存在一定的因果关系,即欺诈行为导致表意人陷入错误。如果表意人并未因欺诈行为而陷入错误,则不构成欺诈。错误如果不是因为欺诈而产生,但如果欺诈行为导致错误程度加深或者继续保持,则构成欺诈。欺诈行为使表意人陷入错误,与表意人非基于欺诈而产生的错误,两者之间应该严格区分。意思表示错误,原则上不包括意思形成阶段(动机)错误,主要是指内容等情况的错误。动机错误如果系因欺诈行为所导致,则可以以欺诈为由而撤销,但不得以错误为由而撤销。

第四,欺诈人具有主观故意。欺诈,只能故意为之,过失不构成欺诈。因过失而导致意思表示瑕疵影响合同效力者,当事人可以主张重大误解而享有撤销权。当欺诈行为系缔约人以外的三人所为时,是否构成欺诈呢?对此,有学者认为,欺诈可以由第三人为之,但相对人明知或者应当知道为限,表意人才享有撤销权。这里的第三人应当作狭义解释,仅限于与当事人毫无关系的纯粹第三人,不包括当事人的代理人或者缔约辅助人。

第五,欺诈行为超出法律、习惯或者道德允许限度。"王婆卖瓜,自卖自夸",这是现实生活中常见的情形。"自卖自夸"虽然不排除有"欺诈"的成分,但是这种"欺诈"并没有超出法律、习惯或者道德允许的限度,不具有违法性。欺诈行为只有超出了社会生活容许的程度,才具有违法性,才构成法律上的欺诈。例如,刘备到孙权所开设的服装店购买衣服,试穿某件衣服时本极不合身,但却被售货小姐夸赞为其"量身定做"。售货小姐的夸赞虽然与事实不符,但由于这属于主观价值判断,并不是客观事实陈述,且并没有超出法律、习惯或者道德允许的限度,故不构成欺诈。

案例阅读

对于旅客来说,车票上的任何记载是否都具有法律意义?

案情:原告认为从长沙南到桂林的 G425 次列车的运行时速为 163 公里,与《铁路旅客运输规程》第 5 条规定的动车运行时速在 200 公里以上不符,但被告按照高速动车组列车定价,并使用"G"对该次列车编排,具有欺诈故意。法院认为,被告全面如实地履行了义务,并不存在违约和欺诈。

请思考:车票上的表示车次"G""D"字样,具有法律意义吗?

分析:车票上"G""D"字样是否具有告知铁路旅客的意义?还仅仅是铁路部门内部所使用的一种编号?这应是解决本案所涉问题的关键。

提示:车票由旅客所持有,从法理上分析,铁路部门应当从旅客的角度来确定车票上应当记载哪些事项,不能记载哪些事项。

2. **胁迫**

胁迫,包括威胁和强迫。威胁是指行为人以将来的不法损害施压,使表意人陷入恐惧而做出意思表示的情形。强迫是指行为人对表意人加以强制,使其处于无法反抗状态而为意思表示。胁迫的构成要件为:

第一,胁迫行为。胁迫行为既可以针对表意人本人,也可以针对表意人的亲属或者友人;既可以针对人的生命,也可以针对财产;既可以表现为身体胁迫,也可以表现为精神胁迫。

第二,胁迫人的故意。胁迫人必须有胁迫的故意,过失不构成胁迫。胁迫的目的在于使表意人产生恐惧而为意思表示,并不一定会导致被胁迫人的财产损失。

第三,胁迫违法性。胁迫的违法性,可以区分为手段不法和目的不法以及手段和目的结合不法等情形。以不法手段达到合法目的的行为构成胁迫。例如,刘备对孙权说,如果孙权不履行合同义务,将采取一切必要手段,包括但不限于请人揍他的手段。手段合法但目的不合法同样构成胁迫。手段合法、目的合法,但两者结合起来却不合法同样构成胁迫。例如,刘备对孙权说,如果孙权不履行合同义务将向曹操告发其漏税的事宜。

第四,因果关系。表意人因胁迫人的胁迫行为陷入恐惧而为意思表示。表意人如果虽然基于胁迫人的胁迫行为发生了恐惧,但没有因恐惧而为意思表示,或者发生了恐惧但并非因为胁迫行为而导致,均不构成胁迫。

3. 乘人之危

乘人之危,是指行为人利用相对人处于危难处境或者急迫需要,而与相对人缔结违背其真实意思合同的情形。乘人之危的构成要件为:

第一,一方当事人处于危难境地或者急迫需要。危难境地是指对于当事人来说属于意想不到或者不愿意遭受的不利状况。急迫需要是指因特定事情发生而导致必须需要某种物品或者服务等。

第二,行为人利用处于危难境地或者急迫需要而提出对其极为不利的缔约条件。行为人明知对方处于危难境地或者急迫需要,而故意向对方提出苛刻的缔约条件。如果行为人不知道对方处于危难境地或者急迫需要,就不构成乘人之危,即乘人之危必须是基于主观故意。

第三,处于危难境地或者急迫需要之人的意思表示瑕疵。处于危难境地或者急迫需要之人明知乘人之危行为人所提出的缔约条件过于苛刻,但因为情势所迫而不得不接受。由于处于危难境地或者急迫需要之人的意思表示并不是其真实意思表示,为意思表示瑕疵。

第四,处于危难境地或者急迫需要之人遭受损害。乘人之危行为人利用对方处于危难境地或者急迫需要情境而提出苛刻缔约条件的目的在于获得某种不正当利益,这种不正当利益以对方遭受不利益为代价。这里的不利益一般为财产利益,但并不以财产利益为限。

4. 显失公平

显失公平,是指当事人双方在合同中约定的权利义务显著不对等,双方之间的利益明显失衡。对于显失公平的构成,理论上有单一要件说和双重要件说两种不同的观点。单一要件说认为,显失公平只要求当事人双方权利义务不对等、利益明显失衡即可,并不需要考虑导致这种状态的主观原因。双重要件说认为,除了客观上当事人双方权利义务不对等、利益明显失衡外,还必须考虑导致这种状况的主观原因,即在客观要件外还需要主观要件,即需要一方利用对方在订立合同时处于危难处境、急迫、轻率、无经验等而导致合同显失公平。双重要件说实际上是将乘人之危和显失公平联系起来,"乘人之危"是因,"显失公平"是果。单一要件说不考虑主观原因,仅仅考虑客观结果。单一要件说有利于强化对受有重大不利益缔约人权益的保护,免除了其主观要件的举证责任。双重要件说有利于维护交易秩序的稳定,因为需要法律保护的并不是当事人缔结合同结果的公正,而是缔结合同程序的公正。显失公平的衡量以合同成立时为基准,合同成立后显失公平,属于情势变更问题。

例如,芝加哥一位年迈寡妇所住公寓的马桶坏了,她雇用了一名修理工来修理,费用为

5 万美元。寡妇签署了一份分期付款的合同,首付 2.5 万美元。当这位寡妇去银行取钱时,银行出纳员问老妇人为什么取这么大一笔钱,老妇人回答说是付马桶修理费。出纳员知道实际情况后报警,警方以欺诈罪名逮捕了修理工。显然,从合同法的角度来说,修理工利用了年迈寡妇的无知,双方之间的约定显失公平,为显失公平的合同。

5. 重大误解

民法理论严格区分错误和误解两个概念。错误是针对表意人而言的,是指表意人的表示与意思不一致;误解是针对相对人而言的,是指相对人对意思表示内容了解的错误。但我国《民法通则》和《合同法》中的"误解"与民法理论上的"错误"含义相当,是指表意人表示出来的意思与其真实意思不一致,导致这种不一致的原因并非表意人故意为之,而是表意人在表意时不知或者不误认的。

(二)效力待定合同

合同有效以当事人意思表示真实为前提,意思表示真实的前提是当事人具有相应的意思能力即缔约能力或者有权代为他人为意思表示。当事人不具备相应的缔约能力或者不具有代为他人为意思表示的权限而与他人订立合同,合同效力瑕疵。由于此类瑕疵合同并不一定会导致当事人利益的损害,所以,法律允许有权人在一定期限内通过追认消除瑕疵从而使合同有效。此类合同,权利人法定期限内未予以追认的,合同无效;权利人追认的,合同有效。在法定追认期限内,权利人未予以表示的,合同效力未定。理论上称为效力待定或者效力未定合同。效力待定合同有三种类型:

1. 限制行为能力人订立的合同

限制行为能力人可以独立订立与其年龄、智力或者精神状况相适应以及纯获利益的合同。限制行为能力人未得到法定代理人同意而与他人订立除上述两种合同之外的合同,须经法定代理人追认后才有效。《合同法》第 47 条规定,"限制民事行为能力人订立的合同,经法定代理人追认后,该合同有效,但纯获利益的合同或者与其年龄、智力、精神健康状况相适应而订立的合同,不必经法定代理人追认。相对人可以催告法定代理人在一个月内予以追认。法定代理人未作表示的,视为拒绝追认。合同被追认之前,善意相对人有撤销的权利。撤销应当以通知的方式做出"。

2. 无权代理人订立的合同

无权代理人订立的合同包括没有代理权、超越代理权以及代理权消灭后订立合同三种类型。无权代理合同的效力归属从理论上讲,既不应归属于代理人,也不应归属于被代理人。不能归属于代理人的理由在于无权代理人订立合同时并没有将效果归属于自己的意思;不能归属于被代理人的理由在于没有代理权。无权代理合同此种效力状况既不利于相对人权益的保护,也不利于交易安全。因此,法律规定,无权代理合同效力未定,赋予被代理人以追认权。《合同法》第 48 条规定,"行为人没有代理权、超越代理权或者代理权终止后以被代理人名义订立的合同,未经被代理人追认,对被代理人不发生效力,由行为人承担责任。相对人可以催告被代理人在一个月内予以追认。被代理人未作表示的,视为拒绝追认。合同被追认之前,善意相对人有撤销的权利。撤销应当以通知的方式做出"。

3. 无权处分合同

无权处分合同是指行为人未获得处分他人财产的处分权而订立的处分他人财产的合

同。无权处分合同订立后,经权利人追认或者取得处分权的,合同有效;未经权利人追认或者未取得处分权的,合同无效。对于无权处分合同的效力,理论上有效力未定说和有效说两种不同的观点。有效说以负担行为和处分行为区分为前提,认为无权处分合同仅为负担行为,并不以行为人有处分权为必要。效力未定说反对负担行为和处分行为的区分,认为无权处分合同虽然只产生债权债务关系,但会因合同的履行而导致权利变更,从而损害权利人的权利,故应当认定为效力未定,赋予权利人以追认或者否认权。

第四节　合同的履行

一、合同履行的含义

合同的履行,是指当事人或者第三人按照合同的约定,全面地、适当地完成自己所负有的合同义务,从而使当事人缔约目的得以实现。履行与清偿的含义基本相同,只是视角不同而已。履行侧重于过程,即债务履行过程和行为,而清偿侧重于结果,强调给付效果的发生。合同履行行为,既可以表现为积极的作为行为(例如,转移标的物的占有),也可以表现为消极的不作为行为(例如,当事人按照约定,晚上不再吹笛子)。合同履行的结果表现为合同债权转化为物权或者与物权相当价值的权利。

合同的履行,在整个合同法律制度体系中具有核心地位。因为无论是合同的订立还是合同的生效,乃至于合同的担保、违约救济等制度,在本质上都是以确保合同能得到履行为目的而构建。合同的履行,既是合同效力的主要体现,也是合同关系消灭的重要原因。整个合同法律制度,在一定意义上来说都是以保障合同的履行为目的。从逻辑上分析,合同的履行应当以合同的生效为前提,合同先生效后履行。但实际上,合同履行并不一定在合同生效之后,在特殊情况下,合同先履行后生效。《合同法》第37条规定,"采用合同书形式订立合同,在签字或者盖章之前,当事人一方已经履行主要义务,对方接受的,该合同成立"。

二、合同履行的原则

1. 适当履行原则

适当履行原则又称正确履行原则或者全面履行原则,是指债务人必须按照合同的约定,全面履行自己的义务。除非经得债权人的同意,债务人不得对合同标的及其质量、数量、履行期限、履行地点、履行方式进行变更。适当履行实际上是要求债务人依照债的本旨履行,其目的在于要求当事人按照合同的约定,保质、保量、及时、准确地履行义务,以确保当事人的缔约目的得以实现。

2. 亲自履行原则

亲自履行原则,是指债务人应当亲自向债权人履行自己的合同义务,只有在例外情形下,才允许第三人代为履行。

3. 协作履行原则

协作履行原则,是指当事人不仅应当按照合同约定切实履行自己的义务,而且在对方履行义务时,应当尽力给予对方以必要的协助。协作履行原则主要是针对债权人而言的,因为对于有的债务履行而言,不仅需要债务人为积极履行行为,而且需要债权人为积极受领行为,没有债权人的受领,债权内容就难以实现。因此,合同的履行,不仅是债务人的义务,而且也是债权人的义务,需要当事人双方相互配合、彼此协助。协作履行原则是诚实信用原则在合同履行领域的具体体现,协作履行义务的具体内容根据合同的性质、目的和交易习惯而确定,主要包括通知、协助、保密等义务。协助履行原则目的在于确保合同的履行,实现当事人双方的缔约目的。

协作履行原则主要体现在如下几个方面:

一是债务人履行合同义务时,债权人应当及时地受领债务人的给付。例如,当事人交付标的物给债权人时,债权人应按照合同的约定及时接受标的物。

二是债权人为债务人的履行创造必要的工作条件。例如,建筑施工合同的履行,发包人(建设业主)应当创造尽可能好的工作条件,为债务人履行合同义务提供方便。

三是依据诚实信用原则,及时告知对方相关情况。例如,因客观情况不能按时履行合同义务时,应当及时告知对方。

四是一方不能履行合同义务时,对方应当采取必要措施防止损失扩大,否则,无权就扩大的损失要求对方赔偿。

3. 经济合理原则

经济合理原则,是指当事人履行合同义务时,要讲求经济效益,从整体出发,以最小的成本,取得最佳的效益。一般而言,当事人在订立合同时,已经考虑到了各自的权益问题,因此,合同的履行在通常情形下必定是符合经济合理原则的,但是,当事人在订立合同时并不一定考虑得比较充分,或者是合同订立后情况发生了变化,如果出现此种情况,则应当强调经济合理原则,以避免不必要的浪费。

三、合同履行的规则

(一)履行主体

合同的履行,以"债务人履行,债权人受领"为原则,但并不以此为限,当事人的代理人或者辅助人,乃至第三人都可能成为合同履行的主体。

1. 债务人

债务人对债权人负有履行义务,在通常情形下应亲自履行义务。债务人履行合同义务时,是否需要具备行为能力,应根据履行行为的性质决定。履行行为为事实行为者,不需要债务人具有行为能力;履行行为为法律行为时,需要债务人具有相应的行为能力。债务人不具有相应的行为能力者,实施履行行为属于其法定代理人的同意。

合同债务的履行以债务人履行为原则。但是,除非当事人在合同中约定,或者依据债务的性质必须由债务人亲自履行的债务外,债务人的代理人可以为履行。履行行为为法律行为者,债务人必须具有行为能力,但代理人可以为限制行为能力人。

2. 第三人

合同履行的目的在于实现当事人的缔约目的,满足债权人的利益。因此,当第三人代替债务人向债权人为履行行为时,如果对债权人并无不利时,法律之无禁止的必要。第三人替代债务人向债权人履行债务,在理论上称为代为清偿。第三人代为清偿是指第三人以自己的名义向债权人清偿他人债务。第三人代为清偿与债务人的代理人或者辅助人清偿不同,前者是第三人以自己的名义向债权人为履行行为,后者是代理人或者辅助人以债务人的名义向债权人为履行行为。

第三人代为清偿的构成要件为:

一是依据债务的性质,可以由第三人代为清偿。依据债务性质,不得由第三人代为清偿者,第三人不得代为清偿。

二是当事人没有关于禁止第三人代为清偿的约定。当事人如果在合同中有禁止第三人代为清偿的约定,则第三人不得代为清偿。

三是第三人有代为债务人清偿的意思。第三人代为清偿的意思表示必须明示,第三人如果将他人债务误认为自己的债务而清偿,不构成代为清偿,而是非债清偿。

四是债权人没有拒绝第三人代为清偿的理由,债务人也没有提出异议的正当理由。第三人代为清偿必须符合法律规定,不得损害社会公共利益,否则,债权人和债务人都有权拒绝第三人的代为清偿。

第三人代为清偿的法律效力为:一是债权人和债务人无正当理由不得拒绝,发生债务履行的效力,债权人和债务人之间的债权债务关系因第三人代为清偿而消灭。二是第三人与债务人之间关于代为清偿有约定的话,按照约定处理,没有约定则按照无因管理或者不当得利的法律规定处理。

3. 受领人

合同的履行只有在债权人受领时才能顺利完成。当受领行为为法律行为时,债权人如果为无行为能力或者限制行为能力人者,则应当由其法定代理人代为受领。履行行为为法律行为且需要债权人协助时,则受领人应当具有完全行为能力。一般情况下,合同履行的受领人为债权人。但是,如下情形下,则债权人无权受领债务人的履行行为:一是债权人受到破产宣告的;二是债权人的债权已经被强制执行,禁止债务人向债权人为履行的。

债权人为受领人,从法律解释的视角来说,应作扩张解释,包括债权人的代理人、受托人、清算人、质权人、破产管理人以及代位权人等。

(二)履行标的

履行标的,即履行的内容。履行内容,最为重要的是标的的质量。对此,《合同法》明确规定,"质量要求不明确的,按照国家标准、行业标准履行;没有国家标准、行业标准的,按照通常标准或者符合合同目的的特定标准履行"。当事人缔约目的的实现,有赖于当事人按照合同的约定履行义务。当事人不按照合同的约定履行义务的,当事人的缔约目的就难以实现。因此,法律要求当事人按照合同的约定履行义务,不得随意变更。但是,合同订立后情况可能发生变化,一律要求当事人按照合同的约定履行义务,有时候并不一定有利于实现合同目的。因此,法律允许部分履行、代物清偿和新债清偿和债的更改等。

1. 部分履行

当债务不能全部履行时,法律允许部分履行。

部分履行应当符合如下条件:

一是债务为可分债务。债务不可分的,部分履行必然会损害债权人的利益,因此,除非债权人同意,对于非可分债务而言,不得部分履行。对于可分债务而言,由于部分履行并不会损害债权人的利益,因此,除非合同有特别约定,否则应当允许债务人为部分履行。

二是部分履行不得损害债权人的利益。部分履行如果损害债权人利益的,债权人可以拒绝受理,不构成受领迟延。

三是债务人要求部分履行。

2. 代物清偿

代物清偿,是指债务人以他种给付替代原定给付,债权人予以受领从而导致债权债务关系消灭的现象。

代物清偿的构成要件为:

一是存在债权债务关系。代物清偿的前提是有债权债务关系的存在,如果没有债权债务关系,就不存在代物清偿。

二是当事人有代物清偿的合意。代物清偿改变了合同的约定,为此,当事人必须形成合意。当事人的合意实际上是一个新的合同,因此,必须符合合同有效要件,才能发生应有的法律效力。

三是他种给付与合同原定的给付不同。由于当事人关于代物清偿的合意为新的合同,而他种给付属于新的合同的标的,因此要符合合同有效的标的要件,即合法、确定、可能。

四是债权人受领他种给付。当事人达成代物清偿合意后,债权人受领他种给付属于履行合同义务的行为。债权人如果不按照彼此之间所达成的代物清偿合意受领他种给付,构成违约行为。

3. 新债清偿

新债清偿,又称新债抵旧或者间接给付,是指债务人和债权人达成合意,以负担新债务的方式清偿旧债务。例如,刘备于2012年1月1日向曹操借款100万元,约定2014年10月1日前偿还。2014年9月28日,债务快到期时,刘备无力偿还。两人在2014年9月28日签订新的借款合同,约定以刘备向曹操借120万元的方式清偿原100万元的即将到期的债务。

理论上认为,新债清偿并不导致旧债务消灭,而是新旧债务并存,新债不履行,旧债务不消灭。新债务清偿,旧债务同时消灭。新债清偿虽然导致新债务和旧债务并存,但是,债权人不得请求履行旧债务,而只能请求履行新债务。新债清偿与债的更改不同。债的更改是以新债务清偿旧债务。

(三)履行期限

履行期限,又称履行期,或者清偿期,给付期,是指债务人履行债务的期限。履行期限,既可以是期日(例如5月1日交付),也可以是期间(例如,8月15日之前履行)。

1. 履行期限的确定

合同的履行期限,由当事人在合同中约定,当事人没有在合同中约定履行期限的,则依据合同的性质、交易习惯或者行业惯例确定。依据合同性质、交易习惯或者行业惯例难以确定,则按照法律规定,债权人可以随时要求债务人履行,债务人也可以随时要求履行,但必须给对方必要的准备时间。必要的准备时间,是指当事人为履行合同债务或者接受履行所需要的准备时间。必要准备时间的确定仍然要依据合同性质、交易习惯或者行业惯例确定。

2. 履行期限的效力

合同履行期限,有的是为了债权人利益而设,有的是为了债务人利益而设,有的则是为了双方利益而设。合同履行期限,如果是为了债权人利益而设,则债务人不得提前履行债务,否则债权人有权拒绝受领。但是,债权人可以在履行期限届至前请求债务人履行,债务人不得拒绝。合同履行期限,如果是为了债务人利益而设,则债权人不得提前请求履行,但债务人可以提前履行,债权人不得拒绝。当然,债务人提前履行而给债权人增加费用的,债务人应当负担。

(四)履行地点

履行地点,又称清偿地、给付地,是指债务人履行债务的地点。债务人只有在履行地履行债务,债权人才有受领义务,从而发生债务清偿的效力,在其他地点履行债务,债权人有权拒绝受领,不发生债务清偿的效力。履行地点对于当事人来说具有非常重要的意义,因为它涉及履行费用、风险转移、违约认定、诉讼管辖的确定。

合同的履行地点由当事人在合同中约定,当事人没有明确约定履行地的,依据合同性质、交易习惯或者行业惯例确定。依据合同性质、交易习惯或者行业惯例难以确定,则按照法律规定,给付货币的,在接受货币一方所在地履行;交付不动产的,在不动产所在地履行;其他标的,在履行义务一方所在地履行。在债务人所在地履行债务的,称为"往取债务";在债权人所在地履行债务的,称为"赴偿债务";债务人给付行为在债务人所在地,债权人的受领(给付结果地)在债权人所在地的为"送付债务"。

当事人的"所在地",从法律解释的角度而言,对于自然人来说,应当是指经常居住地;对于法人来说,应当是指主要办事机构所在地。在时间点上,当事人的"所在地"应以合同订立时为准,而不是以合同履行时为准。合同订立后,当事人变更"所在地"从而导致增加对方履行负担和风险的,原则上应当由变更"所在地"的当事人承(负)担。

(五)履行费用

履行费用,是指履行合同债务所必需的费用。履行费用的负担,由当事人约定;当事人没有约定,依据合同性质、交易习惯或者行业惯例确定;依据合同性质、交易习惯或者行业惯例不能确定的,则按照法律规定,由履行义务的一方负担。

(六)履行方式

履行方式,是指当事人履行合同义务的方法。履行方式,由合同约定,当事人没有约定,应当按照有利于实现合同目的的方法履行。

(七)履行抵充

履行抵充,又称清偿抵充,是指当债务人对债权人负有数宗标的相同的债务时,债务人所为的给付不足清偿全部债务时,如何判定债务人清偿哪笔债务。

履行抵充有约定抵充、指定抵充和法定抵充之分。约定抵充是依据当事人的合意而成立的抵充。指定抵充是指履行人就自己的履行向债权人明确表示是清偿哪笔债务。指定抵充除非经得债权人同意,否则应当按照先抵充费用、次利息、再本金的顺序进行。法定抵充是指按照法律规定的顺序进行抵充。法定抵充的基本规则是：首先，已届清偿期的债务先抵充；其次，担保最少者先抵充；再次，债务人负担最重者先抵充；最后，按债务比例抵充。

案例阅读

铁路部门收取 2 元的补剪补签费是否合法？

案情：原告购买 G7685 次高铁票后，因特殊情况经南京南站工作人员同意而乘坐 G7689 次列车，G7689 次列车长告知原告需交纳 2 元整的补剪补签费。原告认为被告收取 2 元整的补剪补签费没有合法根据，被告铁路部门则认为相关收费项目、标准及依据在车站及网站上公告，收取车票补剪补签手续费符合规定。

法院认为，原告因自身原因改乘另外的列车，系对铁路旅客运输合同的变更，旅客应当办理变更手续。合同另一方可以收取因办理变更手续增加的费用。

思考：一方当事人要求变更合同必须满足另一方当事人提出的条件吗？

分析：合同生效后，当事人应当按照合同的约定行使权利和履行义务，不得随意变更合同。确实应当变更合同的，应当取得另一方当事人同意。原告改乘其他车次，虽然经过了南京南站工作人员的同意，但南京南站工作人员的同意本不构成有效同意，应当以办理补签补签手续为准。

提示：合同一经订立生效，当事人就应严格遵守，一方当事人随意变更就意味着可能要承担一定的责任。

四、合同履行的抗辩

履行抗辩，是指当事人请求履行合同债务时，被请求人基于一定的事由，对抗请求人的履行请求，不履行合同债务的抗辩。当事人的抗辩有合法理由者，即成为抗辩权。抗辩权与请求权相对。抗辩权的作用在于对抗请求权，或者使对方的请求权消灭，或者使对方的请求权效力延期发生。使对方请求权消灭的抗辩权为消灭的抗辩权或者永久的抗辩权，使对方请求权效力延期发生的抗辩权为延缓的抗辩权或者一时的抗辩权。抗辩权的行使，即抗辩权人不履行合同债务，并不是违约行为，而是权利行使行为。

合同履行的抗辩，主要是指双务合同的同时履行抗辩权、先履行抗辩权和不安抗辩权。双务合同是指当事人双方互负义务的合同。除此之外，还有履行期未至的抗辩、附始期的抗辩、附生效条件的抗辩、时效完成的抗辩等。

1. 同时履行抗辩权

同时履行抗辩权，是指双务合同当事人一方请求对方履行义务时，应当先履行自己的义务，否则对方有权拒绝其履行请求。例如，刘备与孙权约定，刘备将自己的宝马车与孙权的奔驰车交换使用一个月，双方享有同时履行抗辩权，一方要求对方交车，必须同时向对方交车。同时履行抗辩权以诚实信用原则为基础，体现的是经济生活中朴素的"一手交钱，一手交货"的公平观念。对于当事人来说，自己不履行债务而要求对方履行债务显然有悖于此种朴素的公平观念。同时履行抗辩权一方面具有迫使对方履行合同，担保债权实现的功能，另一方面也具有诉讼经济的意义。

同时履行抗辩权的构成要件：

一是须当事人双方互负债务。

二是双方的债务都已届履行期。债务履行期未至，当然就不存在履行的问题。因此，同时履行抗辩权的适用以双方债务已届履行期为条件。

三是请求履行的一方当事人自己没有履行或者履行债务不符合约定。请求履行的一方当事人没有履行债务，对方当事人当然可以主张同时履行抗辩权。

同时履行抗辩权可以在诉讼中行使，也可以在诉讼外行使。同时履行抗辩权为延缓抗辩权，故同时履行抗辩权的行使并不导致当事人之间的债权债务关系消灭，而只是发生抗辩权人拒绝履行的后果。

2. 先履行抗辩权

先履行抗辩权，又称顺序抗辩权，是指当事人互负有先后履行顺序的债务，负有先履行义务的一方当事人请求对方履行债务时，自己应当先履行债务，否则对方有权拒绝其履行请求。先履行抗辩权在传统民法中，为同时履行抗辩权所涵盖，属于同时履行抗辩权的一种特殊形态。例如，刘备与孙权约定，将刘备自己收藏的《论语》卖与孙权，孙权先付款、刘备后交书，孙权未付款，不得要求刘备交书。先履行抗辩权和同时履行抗辩权存在差异，两者可能构成竞合，也可能不构成竞合。例如，当先履行义务的债务已经超过债务履行期，而后履行义务的债务的履行已经届至时，发生同时履行抗辩权和先履行抗辩权的竞合。先履行义务的债务履行期已过，而后履行义务的债务的履行期还未届至的情形下，并不发生同时履行抗辩权和先履行抗辩权的竞合，此种情形下，负有后履行义务的债务人可以主张先履行抗辩权对抗，但不得主张同时履行抗辩权对抗违约方的请求权。[1]

先履行抗辩权的行使区分为几种情形：一是先履行义务的当事人未履行义务而请求后履行义务的当事人履行义务的，先履行抗辩权人应当以明示的意思表示向对方主张先履行抗辩权。二是先履行义务的当事人瑕疵履行义务已构成违约但未请求后履行义务的当事人履行义务，先履行抗辩权人行使先履行抗辩权应当以明示的方式表示。三是先履行义务的当事人未履行义务已构成违约而请求后履行义务的当事人履行义务，先履行义务抗辩权人行使抗辩权需要以明示的方式表示。

先履行抗辩权人行使抗辩权可以诉讼方式，也可不以诉讼方式行使。由于先履行抗辩权仅仅是延缓抗辩权，因此，抗辩权人行使抗辩权并不导致当事人之间的债权债务关系消灭，而仅仅是可以拒绝对方的履行请求。如果对方当事人履行了先履行义务，先履行抗辩权人的抗辩权当然消灭。

3. 不安抗辩权

不安抗辩权，是指双务合同当事人相互负有的债务有先后履行顺序的，负有先履行义务的一方当事人在合同订立后如果发现负有后履行义务的一方当事人有丧失或者可能丧失履行债务能力的事由，从而可能因此危及自己债权的实现时，在负有后履行义务的当事人未提供担保或者恢复履行能力之前，可以拒绝其请求履行的权利。不安抗辩权的"不安"，可以理解为"担心"的意思，因为对方出现了如此情形，导致自己担心，担心对方不能履行债务，从而自己的债权无法实现。为了保护负有先履行义务当事人的权利，法律赋予其不安抗辩权。

---

❶ 崔建远. 合同法总论(中卷)[M]. 北京:中国人民大学出版社,2012:154.

不安抗辩权的构成要件：

一是当事人双方互负债务。不安抗辩权所要求的"当事人双方互负债务"，与同时履行抗辩权，先履行抗辩权所要求的"当事人双方互负债务"相同。

二是负有后履行义务的当事人出现了有丧失或者可能丧失履行能力的事由。负有先履行义务的当事人没有正当理由而不履行自己的义务，相对于负有后履行义务的当事人来说构成剥夺履行期限利益，因此，负有先履行义务的当事人必须有正当事由，否则就应当承担债务不履行的责任。丧失或者可能丧失履行能力的事由称为不安事由。《合同法》第68条列举了三种典型的不安事由，即"经营状况严重恶化；转移财产、抽逃资金，以逃避债务；丧失商业信誉"。

三是不安事由的出现危及了负有先履行义务一方当事人的债权实现。负有后履行义务的一方当事人虽然出现了不安事由，但如果并不因此而危及负有先履行义务一方当事人的债权实现，则对方当然不可以主张不安抗辩权。

《合同法》规定，不安抗辩权人发现对方有不安事由时，可以中止履行。中止履行不以诉讼方式行使为必要，可以自行决定。当然，不安抗辩权人中止履行的，应当及时通知对方。不安抗辩权的通知义务，基于诚实信用原则而产生，目的在于保护对方当事人的利益，以便对方当事人知道负有先履行义务的当事人行使不安抗辩权后及时采取相应措施，例如提供相应担保，以消灭不安抗辩权。

不安抗辩权人行使不安抗辩权时对对方当事人负有通知义务，此种通知义务为附随义务，不安抗辩权人不及时履行而给对方造成损害的，应当承担赔偿责任。不安抗辩权人除了负有通知义务外，还需承担举证义务，即证明存在不安事由。要求不安抗辩权人承担举证义务的目的在于防止不安抗辩权被滥用，以保护对方当事人的利益不因对方滥用不安抗辩权而受到侵害。

五、合同履行的保全

当事人缔结合同，发生债权债务关系后，对于债务人而言，负有履行合同债务的义务；对于债权人而言，债务人的全部财产均构成担保债权实现的责任财产。因此，债务人的财产减少就意味着其履行能力的减弱。为防止债务人财产的不当减少而给债权人的债权实现带来损害，法律设立了合同履行的保全制度。保全制度的目的在于防止债务人的责任财产不当减少。

合同履行的保全，严格意义上说来乃是合同债权的保全，简称为合同的保全，是指为防止债务人的财产不当减少而危及债权人的债权实现，法律允许债权人在特定情形下代债务人之位行使本应为债务人向第三人行使的权利或者撤销债务人与第三人所为的法律行为。合同的保全分为代位权制度和撤销权制度。

相对于债的担保制度和损害赔偿制度对于债权目的的实现而言，保全制度具有更为积极的意义。因为债的担保制度仅对担保债权适用，而对于普通的无担保债权人没有适用的可能。损害赔偿制度只能对债权目的的实现提供消极保护，不能有效防止债务人的责任财产减少，而是只能针对债务人已有的财产。

(一)代位权

债权人的代位权,简称代位权,是指债权人为确保自己的债权受偿,代位行使债务人怠于行使的其对第三人的财产权利。例如,刘备对孙权享有 200 万元的债权,孙权对曹操享有 100 万的债权。如果孙权对曹操所享有的债权到期,但孙权不向曹操主张权利,则刘备可以代替孙权向曹操主张权利,刘备所享有的权利就是代位权。债务人的债务人在理论上称为次债务人。

1. 代位权的性质

代位权和代理权的区别在于:

一是产生路径不同。代位权基于债权而产生,由债权而衍生产生;代理权根据法律规定或者当事人的授权而产生。

二是行使名义不同。债权人以自己的名义行使代位权,而代理人以被代理人的名义行使代理权。

代位权不是请求权而是行使权。作为行使权,代位权虽然类似于形成权,但并不是形成权,因为代位权行使的效果并不是依债权人的单方的意思而产生,而是依据本来就存在的债权债务关系发生效力。因此,代位权的本质乃是债权人所固有的一种权能,债权人在行使代位权时应当尽到善意管理人的注意义务。

代位权并不是优先受偿权。债权人行使代位权的目的在于保全债权,确保债务人的财产不被不当减少。因此,代位权行使的结果是债务人的债务人向债务人清偿,对于该清偿债权人本身并不享有优先受偿权。换言之,代位权的"代位"仅仅是指行使上的"代位",与其他"代位"制度,例如,物上保证人清偿代位发生权利转移的效果,并不相同。

2. 代位权的构成要件

第一,债务人怠于行使到期债权。债务人的债权属于债务人的权利范畴,本应由债务人自己行使。因此,在通常情形下,债权人不得代为债务人向次债务人行使,只有当债务人怠于行使自己的债务时,债权人才有"代位"行使的必要。怠于行使,是指债务人应行使、能行使而不行使。应行使是指债务人如果不及时行使,则该权利有丧失或者消灭的可能。例如,请求权因为时效完成而导致相对人抗辩权的产生。能行使是指债务人不存在行使权利的任何障碍,即债务人在客观上有能力行使自己的权利。不行使是指债务人消极不作为。债务人的消极不作为系基于何种原因,是否有过错,在所不问,也就是说,只要债务人没有行使权利,就构成不行使。但是,如果债务人已经行使,却因方法或者方式不当而导致行使效果欠佳,则债权人不得再行使。在实践中,对于债务人是否存在"怠于"行使债权的问题,有学者认为,只要债务履行其届满时次债务人尚未清偿,而债务人又没有通过诉讼方式或者仲裁方式请求次债务人清偿,就可以认定债务人构成"怠于"行使债权。❶

第二,债务人对第三人享有权利。债权人代位债务人向次债务人行使的权利,并不以债权为限,包括物上请求权,以财产利益为目的的形成权、甚至诉讼上的权利(如代位提起诉讼、申请强制执行)以及行政法上的权利(如申请注销登记),都可以成为代位行使的对象。

---

❶ 崔建远. 合同法总论(中卷)[M]. 北京:中国人民大学出版社,2012:251.

总之，凡是有利于保持债务人财产的一切权利，都可以代位行使。专属于债务人的权利，不适合强制执行的权利，不得成为代位行使的对象。例如，退休金请求权，就不得代为行使。代位权本身可以成为代位权的行使对象。例如，刘备为曹操的债权人，曹操为孙权的债权人，孙权为关羽的债权人，关羽为张飞的债权人，刘备可以代位曹操向孙权行使权利，同样可以代位孙权向关羽主张权利，代位关羽向张飞主张权利。

第三，债务人已陷入迟延，债权人的债权有不能实现的危险。债务人的履行义务未到来之前，债权人的债权能否实现，难以判断，如果允许债权人代位行使权利，有过于干预债务人财务自由的嫌疑。因此，债权人代位行使以债务人的履行已陷入迟延为前提，债务人未陷入迟延，债权人不得行使代位权。当然，债务人虽然没有陷入迟延，但专为保护债务人权利的保存行为，债务人如果怠于行使，债权人当然可以代位行使。例如，申请破产债权、中断诉讼时效等。债权人行使代位权的目的在于确保自己的债权实现。因此，代位权的行使以债权人的债权有不能实现的危险为前提。债务人如果怠于行使自己的债权，对于债权人的债权实现并不构成影响，则债权人自无行使代位权的必要。对于如何判断债权人的债权有不能实现的危险，理论上有"无资力说"和"特定物债权说"两种不同的观点。"无资力说"认为，债权人的债权实现以债务人的责任财产作为保障，债务人的责任财产少于其负债，或者说负债超过资产（包括信用能力），不能清偿其债务，债权人的债权就有不能实现的危险。"特定物债权说"认为，只要特定物债权的实现发生障碍，即构成"债权人的债权有不能实现的危险"。例如，刘备与孙权订立以荆州为标的物的买卖合同后，孙权又将该标的物转卖于曹操。在此种情形下，孙权如果不及时请求刘备交付标的物，曹操作为孙权的债权人就有权代位行使，以确保自己的债权得以实现。"无资力说"适应于非特定物债权的情形，"特定物债权说"适应于特定物债权的情形。

3. 代位权的行使

代位权的行使主体为债权人，债务人有多名债权人的，每个债权人都可以行使代位权，也可以共同行使代位权。债权人行使代位权时以自己的名义行使，行使时应当尽善意管理人的注意义务，否则如果给债务人造成损害的，要承担赔偿责任。

对于代位权的行使方式，理论上有两种不同的观点：一种观点认为必须通过诉讼方式行使；另一种观点认为可以通过诉讼外的方式行使。主张应当通过诉讼方式行使的理由在于：一方面，有利于查清案件事实，容易实现债权保全的目的；另一方面，有利于防止代位权的滥用，确保代位行使的利益能够在各个债权人之间公平分配。《合同法》采诉讼方式行使说。代位权诉讼以债权人为原告，次债务人为被告，债务人为第三人，由被告所在地人民法院管辖。

当债务人的数个债权人有一人行使代位权，提起代位权诉讼时，其他债权人的诉讼资格不受影响，仍可提起代位权诉讼。当然，如果某个债权人的代位权诉讼败诉，实际上就从侧面证明了债务人并没有怠于行使债权，所以，其他债权人提起代位权诉讼就同样有败诉的可能。债权人提起代位权诉讼胜诉后，其他债权人就不能再提起代位权诉讼。债权人以债务人为被告提起诉讼后，不影响其以次债务人为被告提起代位权诉讼。

代位权的行使范围以保全债权为必要。债权人行使一次代位权后，其债权并没有得到满足的，可以再次行使债务人对其他次债务人的代位权。

(二)撤销权

撤销权,又称废罢诉权,是指债权人为确保自己的债权实现,对于债务人与第三人所为的有害于自己债权的行为,可以请求法院予以撤销的权利。例如,刘备欠曹操1 000万元的债务未偿还,却将其价值1 000万元的房屋以300万元的价格出卖给孙权。如刘备没有其他财产可以偿还曹操的1 000万元借款,则曹操可以撤销刘备与孙权之间的交易行为。

代位权和撤销权的区别在于:

一是针对的对象不同。代位权针对债务人消极不行使权利而赋予债权人以救济的措施,撤销权针对债务人积极行使权利而赋予债权人以救济的措施。

二是对社会秩序的影响不同。代位权以债务人现有权为对象,对社会秩序基本不产生消极影响;撤销权不以债务人现有权为对象,对社会秩序可能产生消极影响。

1. 撤销权的构成要件

撤销权的构成要件,因债务人与第三人所为的行为系有偿行为或者无偿行为而不同。债务人与第三人所为的行为为无偿行为的,不需要考虑债务人和第三人的主观上是否具有恶意的要件;债务人与第三人所为的行为为有偿行为的,则需要考虑债务人和第三人的主观上是否具有恶意的要件。

(1)债务人与第三人的行为为无偿行为的,债权人撤销权的构成要件为:

第一,债权人的债权成立于债务人与第三人的行为之前。债权人的债权担保以债权成立时债务人的财产为责任财产。债权成立之前,债务人所为的任何行为均不可能对债权人的债权产生危害,因此,债权人对债务人在债权成立之前所为的任何行为均不享有撤销权。债务人与第三人的行为,当然包括债务人的代理人与第三人所为的行为。

第二,债权人的债权须为金钱债权或者可以转换为金钱债权。债权人的撤销权是为确保债务人的责任财产不被不当减少,因此,债权人的债权如果不是金钱债权且不能转换为金钱债权,就不存在以债务人的责任财产作为担保财产的问题,自然也就不生撤销权问题。

第三,债务人与第三人的行为有害于债权人的债权实现。例如,为没有担保的债权设定担保,放弃到期债权、无偿转让财产等。债务人实施行为时有资力,但后来因情势发生变化而导致无资力时,债权人不得主张撤销权,因为资力的有无应当以债务人实施行为时的状态作为判断标准。同理,债务人实施行为时变成无资力,但后情势变化,变成了有资力,债权人同样不得主张撤销权。

第四,债务人的行为系以财产为标的的无偿行为。债务人与第三人所为的行为如果不是以财产为标的(如债务人收养或者与第三人结婚的行为),虽然会对债务人的财产产生影响,但该行为债权人不得主张撤销权。

(2)债务人与第三人的行为系有偿行为,债权人撤销权的构成要件:

有偿行为的撤销要件与无偿行为的撤销要件相比,必须具备主观要件,包括债务人的主观恶意、第三人的主观恶意和转得人恶意几个方面。

第一,债务人恶意。债务人恶意,是指债务人明知自己的行为可能会诈害债权人的债权。债务人的恶意,以实施行为时为准,行为时不知,即使后来知道,不为恶意,不构成诈害行为。债务人对于自己不知有害于债权人的债权实现行为有无过失,在所不问。

第二,第三人的恶意。第三人是指与债务人为诈害行为的受让人或者受益人。第三人的恶意同样以行为时为准,即第三人知道自己从债务人处取得财产的行为有害于债权人的债权实现。第三人的恶意并不要求第三人有故意损害债权人的意图,也不需要与债务人恶意串通。第三人与债务人恶意串通损害债权人利益的,可能同时构成合同无效的后果。对此,债权人作为债务人与第三人所为法律行为的第三人,享有选择权。

第三,转得人的恶意。债务人与第三人为法律行为,第三人取得财产后,可能再次为处分行为,将财产转让于其他人,从第三人处受让财产的人即为转得人。存在转得人的情形下,债权人行使撤销权还需具备转得人为恶意,即知道有害于债权人的债权实现的事实。否则,债权人不得对转得人与第三人的行为行使撤销权。

2. 撤销权的行使

债权人撤销权的行使主体为债权人,债务人有多个债权人,每个债权人都可行使,但每个人行使撤销权的结果将对全体债权人发生效力。

撤销权的行使由债权人以自己的名义通过诉讼的方式行使。要求债权人以诉讼方式行使的原因在于,撤销权的行使可能对社会秩序产生消极影响。债权人提起撤销权诉讼的,以债务人为被告,第三人为第三人。

撤销权的行使必须在债权人知道或者应当知道撤销事由之日起1年内行使。自债务人的行为发生之日起5年内没有行使撤销权的,撤销权消灭。

债权人行使代位权的目的在于保全自己的债权,而债权人行使撤销权的目的在于保全全体债权人的利益,因此,撤销权行使并不以满足行使撤销权人的债权人的个人债权为限,而应以保全全体债权人的利益为限度。

3. 撤销权的效力

第一,对债务人的效力。债权人行使撤销权,债务人与第三人所为的行为依法被撤销的,则发生自始无效效果。债权人因行使撤销权而产生的合理费用,由债务人承担。

第二,对第三人的效力。债权人行使撤销权,债务人与第三人所为的行为被依法撤销的,第三人如果因此而取得利益的,应当负返还义务。原物不能返还的,应当折价返还。第三人因此遭受损失的,可以请求债务人赔偿。

第三,对转得人的效力。转得人为恶意的,债权人行使撤销权的效力及于转得人,转得人对因此所取得的利益负有返还义务。转得人因此遭受损失的,可以请求第三人赔偿。

第四,对债权人的效力。债权人对于债务人因自己行使撤销权而回复的利益并无优先受偿权,但对于因行使撤销权而产生的费用,享有优先受偿的权利。

债权人提起撤销诉讼败诉的,对其他债权人并不产生既判力的效力,其他债权人仍然可以再次就同一诈害行为提起撤销权诉讼。

案例阅读

债权人享有撤销权和实际行使撤销权两者之间是否存在区别?

案情:原告王某系被告周某的债权人,被告周某将其拥有的奥迪牌轿车转让给第三人张某,并办理了车辆变更登记手续。原告以债权人身份请求判决撤销被告与第三人之间的车辆转让行为。

法院认为,原告王某未提供相应的证据证明被告与第三人张某之间的实际交易价格低于当地的指导价或者市场交易价。故对于原告以债权人身份而主张撤销被告与第三人张某之间的交易行为,不予支持。

思考:何种条件下撤销权得以行使?

分析:债权人行使撤销权的关键在于债务人与第三人之间的交易行为存在明显不合理的低价,债权人不能证明的,则不可行使撤销权。

提示:从法理上来说,债权人需要关注债务人的财产变化状况,一旦发生债务人实施可能危及自己债权实现的财产行为时,就可以采取相应的措施予以补救。

六、合同履行的担保

合同履行的担保,是指由法律规定或者当事人约定,由债务人或者第三人向债权人提供的以确保债权实现的法律措施。债权人称为担保权人,提供担保的人为担保人。债权人对于担保人所具有的权利相对债权人对于债务人所具有的权利而言具有从属性,债权人对于债务人的权利为主债权,担保权从属于主债权。主债权无效,担保权无效;主债权消灭,担保权消灭;债务人对于债权人享有的抗辩权,担保人也享有。

当事人对于意定担保的从属性可以约定排除,从而成为独立担保。独立担保,是指担保权不从属于主债权的担保。独立担保主要应用于商事领域。

合同履行的担保可以依据不同的标准进行分类:

一是分为人的担保、物的担保和金钱担保。人的担保是指保证,由债务人以外的第三人向债权人担保债务履行的担保。物的担保是指由债务人或者第三人向债权人提供特定的物担保债务履行的担保,主要是指抵押、质押和留置。金钱担保是指以一定的金钱担保债务履行的担保,主要是定金。

二是分为意定担保和法定担保。意定担保是指由当事人约定的担保,如保证、抵押、质押、定金等;法定担保是指根据法律规定而产生的担保,如留置。

三是本担保和反担保。反担保是相对于本担保而言的,是指担保人向债权人担保后,由债务人向担保人提供的担保。

《中华人民共和国担保法》(以下简称《担保法》)第2条规定,"在借贷、买卖、货物运输、加工承揽等经济活动中,债权人需要以担保方式保障其债权实现的,可以依照本法规定设定担保。本法规定的担保方式为保证、抵押、质押、留置和定金"。

(一)保证

保证,是指合同债权人与非债务人的第三人在合同中约定,当债务人不履行合同债务时,第三人按照约定履行债务或者承担债务不履行责任的担保。例如,孙权向曹操借款100万元。刘备与曹操签订合同约定,如果孙权不还借款,则刘备负责偿还。保证担保为意定担保,须由当事人签订保证合同。

保证合同为要式合同,必须采用书面形式。《担保法》第13条规定,"保证人与债权人应当以书面形式订立保证合同"。保证合同的书面形式可以分为:一是保证人与债权人签订单独的书面保证合同。二是以保证条款形式体现的保证合同,即在债权合同书中记载保证条款,由保证人签字盖章。三是保证人出具单独的保证书、担保函。《担保法》第15条规定,

"保证合同应当包括以下内容：（一）被保证的主债权种类、数额；（二）债务人履行债务的期限；（三）保证的方式；（四）保证担保的范围；（五）保证的期间；（六）双方认为需要约定的其他事项。保证合同不完全具备前款规定内容的，可以补正。"

保证合同可以依据不同的标准进行分类：

一是根据保证人人数的不同，可以区分为单独保证和共同保证。单独保证是指保证人为一人的保证合同。共同保证是指保证人为数人的保证合同。

二是根据保证责任的不同，可以区分为一般保证合同和连带保证合同。一般保证合同是指保证人仅对债务人不履行债务承担补充责任的保证合同。连带保证合同是指保证人在债务人不履行合同债务时与债务人负连带责任的保证合同。一般保证和连带保证由当事人在保证合同中明确约定，当事人约定不明确的，如果做有利于债权人的解释，则为连带保证，如果做有利于保证人的解释，则为一般保证。《担保法》第19条对于当事人约定不明的保证，推定为连带保证。

保证合同从属于主合同，必须由主合同债务人以外的第三人担任保证人，保证人为债务人，主合同的债权人为权利人。从法律上来说，保证合同属于无偿合同，对于保证人而言，仅负担义务而不享有权利，因此，保证人必须具有行为能力；从经济上来说，保证人属于信用担保，因此，保证人必须具有代为清偿债务能力。可以担任保证人的法人或者非法人组织包括企业法人、金融机构、从事经营活动、非属公益性质的社会团体、其他经济组织。国家机关、学校、幼儿园、医院等以公益为目的的事业单位、社会团体不得担任保证人。自然人作为保证人必须具有完全行为能力。企业法人的分支机构有法人书面授权的，可以在授权范围内提供保证。

保证人基于主债务人享有的抗辩权主要包括：一是权利未发生的抗辩，即主合同所约定的合同债务没有发生，例如，主合同没有成立或者无效；二是权利消灭的抗辩；三是拒绝履行的抗辩，包括主债务时效已过、同时履行抗辩权、后履行抗辩权、不安抗辩权、留置权的抗辩权等；四是债务人对债权人所享有的抵销权。

保证人基于保证人地位所享有的抗辩权主要包括：一是债务转移时的抗辩权；二是主合同变更时的抗辩权；三是债权人放弃物的担保时的抗辩权；四一般保证人的先诉抗辩权。一般保证人的先诉抗辩权，又称检索抗辩权，是指债权人要求一般保证人承担保证责任，必须先就债务人的财产依法强制执行，只有当债权人就债务人的财产依法强制执行而无效果时，才能要求保证人承担保证责任。

保证人承担保证责任后，可以向债务人行使求偿权、代位权和免责请求权。保证人的求偿权，又称保证人的追偿权，是指保证人承担保证责任后所享有的请求债务人偿还的权利。保证人的代位权，是指保证人承担保证责任后，可以代位行使债权人对于债务人的权利。保证人的免责请求权，又称保证责任除去请求权，是指保证人可以请求债务人除去保证责任的权利。

（二）抵押

抵押，是指由债务人或者第三人提供特定财产，当债务人不履行债务时，债权人有权依法以该财产折价或者变卖、拍卖的价款优先受偿的债权担保方式。例如，刘备以自有居民向孙权抵押借款100万元，刘备与孙权之间签订了抵押合同。抵押担保为意定担保，须由当事人签订书面抵押合同。抵押合同一般应包括被担保债权的种类和数额,债务人履行债务的期限,抵押财产的名称、数量、质量、状况、所在地、所有权归属或者使用权归属,担保的范围。提供财产的人为抵押人,提供的财产为担保财产,称为抵押物。抵押的主要特征在于不转移财产的占有,即抵押物仍然由抵押人占有。抵押权人在债务履行期届满前,不得与抵押人约定债务人不履行到期债务时抵押财产归债权人所有。

抵押财产可以是动产,也可以是不动产,包括但不限于:(1)建筑物和其他土地附着物;(2)建设用地使用权;(3)以招标、拍卖、公开协商等方式取得的荒地等土地承包经营权;(4)生产设备、原材料、半成品、产品;(5)正在建造的建筑物、船舶、航空器;(6)交通运输工具;(7)法律、行政法规未禁止抵押的其他财产。但是,下列财产不得抵押:(1)土地所有权;(2)耕地、宅基地、自留地、自留山等集体所有的土地使用权,但法律规定可以抵押的除外;(3)学校、幼儿园、医院等以公益为目的的事业单位、社会团体的教育设施、医疗卫生设施和其他社会公益设施;(4)所有权、使用权不明或者有争议的财产;(5)依法被查封、扣押、监管的财产;(6)法律、行政法规规定不得抵押的其他财产。

不动产抵押应当办理抵押登记,抵押合同自登记之日起生效。动产抵押不需登记,自抵押合同生效时起设立,但不得对抗善意第三人。同一财产可以多次抵押。《物权法》第199条规定,"同一财产向两个以上债权人抵押的,拍卖、变卖抵押财产所得的价款依照下列规定清偿:(一)抵押权已登记的,按照登记的先后顺序清偿;顺序相同的,按照债权比例清偿;(二)抵押权已登记的先于未登记的受偿;(三)抵押权未登记的,按照债权比例清偿"。

(三)质押

质押,是指由债务人或者第三人提供财产或者权利凭证交由债权人占有,当债务人不履行债务时,债权人有权依法以该财产折价或者变卖、拍卖的价款优先受偿的债权担保方式。例如,刘备向孙权借款,约定曹操提供一块优质土地质押给孙权。曹操与孙权之间签订了质押合同。质押分为动产质押和权利质押。动产质押是质押人提供动产交由债权人占有的质押。权利质押是指质押人提交权利凭证交由债权人占有的质押。质押必须签订书面的质押合同且自质押物或者权利凭证交由债权人占有时生效。质押与抵押的区别在于转移占有,即由债权人占有质押财产或者权利凭证,而抵押则不转移占有。

(四)留置

留置,是指债权人按照合同的约定占有债务人的财产,债务人不按照合同履行义务时,债权人有权留置该财产,并以该财产折价或者变卖、拍卖的价款优先受偿的债权担保方式。《合同法》第315条规定,"托运人或者收货人不支付运费、保管费以及其他运输费用的,承运人对相应的运输货物享有留置权,但当事人另有约定的除外"。例如,张飞将行李寄存于荆州车站小件行李寄存处,如果张飞未支付寄存费,则荆州车站小件寄存处可以行使留置权。

留置权为法定担保。留置权的成立要件为:

第一,债权人合法占有债务人的财产。合法占有才能产生留置的效力,恶意占有、非法占有不产生留置的效力。债权人占有债务的财产须为动产,不动产不能留置。

第二,债务人不履行到期债务。留置只适用于到期债务,不适用于未到期的债务。到期债务,是指债务的履行期限届满的债务。

第三,动产与债权属于同一法律关系。同一法律关系是指债权人享有债权和占有动产是基于同一法律事实。例如,债权人基于保管合同占有债务人的财产,债务人如果不履行保管合同义务,两者构成同一法律关系。

(五)定金

定金,是指为担保合同的履行,预先由一方当事人给付对方一定额度的金钱。给付定金的一方当事人不履行合同,无权要求对方返还定金,接受定金的一方当事人不履行合同的,应向给付定金的一方当事人双倍返还定金。"订金"不同于"定金"。"订金"是预订购买的意思,不具备制裁违约方的作用,不存在定金罚则的问题。

第五节 违约的救济

一、履行障碍

合同履行障碍是指合同债务没有得到履行。对于社会而言,生效合同所确定的权利义务关系乃是社会整体利益的有机组成部分,当事人如果不按照合同约定履行债务,即构成对社会整体利益的破坏。对于当事人而言,合同债务没有得到履行,缔约目的就无法实现。因此,无论是对于当事人来说,还是对于社会来说,都希望合同债务得到履行。当合同履行出现障碍时,法律必须给予相应的处理。法律对合同履行障碍问题的处理,一方面,必须贯彻"有约必守"的契约精神,严格要求债务人必须按照约定履行义务;另一方面,必须贯彻合同正义原则,在合同履行障碍的情形下,为债权人提供尽可能详尽的法律救济。合同履行障碍可以区分为两种情形:一是当事人不履行合同义务,履行合同义务不符合约定欠缺正当理由;二是当事人不履行合同义务,履行合同义务不符合约定存在正当理由。

合同履行障碍、债务不履行和违约三者在合同法上的意义相同,核心是违约责任问题。各国立法对于违约责任的处理有"原因进路"和"救济进路"两种不同的立法例。"原因进路"也称"事实构成进路",即先对违约行为形态进行分类,然后针对每种违约行为规定救济措施;"救济进路",也称"法律效果进路",即先对违约责任的承担方式进行划分,然后再规定每种救济方式的适用情形。两种立法例各有利弊:"原因进路"比较符合人们"先因后果"的思维习惯,先确定是否存在违约行为,再考虑救济方式;"救济进路"则有利于立法简约,避免法律规定的冗长,减少立法成本。

合同履行障碍的各种具体情形,依据一定的标准,可以进行类型划分,形成履行障碍形态的逻辑体系。《合同法》将违约行为区分为预期违约和实际违约两种。预期违约再区分为明示的预期违约和默示的预期违约;实际违约区分为不履行和不完全履行。不履行是指完全不履行,包括拒绝履行和履行不能两种情形。《合同法》将违约行为区分为预期违约和实际违约两种。预期违约再区分为明示的预期违约和默示的预期违约;实际违约区分为不履行和不完全履行。不履行是指完全不履行,包括拒绝履行和履行不能两种情形。

拒绝履行,是指债务人以明示或者默示的方式向债权人表示不履行合同债务。例如,债务人将本应交付于债权人的特定标的物转让与第三人,便是以默示方式向债权人表明不履行合同债务,构成拒绝履行。

履行不能,也称给付不能,是指依据一般社会观念或者交易观念,债权人不可能期待债务人履行其债务。履行不能并不是指物理上的不能,物理上的可能亦可构成履行不能。例如,大海捞针,物理上具有可能性,但在法律上属于履行不能。

不完全履行,是指债务人虽然履行了债务,但履行债务不符合债务要求。不完全履行可以区分为瑕疵给付、加害给付及其他不完全履行等情形。瑕疵给付,是指债务人虽然履行了债务,但债务履行有瑕疵,导致债权人不能获得或者不能完全获得履行利益。加害给付,是指债务人的给付导致债权人履行利益损失以外的损失。例如,债务人交付有传染病的家畜,导致债权人其他家畜感染。加害给付已构成侵权责任和违约责任的竞合,债权人可以选择行使,追究债务人的损害赔偿责任。

履行迟延,是指债务人未在债务履行期内履行债务。履行迟延的构成要件为:一是存在合法有效债务;二是债务能够履行;三是债务人在履行期内未履行;四是债务人未在履行期内履行债务欠缺正当事由。债权人受领迟延,是指债权人对于债务人已提供的给付,未受领或者未为其他完成给付所必要的协助。

预期违约,是指合同履行期限届至之前,债务人向债权人做出将不履行债务的意思表示或者以实际行为向债权人表明将不履行债务。违约以合同债务应当履行为前提,而在合同债务履行期未届至之前,根本就不存在债务履行义务,因此,预期违约认为在履行期到来之前就有违约行为有违法律逻辑。但是,法律逻辑并不等于生活逻辑,在现实生活中完全可能出现债务人在债务履行期未到来之前就明确表示将不履行债务或者以实际行为表明将不再履行债务的情形。当此种情形发生后,如果不给予债权人以必要的救济措施,而要求债权人必须等到履行期届至后才能够采取救济措施,将有可能给债权人造成难以弥补的损失。为此,英美法系合同法规定有预期违约制度。预期违约可以区分为明示预期违约和默示预期违约两种形态。明示的预期违约是指合同债务人明确地向债务人表示将不履行合同债务。默示的预期违约是指债务人以行为表明将不再履行合同债务。

预期违约与不安抗辩权有类似之处,都是合同有效成立后至合同债务履行期限届至之前出现某种情形导致债权人的债权有难以实现的可能。但是,两者的差别非常明显:第一,不安抗辩权以对方财产于订约后发生变化导致其难以对待给付为依据,而预期违约则以对方将不履行合同债务为依据。第二,不安抗辩权在通常情形下以金钱支付请求权为主要适用对象,不能变化为金钱请求权的债权不能适用;而预期违约并不以金钱支付债权为限。第三,不抗辩权行使的后果是债权人中止自己的履行,要求对方提供相应担保;而预期违约的后果是债权人可以根据自身利益状况,要求对方承担相应违约责任

二、违约责任

(一)违约责任的含义

违约责任,是指合同当事人违反合同义务所应当承担的责任。违约责任为民事责任的一种,具有民事责任的一般属性。具体体现为:一是违约责任是财产责任。合同债务不一定具有财产给付内容,但是,在债务人不履行债务的情形下,债权人能够采取的救济措施最终只能是财产性手段。从这种意义上来说,违约救济的最终手段只能是"财产",离开"财产"谈违约救济,必将是"镜中月,水中花"。违约责任的财产性决定了债权人不能对债务人的人身

采取任何强制措施,而只能对债务人的财产采取强制执行措施。因此,这实际上也是对债务人的一种保护。二是违约责任主要是补偿责任。当事人具有平等性,债权人追究债务人违约责任的目的在通常情形下并不是为了惩罚对方,而是弥补自己的损失,因此,违约责任的功能主要是补偿而不是惩罚。当然,违约责任的补偿性并不排斥惩罚性,在特定情形下,违约责任也可以表现出惩罚性的性质。

违约责任与其他民事责任相比的特殊性主要表现在:一是违约责任是在一定范围内可由当事人自由约定。例如,当事人可以对违约责任的损害赔偿的计算方法,违约金的数额,免责条款等进行约定。二是违约责任在通常情形下是债务人向相对人承担的责任,而不是向第三人承担的责任。

违约责任不同于缔约过失责任,两者的区别主要体现为:一是违约责任以合同债务为前提,当事人不履行合同债务违反的是约定义务,核心是给付义务;缔约过失责任以先合同义务为前提,当事人不履行先合同义务违反的是法定义务。二是违约责任不一定适用过错责任原则;而缔约过失责任则以当事人有过错为前提。三是违约责任,当事人可以在合同中约定;而缔约过失责任则由法律直接规定,当事人不得事先约定。四是违约责任以赔偿履行利益或者期待利益为原则,缔约过失责任以赔偿信赖利益为原则。

违约责任的产生以合同债务的不履行为前提。没有合同债务,也就没有违约责任。违约责任以合同债务为基础,以债务人不履行合同债务为前提。但是,合同债务并不必然导致违约责任。合同债务得到完全履行,就不可能产生违约责任。

(二)违约责任的归责原则

违约责任的归责原则,是指基于一定的事由而确定违约责任是否成立的法律原则。行为人承担责任必须有根据,或者说行为人承担责任必须有理由。要确定归责的根据,必须有一定标准。用以确定归责根据的标准便是归责原则。违约责任的归责原则,主要有过错责任和无过错责任两种类型。

无过错责任原则,是指不以债务人的主观过错作为确定违约责任的依据,即只要当事人没有履行合同债务,不问其是否主观上有无过错,均需要向对方承担违约责任。无过错责任的核心是在确定违约责任时,不问当事人有无过错,而不是当事人一定没有过错。当事人有过错,需要承担违约责任;当事人没有过错,同样需要承担违约责任。对于违约方来说,不能以自己没有过错而主张不承担违约责任;对于相对方来说,要求违约方承担违约责任并不需要证明违约方存在过错。违约责任归责原则采用无过错责任的,并不是没有免责事由,而只是不能以无过错作为免责事由。过错责任原则,是指以债务人的主观过错作为确定违约责任的依据,即只有当事人没有履行合同债务,而且存在主观过错的情形下才需要向对方承担违约责任。过错责任原则的核心理念是"无过错无责任"。过错责任原则在举证责任分配上采用过错推定的形式,即只要债务人不履行合同债务,就推定债务人有过错,债务人要想免于承担违约责任,就必须举证证明自己没有过错。

无过错责任和过错责任作为违约责任归责原则的不同类型,两者的差异主要表现在:一是过错责任以过错作为确定违约责任的理由或者标准,而无过错责任则以违约行为和损害结果之间的因果关系作为确定违约责任的理由或者标准。二是无过错责任的理论基础在于对不幸损害的分配,而过错责任的理论基础在于对违约方的道德非难。三是过错责任只有在法律有明确规定的情形下才适用,而无过错责任则适用于法律没有特别规定的情形。

《合同法》第 107 条规定,"当事人一方不履行合同义务或者履行合同义务不符合约定的,应当承担继续履行、采取补救措施或者赔偿损失等违约责任"。

(三)违约责任的免责事由

债务人有正当理由不履行合同债务,不需要承担违约责任。债务人不履行合同债务的正当理由,在理论上被称为违约责任的免责事由,简称免责事由。对于免责事由的范围,各国立法规定并不完全相同,但基本都认可不可抗力、意外事件和情势变更三项免责事由。

1. 不可抗力

不可抗力,是指当事人不能预见、不能避免并不能克服的客观情况。不可抗力属于事变的一种。事变是指导致债务不履行但不可归责于债务的事由。事变分为不可抗力和轻微事变两种情形。对于轻微事变,当事人约定由债务人负责的,债务人应当负责,否则,由债权人标的物因事变而灭失的风险。

对于不可抗力的界定,理论上有主观说、客观说和折中说三种不同的观点。主观说认为以当事人的预见能力和预防能力作为认定标准,当事人如果尽了最大努力仍然不能阻止妨碍合同债务履行事件的发生,就应认定为不可抗力。客观说认为以一般人的预见能力和预防能力为准,凡是一般人无法抗御的重大外部事件均为不可抗力。折中说认为不可抗力为不受当事人意志左右的外部事件,但在确定不可抗力时应当考虑到当事人主观上是否尽到了必要的注意义务。

不可抗力的构成要件为:一是客观性。不可抗力事件不受当事人的意志左右,独立于当事人行为之外。二是不可预见性。当事人在订立合同时无法预见到该事件的发生。当事人的预见能力应当以通情达理之人的预见能力作为标准。三是不可避免性。当事人对于不可抗力事件,即使采取了预防措施,但仍然不能阻止其发生。四是不可克服性。当事人对于不可抗力无法抗拒。

一般而言,下列情形可认定为不可抗力:一是重大自然灾害事件,例如洪水、旱灾、地震、台风等;二是社会异常事件,例如 2003 年的"非典";三是国家号召、政府行为,例如战争。

不可抗力的效力主要表现在如下几个方面:一是免除债务人的履行责任,当然,合同债务可以部分履行的,债务人仍应当履行;二是债务人对债权人负有通知和证明不可抗力存在的义务。

对于不可抗力,当事人可以在合同中约定。当事人在合同中约定不可抗力的条款,称为不可抗力条款。不可抗力条款的作用在于:一是补充法律规定的不足,例如明确约定哪些事件属于不可抗力,哪些事件不属于不可抗力;二是有利于责任认定,不可抗力条款作为合同条款的组成部分,必须符合合同生效要件,否则无效。

2. 意外事件

意外事件,又称意外事故,是指当事人无法预见,不可归责于当事人的偶然事件。意外事件的构成要件为:

一是非基于当事人的原因发生。意外事件属于非基于当事人原因而发生的事件,如果系基于当事人的原因发生,就不是意外事件。

二是当事人无法预见。当事人如果可以预见，则不属于意外事件。当事人是否能够预见，应当以当事人的预见能力为准。

三是偶然事件，不是第三人的过错所导致。第三人过错导致的事件，第三人应当为此承担责任，不属于意外事件。

3. 情势变更

当事人订立合同时，对于合同履行时的情况应该有所预见。在通常情形下，合同履行时的情况与当事人在合同订立时所预想的情况不会发生太大变化。但是，在特殊情形下，合同履行时的情况与当事人在合同订立时所预想的情况发生巨大变化，从而导致合同履行不能或者履行结果显失公平。出现此种情形时，法律只可能有两种处理方式：一是允许当事人请求变更或者解除合同，以确保当事人利益的平衡；二是不允许当事人变更或者解除合同。第一种情形即为情势变更原则。情势变更原则的理论基础在于诚实信用原则和公平原则。

情势变更原则的适用条件为：

一是存在情势变更的事实。情势是指不受当事人意志影响的作为合同成立基础或者环境的客观情况。变更是指情势在客观上发生了不受当事人意志影响的异常变动。情势变更的判断应当以公平原则、诚实信用原则为依据。

二是情势变更发生在合同成立后履行完毕前。情势变更如果在合同成立时已经发生，则当事人完全可以认识到，不存在情势变更的问题。当事人如果因为粗心大意没有认识到而订立合同，属于自甘冒险行为，风险自担。情势变更如果发生在合同债务履行后，则与合同无关。

三是情势变更的发生不可归责于当事人。如果可归责于当事人，则发生违约责任或者自担风险，自无情势变更原则适用余地。

四是情势变更为当事人不可预见。当事人不能预见应当以普通的理性人作为判断标准。

五是情势变更导致合同显失公平。

情势变更原则的适用效果为：

一是"再交涉义务"产生。一旦出现情势变更，当事人就有义务再次进行协商。至于协商结果如何，在所不问。

二是变更合同。变更合同的目的是为了平衡当事人之间的权利义务关系，实现公平的结果。

三是解除合同。变更合同难以消除不公平结果的，允许当事人解除合同。

对于情势变更原则，《合同法》没有规定，但《合同法司法解释（二）》第26条对情势变更原则进行了肯定。"合同成立以后客观情况发生了当事人在订立合同时无法预见的、非不可抗力造成的不属于商业风险的重大变化，继续履行合同对于一方当事人明显不公平或者不能实现合同目的，当事人请求人民法院变更或者解除合同的，人民法院应当根据公平原则，并结合案件的实际情况确定是否变更或者解除"。《合同法司法解释（二）》虽然对情势变更原则与不可抗力的适用范围进行了界定，但理论上对此还是存在争议。一般而言，情势变更原则适用于合同债务可以履行，但履行结果显失公平的情形。

情势变更与商业风险的不同，两者的区别在于：

第一,商业风险为商业活动所固有,属于社会正常事件。例如,一般的市场供求关系变化,价格涨落等;情势变更属于社会异常事件,导致合同赖以成立的客观环境发生异常变化。

第二,商业风险,法律推动当事人可以预见、应当预见、能够预见;情势变更,则当事人不能预见、无法预见。对于商业风险与情势变更原则的关系,最高人民法院印发《关于当前形势下审理民商事合同纠纷案件若干问题的指导意见》的通知〔法发(2009)40号〕做出较为详尽的规定。

4. 免责条款

免责条款,是指当事人在合同中约定,限制或者免除当事人责任的条款。当事人在合同中约定的免责条款生效,必须符合免责条款生效的要件。一般认为,免责条款作为合同条款的组成部分,除必须符合合同生效要件外,还必须具备如下条件:一是不得排除故意或者重大过失责任;二是不得排除当事人的基本义务。

(三)违约责任的承担方式

合同生效后,没有出现履行障碍时,当事人按照合同约定履行义务,合同关系终止。合同出现履行障碍时,当事人没有按照合同约定履行义务,合同关系就无法正常终止。合同关系的手段性决定了合同关系具有期限性,必须在一定期限内终止,否则,当事人的缔约目的就无法实现。因此,当合同出现履行障碍,当事人无法就合同履行达成合意时,国家必须对之进行干预,制定相应的处理规则,以确保社会秩序不因此遭受破坏,当事人相互之间利益能够得到公平处理。履行障碍的处理规则便是合同履行障碍救济制度,即要求违约方承担违约责任。违约方承担违约责任的方式主要有:

1. 赔偿损失

赔偿损失,也称损害赔偿,是指违约方因不履行合同债务或者履行合同债务不符合约定而给对方造成损失时,应依照法律规定或者合同约定承担赔偿对方当事人损失的责任。

损害赔偿的方法,理论及立法上有回复原状主义和金钱赔偿主义两种形式。回复原状是指回复到损害发生前的状况。金钱赔偿是指给予被害人以金钱,填补被害人的损害。回复原状的优点在于符合损害赔偿的目的,但缺点在于回复原状困难;金钱赔偿的优点在于简便易行,各种损害都能以金钱赔偿,但缺点在于仅为间接填补,不一定满足损害赔偿的目的。

违约损害赔偿可以依据不同的标准进行分类:

一是约定赔偿和法定赔偿。约定赔偿是指依据当事人的约定的赔偿;法定赔偿是指依据法律规定的赔偿。法定赔偿又可以分为一般法定赔偿和特定法定赔偿。一般法定赔偿是指依据法律一般规定的赔偿,特定法定赔偿是指基于特殊立法政策而特别规定的赔偿。

二是迟延赔偿和填补赔偿。迟延赔偿是指因履行迟延而导致的赔偿,填补赔偿是指因履行不能而导致的赔偿。

违约损害赔偿以完全赔偿为原则,违约方需要赔偿与违约行为有因果关系的一切损害,不仅包括权利人所遭受的全部实际损失,还应赔偿可得利益的损失。损害赔偿以完全赔偿为原则,但是,完全赔偿需受可预见规则的限制。

可预见规则是指以违约方可预见的损失范围来确定损害赔偿范围的规则。可预见规则由预见主体、预见时间、预见内容和判断标准四部分构成。第一,预见主体。预见主体从理论上有三种选择:一是违约方;二是守约方;三是第三人。《合同法》将预见主体确定为违约方而非守约方。第二,预见时间。预见时间同样有两种选择,一是合同成立时;二是合同债务不履行时。《合同法》以合同成立时作为预见时间。第三,预见内容。预见内容有预见损害的类型和预见损害的类型与程度两种不同的主张。《合同法》对此没有明确。第四,判断标准。可预见性规则是以"理性人"的预见能力作为判断标准。当然,受害人如果有证据证明违约方的预见能力较一般人要高,则以违约方的实际预见状况为准。反之,违约方有证据证明自己的预见能力较一般人要低,则以违约方的实际预见能力为准。

损害赔偿计算有抽象方法和具体方法之分。抽象计算方法也称客观计算方法,是指在计算损害赔偿时仅考虑普通因素,具体方法也称主观计算方法,是指计算损害赔偿时不仅考虑普通因素,也考虑特别因素。抽象计算方法着眼于合理赔偿,而具体计算方法则旨在恢复权利人实际遭受的全部损失。抽象计算方法的前提是抽象计算标准的存在,通常表现为市场价格。损害赔偿以市场价格作为标准,存在一个时间点的确定问题,即以什么时间点的市场价格作为计算标准。一般而言,应在合同成立时间、违约时间、请求赔偿的时间、非违约方发现违约的时间和裁判时间几者之间进行选择。

2. 强制履行

强制履行,又称继续履行、强制实际履行或者依约履行,与之相对应的概念为任意履行。强制履行作为违约责任的承担方式,是指违约方不履行合同义务时,债权人可以请求人民法院强制违约方继续履行。强制履行通常表现为原履行义务的继续,但也可以表现为补正原履行的瑕疵。例如,《合同法》第111条规定,修理、更换、重作,是对原履行瑕疵的补正,属于强制履行的方式。

强制履行可以区分为直接强制、间接强制与代替执行三种形态。

直接强制是债权人借助于国家公权力,强制债务人履行债务,以实现自己债权的强制方法。直接强制对于债权人来说,为最有利于实现债权人目的的方法,但对于债务人来说,却是强制力最强的方法。因为它无视债务人人格尊严。违约责任是财产责任,不能对债务人人身采取强制措施,因此,直接强制履行通常限定在金钱债务或者支付财产债务上。

间接强制是指通过对债务人施加心理压力等方式以督促其履行债务的强制方法。间接强制的典型方式如要求债务人加倍支付迟延履行的利息等。

代替执行是指债务人对于人民法院生效文书所确定的行为未履行的,人民法院可以委托相关单位或者个人代为履行,但履行费用由债务人承担的强制方法。

强制履行以债权人请求违约方继续履行、债务人能够继续履行为前提。债权人未在合理的期限内请求债务人继续履行,或者债务继续履行已经不可能,则不能强制履行。此外,继续履行虽然可能,但如履行费用过高,根据合同履行的经济合理原则,也不得要求强制履行。履行费用过高是指要求债务人实际履行,代价太大。

强制履行与填补赔偿、解除合同由于在功能上相互排斥,因此不能同时并存,债权人只能择一适用。迟延赔偿的功能在于赔偿受害人因迟延履行而遭受的损失,并不具有代替强制履行的功能,因此可以与强制履行同时并存适用。

3. 违约金

违约金,是指由法律规定或者当事人在合同中约定,一方违约时应当支付给另一方一定数额的金钱或者其他给付的违约责任承担方式。违约金以金钱为主要形式,但并不以此为限,当事人约定金钱以外的其他给付亦可。此外,违约金通常是债务人向债权人支付,但当事人如果约定债务人向第三人支付时,只要符合合同有效要件,当然有效。

违约金可以依据不同的标准进行分类:

一是赔偿性违约金和惩罚性违约金。赔偿性违约金是指以填补受害人损失为目的的违约金。赔偿性违约金是当事人发生实际损害为前提,当事人没有实际损害的,就请求对方支付赔偿性违约金。惩罚性违约金是指以制裁违约行为为目的的违约金。惩罚性违约金不以当事人遭受实际损失为前提,当事人没有实际损害的,亦可请求对方支付惩罚性违约金。

二是法定违约金、约定违约金和混合违约金。法定违约金是指由法律直接规定的违约金。约定违约金是指当事人在合同中约定的违约金。混合违约金是指法定和约定违约金的混合。法定违约金由法律直接固定利率或者数额,约定违约金的数额和支付条件等均由当事人在合同中约定。

违约金责任的成立以合同有效成立为前提,合同不生效,合同主债务就不存在,违约金债务就不成立或者无效。至于违约金责任成立是否必须以当事人具有过错为要件,则应根据违约金的类型分别确定:第一,约定违约金以当事人的约定为准,当事人在合同中约定要求当事人过错的,则应当以过错为要件,否则就不需要过错要件。第二,惩罚性违约金,应当以过错为要件。当事人在合同中对违约金进行约定,必须符合法律规定,否则不生效。例如,法律规定违约金的固定比率有约定的,则超过部分无效。

赔偿性违约金的功能在于赔偿当事人的损失,因此,原则上违约金的数额应当以当事人所遭受的损失为准,不得过高过低。违约金数额与当事人所遭受的损失过高或者过低的,应当进行调整。当事人所遭受的损失有实际损失和可赔损失之别。一般而言,当事人所遭受的损失要大于可赔损失,因为并不是当事人所遭受的所有损失都可要求违约方赔偿。违约金数额是否过高应当以实际损失为比较标准而不是以可赔损失作为比较标准。此外,由于赔偿性违约金的功能在于填补受害人的损失,实际上具有预定损害赔偿的性质,因此,有关限定损害赔偿范围的过失相抵、损益相抵以及减损规则等都可以适用。

惩罚性违约金数额原则上由当事人自由约定,但是否应当受到一定的限制,理论上有学者认为,可以类推适用《担保法》第91条的规定,不得超过主合同标的额的20%。

惩罚性违约金可以与损害赔偿、强制履行同时并存,一并适用。赔偿性违约金在通常情形下不得与损害赔偿同时并存,一并适用。但是,违约金请求权与损害赔偿请求权如果指向的并不是同一损害,则当然可以同时并存,一并适用。赔偿性违约金与定金、强制履行不能并用,但是,违约金如果仅是迟延履行的赔偿,则相对人支付违约金后,仍然需要承担强制履行的责任。

4. 定金

定金,是指当事人约定,一方当事人向另一方当事人给付一定金钱,以确保主合同履行的担保措施。例如,刘禅准备结婚,到孙权的裁缝店订制一套西服,孙权要求刘禅支付1 000元作为定金。当事人给付定金的目的在于确保合同债务的履行。法律对定金设有一定限制。《担保法》第 91 条规定，"定金的数额由当事人约定，但不得超过主合同标的额的百分之二十"。定金与预付款不同。预付款，是指一方当事人预先向对对方当事人给付一定的价款。

定金和预付款都表现为一方当事人向另一方当事人给付一定的款项，但两者的法律性质和效力存在显著差别：

第一，性质不同。定金属于债权担保方式；预付款是债务的履行。

第二，功能不同。定金作为债权担保方式，目的在于保障债权的履行；预付款的主要目的在于为当事人履行合同债务提供资金上的帮助，但在客观上可以起到促进合同债务履行的作用。

第三，发生基础不同。定金以定金合同（主合同的从合同）为基础而发生；预付款则是基于合同的约定发生，为合同的一部分。

第四，效力不同。给付定金的一方当事人违约时，无权要求返还定金，接受定金的一方当事人违约时，应当双倍返还定金；预付款不存违约罚则的问题。

定金与押金不同。押金，是指一方当事人或者第三人向债权人交付一定数额的金钱，以担保债权的受偿。定金和押金的主要区别在于：

第一，性质不同。定金是金钱担保，押金不是担保方式。

第二，给付时间不同。定金通常在合同订立或者履行前给付，押金的给付没有时间限制，由当事人约定。

第三，数额不同。定金有最高比例限制，押金没有比例限制。

第四，效力不同。定金适用定金罚则，即给付定金的一方当事人违约时，无权要求返还定金，接受定金的一方当事人违约时，应当双倍返还定金。押金没有押金罚则，给付押金的一方当事人不履行合同义务，无权收回押金，接受押金的一方当事人不履行合同义务，不承担双倍返还的责任。

定金，根据功能不同，可以区分为成约定金、证约定金、解约定金、立约定金、违约定金等。成约定金，是指当事人约定，以定金的交付作为合同成立的要件，即合同因定金的支付而成立。证约定金，是指当事人约定，以定金作为合同订立的证据，证约定金的功能在于证明当事人之间已经成立合同。解约定金，是指当事人约定，以定金作为解除合同的代价。立约定金，是指当事人约定，以定金作为签订正式合同的担保。交付定金的一方当事人拒绝签订合同的，不得要求对方返还定金，接受定金的一方当事人拒绝签订合同的，应当双倍返还定金。违约定金，是指以定金作为承担违约责任的方式，即给付定金一方当事人违约的，无权要求对方返还定金，接受定金一方当事人违约的，应当双倍返还定金。违约定金可以与损害赔偿并用，但是，当事人需要证明所遭受的损失大于定金赔偿数额。由于违约定金与违约金的制度功能相同，因此，两者不能并用。

案例阅读

列车因自然灾害停运，铁路部门应否承担违约责任？

案情：原告购买 D2373 次列车客票，按照票上规定的时间赶往车站乘车时发现列车停运。原告认为列车停运为违约行为，要求铁路部门承担违约责任，即按照票款的 20% 向原告支付退票费。

　　铁路部门认为系基于水害造成涉案列车的停运,应属自然灾害所致的不可抗力造成,铁路运输企业对此应当免予承担责任。

　　法院认为,因自然灾害造成列车停运系不可抗力,铁路部门可以行使法定解除权,本案中,铁路部门已经适时的通过短信发出停运通知,停运通知即为解除合同的通知,通知到达被告即生效。到达指的是到达被告手机,与其是否阅读,何时阅读并无关系。原告认为被告于 21 时 16 分是在半夜非工作时间以短信通知,系未在合理期限内通知的诉称理由不予支持。因此,被告系依法行使法定解除权,不构成违约,故不应承担违约责任。

　　思考:法定解除权宜采取何种方式行使?

　　分析:本案的关键问题有二:一是自然灾害是否构成不可抗力;二是非工作时间内到达的短信是否构成有效达到。由于列车是 24 小时运行,因此,铁路旅客接收短信的时间并不能以自己的工作时间为限,而应以铁路部门的工作时间(24 小时)为准。

　　提示:原告作为铁路旅客,不能仅仅站在自己的角度思考问题,还需要从铁路部门的角度来思考问题。

第六节　合同的变动

一、合同变更

　　合同变更是指合同内容或者主体的变化。合同变更分为合同内容的变更和合同主体的变更。合同内容的变更是指合同主体不变但内容发生变化的合同变更形态。合同主体的变更是指合同内容不变但合同主体发生变化的合同变更形态。合同主体的变更无论是合同债权人的变更还是合同债务人的变更,都将产生合同权利或者义务的转移,因此,合同主体的变更实际上就是合同权利义务的转移,因此,合同主体的变更也称为合同的转让,可以分为债权让与、债务承担和权利义务的概括转移三种情形。合同转让,可以基于法律规定而发生,也可以基于当事人的约定而发生,还可能基于裁判机关的裁判而发生。

(一)内容变更

　　合同内容的变更,可基于法律规定产生,也可基于当事人的意思产生。例如,因重大误解或者显失公平而导致合同可撤销或者可变更的,当事人行使变更权导致的合同变更,便是基于法律规定而产生的变更。合同法理论上所称的合同变更,如果没有特别说明,仅指基于当事人意思而产生的合同变更。

　　合同变更为新的合同,符合合同生效要件,即对当事人产生法律效力,当事人必须按照变更后的合同约定享有权利,履行义务。

(二)债权让与

　　债权为权利的一种,属于债权人财产性权利。债权为财产性权利,当然具有可交易性,可以成为交易的客体。债权让与,是指债权人将债权全部或者部分转让于第三人享有的情形。债权人称为让与人,第三人称为受让人。

例如,刘备于 2011 年 1 月 1 日向曹操借款 100 万元,约定 2014 年 10 月 1 日前全部偿还。2012 年 12 月 1 日,曹操将该 100 万元债权以 90 万元的价格转让于孙权。在该债权让与案例中,涉及三个概念:一是产生债权的合同,称为债权的原因行为,在本案中为刘备与曹操之间的借款合同;二是债权让与合同,在本案中为曹操与孙权之间订立的债权买卖合同;三是债权让,在本案中为曹操基于与孙权订立的债权买卖合同将债权让与孙权的法律事实。在本案中,刘备与曹操之间的借款合同如果无效或者被撤销,则显然会影响到曹操与孙权之间债权买卖合同的效力;曹操与孙权之间债权买卖合同无效或者被撤销,则显然会影响到曹操将债权转让于孙权的效力。

债权人为什么要将自己的债权让与第三人,显然必定存在一定的原因。债权让与的原因可能是:(1)债权买卖,例如,上述案件中的曹操将债权出卖与孙权;(2)债权收取,例如,债务人刘备欠债权人曹操 100 万元久未偿还,曹操将该债权让与刘备之十分害怕的孙权,孙权很容易向刘备收取欠款;(3)债权赠与,例如曹操将刘备欠自己的 100 万元债权赠与孙权。

债权让与,是否需要经得债务人同意,各国立法有三种不同的立法例:

一是自由让与主义。按照此种立法规定,债权让与无须债务人同意,而且也不以通知债务人为生效要件。

二是通知生效主义。按照此种立法规定,债权让与不需经得债务人同意,但不通知债务人,债权让与对债务人不生效。

三是债务人同意主义,按照此种立法规定,债权让与必须经得债务人同意,否则不生效。

自由主义有利于债权交易,但有忽视债务人利益的嫌疑;债务人同意主义有利于保护债务人的利益,但有忽视债权人利益,不利于债权交易的弊端;债务人同意主义较好地兼顾了债权人和债务人利益,有利于促进债权交易。《合同法》第 80 条规定,"债权人转让权利的,应当通知债务人。未经通知,该转让对债务人不发生效力"。

债权让与合同生效后发生债权转移的效力,即债权由债权人转移至受让人,第三人取得债权人的地位成为债权人。债权全部转移的,受让人单独成为债权人,债权部分转移的,受让人与债权人一同成为债权人。债权让与后,债权由债权人转移至受让人,受让人成为新债权人承继原债权人的法律地位,债权的同一性不变。附属于债权的从权利亦随同转移。

债权让与后,债权人应当将债权证明文件等交付与受让人,并告知债权行使的一切必要情况。债权证明文件包括行使债权所必要的一切文件资料。行使债权的一切必要情况包括但不限于债务人的住所地、债务履行地、履行期、债权成立证人、保险单、完税证、商业账簿之记载、可能存在的债务人抗辩等。❶

(三)债务承担

债务承担,是指债务全部或者部分转移于第三人承担的现象。债务承担与履行承担不同。履行承担是债务人和承担签订协议,约定由承担人向债权人履行全部或者部分债务。履行承担人对债权人并不负直接清偿责任,而债务承担人则直接对债权人负债清偿责任。债务承担可以区分为两种情形:

---

❶　韩世远. 合同法总论[M]. 北京:法律出版社,2004:558.

1. 免责的债务承担

免责的债务承担是指第三人取代债务人而向债权人承担全部债务,债务人从债的关系中退出来。免责的债务承担一经生效,承担人就取代原债务人而成为新债务人,对债务承担履行责任。原债务人对债权人不再负有债务,也不对承担人的清偿能力负担保责任。承担人成为新债务人后,取得原债务人基于原债的关系而对债权人所享有的抗辩权。债务承担并不导致诉讼时效中断,也不导致诉讼时效中止。免责的债务承担称为狭义的债务承担。

2. 并存的债务承担

并存的债务承担,又称附加的债务承担,或者重叠的债务承担,是指第三人加入到债的关系而与债务人一起对债权人的债权承担清偿义务。并存的债务承担与保证债务有类似之处,但两者差异在于,保证人相对债务人来说处于从属地位,保证债务为从属债务。并存的债务承担人与原债务人对债权人承担连带责任,两者都是主债务人。并存债务承担合同生效以原债的关系有效存在为前提,原债的关系消灭,债务承担合同自然失效。债务承担合同生效后,债务承担人与债务人之间产生何种法律关系,理论上有不同的看法,有的认为产生连带责任,有的认为产生不真正连带债务(责任)。

(四)概括转移

合同权利义务的概括转移,也称合同权利义务的一并转让,是指合同当事人一方将自己所享有的合同权利,所负担的合同义务全部或者部分转移与第三人。合同权利义务全部转移的,原当事人退出合同关系,第三人成为新当事人;合同权利义务部分转移的,当事人与受让人共同享有合同权利,负担合同义务。合同原当事人与新当事人之间对于合同权利义务有份额约定的,按照约定享有权利和负担义务;没有约定的,则视为连带之债。合同权利义务的概括转移可以基于法律规定而产生,也可以基于当事人之间的约定而产生。合同权利义务,基于法律规定而概括转移的,称为法定概括转移;基于当事人的约定而转移的,称为意定概括转移。概括转移与债权让与、债务承担不同,凡依附于原当事人的一切权利义务,包括追认权、选择权、解除权、撤销权等都随同转移于新的合同当事人。概括转移可以区分为两种情形:

1. 合同承受

合同承受,又称合同承担,是指合同当事人一方将其合同权利义务全部转移于第三人,第三人承受其合同地位,享受权利并承担义务。合同承受既可因法律规定而产生,也可因当事人约定而产生。合同承受为合同权利义务的承受,因此,只适用于双务合同,对于单务合同来说,只可能有债权让与或者债务承担,不可能产生概括转移。合同承受必须经得对方同意,否则不产生合同承受的法律效力。

2. 企业合并

企业合并,即几个企业合并为一个企业。企业合并产生债权债务的概括转移。企业合并所导致的概括转移属于法定转移,并不需要经得相对人的同意。《公司法》第175条规定,"公司合并时,合并各方的债权、债务,应当由合并后存续的公司或者新设的公司承继"。第174条规定,"公司合并,应当由合并各方签订合并协议,并编制资产负债表及财产清单。公司应当自做出合并决议之日起10日内通知债权人,并于30日内在报纸上公告。债权人自接到通知书之日起 30 日内,未接到通知书的自公告之日起 45 日内,可以要求公司清偿债务或者提供相应的担保"。

二、合同解除

(一)合同解除的界定

合同解除,是指当事人根据法律的规定而享有的单方解除合同的权利。根据合同解除的原因不同,可以区分为法定解除和约定解除,前者是依据法律的规定而解除合同,后者是依据合同的约定而解除合同。

合同解除不同于合同撤销、合同的无效。合同撤销或者合同无效解决的是合同效力瑕疵的问题,而合同解除解决的是合同有效成立后因为某种情形而导致合同履行不必要或者不可能的合同关系消灭问题。

合同解除不同于合同终止。合同终止在合同法理论上有两种不同的含义:一是指合同消灭,为合同解除的上位概念;二是指继续性合同关系的终止,此种意义上的合同终止属于与合同解除并列的概念。合同解除与合同终止作为并列概念,两者的区别在于,合同解除导致合同关系消灭的效力溯及既往,即合同自始无效,并不是仅从合同解除时起无效;合同终止是指合同关系仅向将来消灭,合同终止之前的效力不受影响。合同终止适用于继续性合同关系。

合同解除和附解除条件的合同不同。附解除条件的合同当所附条件生效时,合同自动解除,并不需要当事人为解除的意思表示,而合同解除则必须要当事人为合同解除的意思表示。此外,附解除条件的合同解除后,一般仅向将来发生效力。

合同有效成立后,因某种事由出现而导致合同债务不能履行或者履行合同债务已经没有必要时,如果不允许当事人解除合同,则不仅对当事人双方没有益处,而且对于社会来说亦构成不利益,可能影响经济社会发展,甚至损害社会公共利益。因此,在此种情形下有必要赋予当事人合同解除权,以为有效成立但难以履行的合同消灭提供有效的制度路径。

合同解除是为有效成立但难以履行的合同消灭提供制度路径,因此,应当以合同有效成立为前提,或者说是对有效成立合同的解除,而不是对无效等效力瑕疵合同的解除。

(二)合同解除的条件

合同解除的条件有法定条件和约定条件之分。合同解除的法定条件由法律直接规定,合同解除的约定条件由当事人在合同中约定。合同解除的法定条件分为两种情形:一是因不可抗力导致合同目的不能实现;二是违约行为导致对方享有解除权。合同解除的约定条件由当事人约定,只要符合合同生效要件即可发生法律效力。

1. 因不可抗力导致合同目的不能实现

合同生效后因不可抗力导致合同目的不能实现的,当事人享有合同解除权。对此,有学者认为,既然不可抗力导致合同目的不能实现,此时再赋予当事人以解除权,从反面上讲,便是赋予当事人以不解除合同的权利,即保持合同效力的权利。因此,法律规定当事人的解除权实际上没有意义,不如直接规定合同自动解除,也许更好。

2. 违约行为

违约行为导致合同解除产生的情形包括迟延履行、拒绝履行、不完全履行等。迟延履行导致合同解除权产生的具体条件为：

一是当事人迟延履行主要债务。对于主要债务，理论上有两种不同的理解：第一，主要债务是指给付义务；第二，主要债务是指实现合同目的所必须履行的义务。

二是经催告在合理期限内未履行。催告为意思通知，并非意思表示，解除合同通知为意思表示。催告不能包含解除合同的意思表示，但解除合同可以包含催告的意思。当事人拒绝履行合同债务的，债权人可以不经催告而直接解除合同。债务人部分履行债务导致合同目的不能实现的，债权人享有合同解除权。

3. 其他情形

除不可抗力和违约行为外，《合同法》对法定解除的条件设有兜底性条款，规定了其他情形可以导致合同解除权的产生。

（三）合同解除的程序

合同解除权的行使以合同解除权的存在为前提。没有解除权就不存在合同解除权的行使问题。解除权如果系因不可抗力导致合同目的不能实现而产生的，则任何一方当事人都享有解除权。合同解除权如果系因违约行为而产生，则仅非违约方享有合同解除权。约定解除权的主体根据合同的约定确定。合同解除权为形成权，权利人以单方意思表示的方式为之。合同解除权的行使可以通过诉讼方式，也可以采用非诉讼方式。

（四）合同解除的效力

合同解除后发生何种法律效力，理论上有不同的观点。直接效果说认为，合同解除发生溯及既往的效力，尚未履行的债务不再履行，已经履行的债务发生返还请求权。间接效果说认为，合同解除并不导致合同关系消灭，仅是使合同的作用受到阻止。对于尚未履行的债务来说发生履行抗辩权，对于已经履行的债务来说发生新的返还债务。折中说认为，对于尚未履行的债务而言，发生与直接效果说相同的效果，即自解除时归于消灭；对于已经履行的债务而言，发生与间接效果说相同的效果，即已经履行的债务并不消灭，仅发送新的返还债务。债务关系转换说认为，合同解除导致合同关系变形，转换为原状恢复债权关系，未履行的债务转化为原状恢复债权关系的既履行债务而归于消灭，已履行的债务转化为原状恢复债权关系的未履行债务，经过履行而消灭。清算了结认为，合同解除的效果，并不是基于法律规定而产生，而是基于单方行为而产生。合同解除仅仅变更了原合同关系，将原合同的债债权债务关系变更为清算关系。

合同解除后，尚未履行的债务，不再履行；已经履行的债务，根据履行情况和合同的性质，当事人可以采取恢复原状和其他救济措施进行救济。合同解除对于继续性合同，原则上无溯及力，对于一次性合同有溯及力。

（五）合同解除的异议

《合同法》第 96 条规定，"当事人一方依照本法第九十三条第二款、第九十四条的规定主张解除合同的，应当通知对方。合同自通知到达对方时解除。对方有异议的，可以请求人民法院或者仲裁机构确认解除合同的效力"。《合同法司法解释（二）》第 24 条规定，"当事人对合同法第九十六条、第九十九条规定的合同解除或者债务抵销虽有异议，但在约定的异议期限届满后才提出异议并向人民法院起诉的，人民法院不予支持；当事人没有约定异议期间，在解除合同或者债务抵销通知到达之日起三个月以后才向人民法院起诉的,人民法院不予支持"。

三、债的消灭

债的消灭,是指基于合同产生的债权债务关系终止。合同产生债,合同关系的消灭当然导致债权债务关系消灭。导致合同债权债务消灭的事由有抵销、提存、免除、混同等。

(一)抵销

抵销,又称抵充,是指互负同种类债务的当事人以自己的债权冲抵对方的债务,从而使各自的债务在对等数额范围内消灭的情形。例如,刘备欠曹操200万元,曹操欠刘备300万元,刘备向曹操主张200万元的债权相互抵销。在抵销中,有两个债权或者说债务,提出抵销的债权称为主动债权,被动抵销的债权称为被动债权。抵销有法定抵销和约定抵销之分。法定抵销是指依据法律规定的抵销。约定抵销是指互负债务的当事人通过订立合同而抵销债权,从而使债权债务关系消灭的情形。约定抵销属于契约行为,由当事人合意为之,不需要法律规定,由当事人自由商定。

抵销作为债权债务关系消灭的法定原因,主要就有两方面的功能:

一是简化债的履行手续。因为抵销避免了双重履行,方便了履行程序,有效地降低了交易成本。

二是债权保护功能。抵销的债权保护功能,在被动债权人履行不能或者破产债权中尤为明显。

通过抵销,主动债权相对于其他债权来说优先得到了履行。

法定抵销的要件为:一是双方互负债务,互享债权,且给付种类相同;二是主动债权履行期届至且有实现的可能性。被动债权已可以清偿。抵销对法定债权和被动债权的要求不同。被动债权已过诉讼时效时,主动债权可以抵销;反之,主动债权已过诉讼时效,则不得抵销。被动债权让与第三人,主动债权人获得让与通知时可以向受让人主张抵销。

根据法律规定或者债权性质不可以抵销的债权不得抵销,主要包括:

一根据债务性质非清偿无法实现债权目的的不作为债务不得抵销。例如,刘备急需为刘禅筹集学费,故将家里仅有的一幅名画交予孙权以不低于100万元的价格出售。孙权出售画后获得价金110万元后,主张将该110万元与刘备欠自己90万元的债务相抵销。

二是劳务债务不可抵销。

三是与人身不可分离的债务不得抵销,例如,退休金债权等。

四是抵销不得违反公序良俗原则。例如,刘备欠曹操100万元久不归还。曹操一怒之下将刘备痛打一顿,导致刘备为此花费医疗费60万元,曹操不得主张抵销。

五是特别约定的向第三人给付的债务不得抵销。例如,刘备向曹操借款100万元并约定到期后刘备将所借钱款交付给孙权。履行期届至后,孙权向刘备主张债权,刘备不得主张自己对曹操享有80万元的债权而要求抵销。

抵销的行使由主动债权人向被动债权人为意思表示的方式为之。由于抵销并非纯受利益的法律行为,所以主动债权人为抵销意思表示时必须具有完全行为能力,否则,限制行为哪里人未获得法定代理人同意而为抵销的意思表示无效。

(二)提存

提存,是指债权人无正当理由而拒绝受领履行或者因为下落不明而导致债务人无法向债权人履行债务时,债务人可以将履行标的物交由有关机关保存,从而导致自己与债权人之间的债权债务关系消灭的情形。提存是为保护债务人而构建的制度,目的在于使债务人能够早日摆脱债务的压力,消除不安状态。

对于提存的性质,理论上有公法契约说和私法契约说两种不同的观点。公法契约说认为,提存导致债权人与提存机关之间产生公法契约,私法契约说认为,提存导致债权人与提存机关之间产生私法契约,即提存机关是标的物的保存者,对债权人承担保管人的义务。

提存以债权人无正当理由拒绝受领履行或者债权人下落不明导致债务人不能履行债务未前提。债权人死亡继承人难以确定或者继承人为数人而对谁享有债权的继承权发生争议而导致债务人无法履行债务时,债务人亦可提存。提存的标的必须适合于提存,一般为金钱或者容易保管的物品。不动产虽然能够保管,但不能提存。

债务人依法将标的物提存后,发生如下效力:

一是提存人与提存机关之间的关系适用于一般保管合同的规定。提存原因消灭后,在有利于债务人履行债务的前提下,应当允许债务人取回提存物,提存法律关系消灭。

二是提存人和债权人之间的关系:第一,发生债务清偿的效力;第二,标的物风险转移,提存期间,标的物意外灭失的风险由债权人负担;第三,提存费用由债权人负担。

三是提存机关与债权人之间的关系:第一,提存机关对债权人负有保管义务,应当尽到善良管理人的注意义务,妥善保管提存标的物;第二,从提存之日起超过20年而债权人未认领的,视为无主物;第三,对不宜保管的标的物,提存机关可以依法处置,而保存价款;第四,提存有关费用由债权人承担。

(三)免除

免除,是指债权人以消灭债权为目的向债务人为放弃债权的意思表示。免除是从债务人的视角而言的,是指免除债务人的债务,相对于债权人来说,免除为债权的抛弃,即债权人抛弃自己的债权。

对于债务的免除,是否需要经得债务人的同意才生效,或者说,对于免除的法律性质,各国有契约说和单独行为说两种不同的立法例。单独行为说认为,权利人在不损害他人权益的前提下,可以自由处分自己的权利,权利人对自己权利的积极抛弃或者消极不行使,法律均不干涉。债权为债权人权利的一种,债权人当然可以自由处分,只要不损害他人权益即可。因此,免除应当为单独行为,只需债权人单方意思表示即可,不需要经得债务人的同意。契约说认为,债权人抛弃债权从法律的视角来说虽然没有对债务人的权益构成任何损害,但是,从法律上来说,任何人均不得强迫他人受益。债务免除如果不需经得债务人同意,不仅剥夺了其意思自主,而且也是对其独立人格的不尊重。此外,从现实生活常情来说,债权人抛弃债权对债务人来说构成情感负担,情感债并不比利益债轻。因此,债权人抛弃债权如果未经得债务人的同意,对债务人来说构成情感上的不利益,不一定符合债务的意愿。《合同法》第105条规定,"债权人免除债务人部分或者全部债务的,合同的权利义务部分或者全部终止"。由于本条并没有关于免除需要当事人达成合意的字样,显然是采用单独行为说。

免除作为法律行为的特征为：

一是免除为处分行为。免除作为处分行为，不仅要求行为人对被抛弃的债权拥有处分权，而且需要行为具有完全行为能力。由于免除不需要债务人为意思表示，对其来说属于纯受益的行为，故不需要债务人具有行为能力。

二是免除为无偿行为。债权人免除债务人的债务并不因此而取得任何利益，因此，免除为无偿行为。债务人如果需要为债务免除付出代价，则免除行为不成立。

三是免除为无因行为。债权人为什么免除债务人的债务，或者说债权人抛弃债权的原因，法律在所不问。当然，法律虽然对债权人抛弃债权的原因不问，但实际上，债权人抛弃债权肯定有原因。例如，或者为赠与，或者和解等。免除为非要式行为。免除的意思表示并不需要以特定方式为之，因此，免除为非要式行为。

免除作为单独行为，虽然不需要债务人为同意的意思表示，但是，免除的意思表示必须向债务人或者其代理人做出，债权人向债务人或者其代理人以外的第三人为债权抛弃的意思表示，不生债务免除的效力。免除的意思表示可以书面方式做出，例如，债权人与债务人签订免除债务的合同或者向债务人交付免除证书。免除的意思表示也可以行为的方式做出，例如，债权人将债权凭证交付与债务人。

免除可以是全部免除，也可以是部分免除，既可以附条件，也可以附期限。例如，债权人和债务人约定，债务人在 2014 年 3 月 1 日偿还所有本金债务，即可免除所有利息债务。债务免除一般为无偿行为，但也可以是有偿行为。例如，房屋出租人与承租人约定，承租人如果提前一周返还租赁房屋，则免除其到期而未支付的租金。

免除导致债权债务关系绝对消灭的效力。基于主债务的从债务，如利息债务、保证责任等一并消灭。但是，债权人免除保证债务的，主债务并不消灭。债权人仅免除连带债务中某一债务人的债务的，对其他债务人不发生债务免除的效果，但对于该债务人分担的部分，其他债务人可以债权人免除为由进行抗辩，对该被免除的部分不再承担连带责任。

免除债务人的债务不得损害第三人利益。例如，对于已经质押的债权，债权人如果为债务免除的意思表示，则该意思表示对质权人不生效。

免除为单独行为。债权人一旦做出免除的意思表示且生效后，即产生债务免除的后果，不得撤回。债务免除后，债权人对债务人负有债权证书的返还义务。

对于将来的债务是否可以免除的问题，理论上有肯定和否定两种学说。肯定说认为，将来债务的免除无非是免除的意思表示附期限生效，并无不可。否定说认为，免除将来的债务无异禁止将来发生债务，有违公序良俗原则，应当无效。

（四）混同

混同，是指债权与债务同归于一人的现象。除了债权债务的混同外，民法上有两种混同：一是所有权和他物权的混同；二是主债务和保证债务的混同。混同作为法律事实并非行为而属于事件。关于混同的性质，理论上有不同的观点。履行不能说认为，由于任何人都不能向自己履行债务，因此，当出现债权和债务同归于一人时，仅仅是导致债务履行不能，而并不导致债权债务关系消灭。清偿说认为，混同发生清偿的法律效果。目的实现说认为，债权人的债权因混同而实现了债权目的。债权要素说认为，债权的存在以债权人和债务人为不同主体为前提。混同导致债权人和债务人成为一人，欠缺债的要素，因此当然消灭。

混同可以区分为自然人债权债务的混同和法人债权债务的混同。自然人债权债务的混同发生在债务人为债权人的继承人继承债权人的债权人情形。例如,刘禅向刘备借款 100 万元,刘备死后,刘禅成为刘备的唯一继承人。刘备与刘禅之间的债权债务关系消灭。法人债权债务的混同主要发生在债权人和债务人合并的情形。例如,蜀国公司欠魏国公司 1 000 万元,未到履行期,魏国公司与蜀国公司合并,债权和债务归于同一主体。魏国公司与蜀国公司之间的债权债务关系消灭。此外,债权人承受债务人的债务或者债务人受让债权人的债权,亦发生债权债务的混同,合同关系因此终止。

《合同法》第 106 条规定,"债权和债务同归于一人的,合同的权利义务关系终止,但涉及第三人利益的除外"。合同涉及第三人利益的情形主要有:一是为第三人提供质押的债权不因混同而消灭。二是票价债权债务不因混同而消灭。

债权人和债务人结婚的,是否导致债权债务关系消灭,法律没有明确规定,但从婚姻法对夫妻人格平等的规定来看,应当可以推出结婚不能导致债权债务混同。国外有法律规定,债权人和债务人结婚的,导致债务履行不能,诉讼时效中止。一旦夫妻离婚,债权债务关系自行恢复。

第七节　合同的类型

一、立法类型

《合同法》对合同类型的划分,以相互交换的给付和对待给付为依据。合同的给付与对待给付,通常以一方当事人给付金钱,另一方当事人给付财货或者劳务为常态。不同合同类型之间的差异不在于金钱给付,而在于金钱给付所交换的对待给付。金钱给付所交换的对待给付,可以区分为财产和劳务两种类型,据此,合同首先可以划分为财产型合同和劳务型合同。

(一)财产型合同

财产型合同,根据金钱给付所交换的对待给付是财产所有权还是使用权的不同,可以进一步区分为财产转移型合同和财产利用型合同。

1. 财产转移型合同

财产转移型合同,是指当事人约定,一方当事人对相对方当事人负有标的物所有权转移义务,相对人因此而取得标的物所有权的合同。财产转移型合同的特征在于,合同标的为有体物,合同目的在于转移标的物所有权。财产转移型合同包括买卖、赠与、互易三种类型。买卖和赠与合同为现实生活中常见的合同形态,互易合同在现实生活中不多见,一般只在特殊时期或者特殊地域才存在。借款合同,本属于财产利用型合同,但是,从借款合同标的物所有权转移这一点来看,借款合同完全可以归类于财产转移型合同。因此,财产转移型合同包括买卖合同、赠与合同和借款合同三类典型合同。

买卖是商品交换最为基本、最为重要的形式。买卖合同处于典型合同之首的地位,不仅来自现实生活逻辑,而且源自于合同类型划分的精神逻辑。市场交易最为基础的方式是买卖,买卖合同因此成为实务中最为常见的合同类型。从生活逻辑或者说从当事人的视角而言,要使用某标的物,当然最好的方式是买,即订立买卖合同。其次,如果不买,则可以订立租赁合同。如果说买卖合同的买受人以支付金钱为代价获得标的物长期的使用价值,则租赁合同的承租人以支付金钱为代价获得标标的物一定时期的使用价值,因此,从这种意义上来说,租赁合同完全可以视为是买卖合同的一种变种。买卖合同的买受人和租赁合同的承租人两者的差异,仅仅在于拥有标的物的使用时间不一样。再次,如果不租,则可以订立借用合同。借用合同可以视为是特殊的租赁合同,即租金为零的租赁合同。最后,如果不租,则可以订立赠与合同。赠与合同,同样可以视为是买卖合同的变种,即价金为零的买卖合同。现代市场经济社会,一般的民事借用合同在合同实务中已不再具有重要性,在合同实务中具有重要性的是借用合同的变种——有息借款合同,所以,合同法只将借款合同作为典型合同进行规范,而将普通的民事借用合同视为无名合同。有息借款合同既可以视为是借用合同的变种,也可以视为是租赁合同的变种。租赁合同、借款合同和赠与合同以买卖合同为中心,形成了一合同族群。同理,劳务(雇佣)合同、承揽合同都可以视为是买卖合同的变种。劳务合同完全可以视为是买卖合同的一种特殊类型,即以劳动(力)为标的的买卖合同。例如,早期的劳务(雇佣)合同被视为是体力劳动的租赁合同。承揽合同的订做人向承揽人给付一定金钱,以获得某种劳动成果,与买卖合同的买受人给付金钱获得有体物完全类似,所以,无论是从订做人获得标的物的所有权的角度,还是从承揽人提供劳务的角度考察,都可以视为是买卖合同的变种。从合同类型划分的精神逻辑而言,有偿合同在合同类型中居于核心地位,买卖合同在有偿合同中居于核心地位。买卖合同在合同类型中居于核心地位,不仅是体现在所有的合同类型都存在着买卖合同的"影子",或者说可以视为是"特殊"的买卖合同,而且还体现在大多数合同类型是围绕买卖,或者说是为买卖行业服务而发展起来的。

在合同类型中,买卖合同居于最为核心的地位,以买卖合同为中心,以租赁合同、借款合同、劳务(雇佣)合同、承揽合同和赠与合同等五种合同为骨架,以其他合同为枝叶,形成一个枝繁叶茂、众星捧月、逐渐向外发散的开放的合同形态系统。在这一合同类型体系中,租赁合同、借款合同、劳务(雇佣)合同和承揽合同以买卖合同为中心,形成有偿合同族群。赠与合同则成为无偿合同的典型,除此之外,无偿合同这一合同族群还包括无偿劳务合同(例如无偿委任合同)、无息借款合同等。

2. 财产利用型合同

财产利用型合同,是指当事人约定,一方当事人对相对方当事人负有将自己的财产供另一方当事人使用的义务的合同。当事人订立财产利用型合同的目的,在于取得财产的使用权。当事人欲利用他人财产,并不以合同这一制度工具为限,可以在他人之物上设立用益物权。用益物权和财产利用型合同就使用他人之物这一点功能相同,但法律性质完全不同,一为物权制度,一为债权制度。财产利用型合同与用益物权制度功能上的相似,可以说在一定程度上催生了债权物权化。财产利用型合同的特征在于,合同标的为有体物,当事人订立合同的目的在于利用他人财产。财产利用型合同在传统民法理论上包括租赁合同、使用借贷合同和消耗借贷合同。租赁合同包括一般租赁合同融资租赁合同。《合同法》对财产利用型合同规定了三种类型,即租赁合同、融资租赁合同和借款合同。借款合同由于产生标的物所有权转移的后果,因此,也被归类于财产转移型合同。因此,财产利用型合同包括租赁合同和融资租赁合同两类典型合同。

(二)劳务型合同

劳务型合同是指金钱给付的对等给付为劳务的合同。

劳务型合同的劳务可以依据不同的标准进行分类：

一是依据劳动的复杂程度，可以区分为低级劳务和高级劳务。对于低级劳务的提供者来说，一般是听命于劳务受领人指挥，按照受领人的指示办理，自己基本上没有独立发挥的余地。高级劳务的提供者，虽然还是需要听命于劳务受领者，但自己有相当程度的自主性和独立性，甚至还具有领导性。

二是依据劳务的受领者是否注重劳务成果，可以区分为单纯的行为型劳务和成果型劳务。行为型劳务的特点在于劳务提供者只要提供了劳务，就算履行了义务；成果型劳务的特点在于受领者不仅注重劳务提供者完成劳务的过程，还特别注重劳务成果。劳务成果如果为物化的成果，犹如买卖合同出卖人提供的标的物，必然会产生如买卖合同标的物所面临的同样问题。例如，瑕疵担保责任、标的物的风险负担、所有权的转移（归属）等问题。

三是依据劳务是否存在专业性，劳务可以区分为专业劳务和普通劳务。专业劳务的提供者一般需要具备相应的专业资格，普通劳务的提供者并不需要专业资格。专业劳务提供者需要相应专业资格，就涉及相关公法问题。

四是依据劳务是否存在对价，可以区分为有偿劳务和无偿劳务。劳务合同因此就可以区分为有偿劳务合同和无偿劳务合同。

此外，现代社会强调劳动者权益保护，劳务合同已从雇佣合同中分离，超出民法范畴。劳务的复杂性，决定了劳务型合同分类的繁杂，从而导致劳务型合同体系化存在困难，或者说，此种劳务型合同与彼种劳务型合同区分困难。劳务合同的基本类型有行为型劳务合同和成果型劳务合同，位于这两种类型中间的为技术型劳务合同。技术型劳务合同与行为型劳务合同的不同之处在于，技术型劳务合同有成果；技术型劳务合同与成果型劳务合同的不同之处在于，技术型劳务合同的成果为智慧型成果而非物化型成果。

1. 劳务行为型合同

劳务行为型合同，是指当事人在合同中约定，一方当事人向另一方当事人提供特定劳务行为的合同。劳务行为型合同范围非常广泛，种类繁多，在诸多劳务行为型合同中，比较典型的合同有雇佣、委托、保管、运输、行纪、居间、旅游服务、医疗服务合同等。

运输合同，是指当事人在合同中约定，一方当事人将另一方当事人或者另一方当事人的货物运输至某地点，另一方当事人支付约定费用的合同。《合同法》第 288 条规定，"运输合同是承运人将旅客或者货物从起运地点运输到约定地点，旅客、托运人或者收货人支付票款或者运输费用的合同"。在运输合同中，承担运输任务的当事人称为承运人，将旅客或者货物交由承运人运输的当事人称为托运人，而按照运输合同约定，从承运人处接收货物的第三人称为收货人。对于运输合同的承运人是否必须以特定运输工具为必要，或者说，当事人以人力搬运物品或者人身（例如背他人过河），是否构成运输合同，理论上有两种不同的看法：一种认为构成承揽合同或者雇佣合同；另一种观点认为构成运输合同。❶ 公共运输具有社会公益性，相对于托运人而言，承运人负有强制缔约义务。《合同法》都 289 条规定，"从事公共

---

❶　余延满. 合同法原论[M]. 武汉:武汉大学出版社,2000:646.

运输的承运人不得拒绝旅客、托运人通常、合理的运输要求"。运输合同根据运输方式的不同,可以区分为铁路运输合同、公路运输合同、航空运输合同、水上运输合同、海上运输合同和管道运输合同。

2. 劳务成果型合同

劳务成果型合同,是指当事人在合同中约定,一方当事人向另一方当事人提供特定劳务,以完成一定工作成果的合同。劳务行为型合同与劳务成果型合同相比主要特征在于:第一,合同标的为特定劳务行为,而非劳务行为成果;第二,多数劳务行为型合同的当事人之间具有人身信任关系,因此,劳务行为型合同通常不得由他人代为履行;第三,劳务行为型合同通常具有较强的人身关系,因此,通常不能适用强制履行的违约责任形式。劳务成果型合同与劳务行为型合同相比核心差异在于,合同标的为特定劳务行为的工作成果。因此,当事人如果在劳务行为型合同中约定当事人履行劳务的行为必须到达某种效果,则变为劳务成果型合同。例如,刘备请诸葛亮辅导刘禅的学习,约定刘禅考上985高校,则给予诸葛亮30万元的报酬。此种合同即为劳务成果型合同。

二、学理类型

(一)无偿合同

根据当事人取得权利是否需要支付相应对价为标准,合同可以区分为有偿合同和无偿合同。有偿合同,是指当事人取得权利必须支付相应对价的合同;无偿合同,是指当事人取得权利并不需要偿付一定代价的合同。例如,刘备借100万元给孙权,不需要孙权支付利息。刘备与孙权所签订的借款合同即为无偿合同。有偿合同和无偿合同区分标准的"对价"并不以财产给付为限,一方当事人给付财产利益,另一方当事人劳务义务,亦构成对价。无偿合同的一方当事人虽然不需要向对方偿付代价,但并不是不承担任何义务。有些无偿合同,当事人也需要承担义务。例如,附义务的赠与合同,受赠人也需要承担一定的义务。有偿合同和无偿合同,有些由合同性质决定,有些由当事人意志决定。例如,买卖合同必定是有偿合同,而赠与合同必定是无偿合同。此外,保证合同也是无偿合同。委托合同、保管合同、借贷合同则可以是有偿合同,也可以是无偿合同。

无偿合同和有偿合同区分的法律意义主要体现在:

第一,合同主体要求不同。有偿合同要求合同主体具有相应的行为能力,否则合同效力瑕疵。无偿合同,特别是纯受益的无偿合同,对受益方当事人的行为能力没有特别限制,无行为能力人,限制行为能力人,都可以作为受益方当事人订立纯受益的无偿合同。

第二,注意义务不同。有偿合同当事人需对相对人负较高注意义务,应当对故意和一切过失负责。无偿合同的当事人仅负较轻的注意义务,对故意或者重大过失负责。

第三,债权人的撤销权不同。债务人如果将其财产无偿转让于第三人而对债权人的债权实现构成损害的,债权人可以行使撤销权。债务人如果将其财产有偿转让于第三人而对债权人的债权实现构成损害的,则只有当转让价格明显不合理且受让人故意时,债权人才可行使撤销权。

第四,返还义务不同。无权处分人通过有偿合同将财产转让于第三人,第三人善意取得该财产的,原则上不负返还义务。无权处分人通过无偿合同将财产转让于第三人,第三人是否善意与否均负返还义务。

第五,当事人误解后果不同。有偿合同的当事人有误解的,不一定对合同效力产生影响。无偿合同的当事人误解的,可以撤销合同。

第六,解释规则不同。有偿合同应当按照公平原则解释当事人双方之间的权利义务。无偿合同应当按照有利于债务人的原则进行解释。

第七,有偿合同如果法律没有特别规定,准用买卖合同的相关规定。

无偿合同在合同法中为特殊合同。无偿合同的特殊性除体现在与有偿合同的区别外,还体现在如下几个方面:

第一,无偿合同必为民事合同。商事合同中的赠与,并非真正的赠与,而仅仅是经营者吸引消费者的一种促销手段。

第二,无偿合同一般为要物合同。例如,《合同法》第 210 条规定,"自然人之间的借款合同,自贷款人提供借款时生效"。第 367 条规定,"保管合同自保管物交付时成立,但当事人另有约定的除外"。《合同法》如此规定的法理基础在于无偿合同的要物性。

第三,无偿合同的一般为要式合同。

第四,无偿合同的债务人相对于有偿合同的债务人来说,一般享有履行拒绝权。例如,赠与合同中,赠与人有任意撤销权或者法定撤销权。无偿委托合同中双方当事人有任意解除权。借贷合同的贷与人有任意撤销权。

第五,无偿合同既不能类推适用有偿合同的规定,也不能类推适用无偿合同的规定。❶

合同法规范的重点是有偿合同而非无偿合同。合同法的主要任务在于维护交易秩序和交易安全,因此,合同法规范的主要对象为交易行为。合同法对于非严格意义交易行为的无偿合同的进行规范的重点主要在于缓和合同的拘束力和减轻债务人的责任方面。

(二)单务合同

根据当事人是否互负给付义务为标准,合同可以区分为单务合同和双务合同。单务合同,是指仅当事人一方负给付义务的合同,如银行存款合同。双务合同是指当事人双方互负给付义务的合同。双务合同的特点在于,一方当事人的给付义务相对于另一方当事人来说就构成权利,反之亦然。单务合同只有一方当事人负有给付义务,另一方不负有给付义务,但并不意味着其不需要负担任何义务。例如,附负担的赠与合同,受赠人依约定承担某种负担义务,并不改变赠与合同的单务合同性质。

单务合同和双务合同之外存在不完全双务合同。不完全双务合同,是指双方当事人虽然互负债务,但两者的债务并构成给付和对待给付的关系。例如,无偿的委托合同,委托人为受托人处理事务,为给付义务,受托人向委托支付处理委托事务所需要的相关费用的义务,此种义务与处理委托事务并不构成对待给付关系。不完全双务合同与双务合同构成双方负担合同。

单务合同和双务合同区分的法律意义主要体现在:

第一,双务合同适用同时履行抗辩权,先履行抗辩权和不安抗辩权规则,单务合同不存在此种抗辩权问题。

---

❶ 宁红丽. 无偿合同:民法学与社会学之维[J]. 政法论坛,2012(1).

第二，风险负担不同。双务合同因不可归责于双方当事人的原因而不能履行时，发生风险负担问题。风险负担根据合同类型不同，或采取交付主义，或采取合理分担主义，或采取债务人主义。单务合同因不可归责于双方当事人的原因而不能履行时，由债务人承担。

第三，合同解除。单务合同原则上不适用违约解除合同的规定。

(三)要物合同

根据合同成立除意思表示外是否还需标的物的交付，合同可以区分为要物合同与诺成合同。要物合同，又称实践合同，是指除意思表示一致外，还需标的物的交付或者完成其他给付的合同。《合同法》关于要物合同的规定主要体现在第 210 条"自然人之间的借款合同，自贷款人提供借款时生效"和第 367 条"保管合同自保管物交付时成立，但当事人另有约定的除外"的规定上。从条文所使用的字眼来看，第 210 条使用"生效"而第 367 条却使用"成立"，由此可见，《合同法》的立法者对标的物交付为合同成立要件还是生效要件摇摆不定。

对于要物合同的价值或者说要物合同在当今社会是否还有存在的必要，理论上有肯定和否定说两种不同的见解。肯定说认为，法律规定要物合同的目的是基于无偿性考量，即对于无偿合同而言，利益出让方当事人仅仅因为一个允诺就负担给付义务而没有任何补偿的情形下，要被强制执行既不符合人性也不公正。法律将无偿合同规定要物合同的目的在于让利益出让方当事人在合意达成后仍然有反悔的机会，以求达到双方利益的平衡。否定说认为，要物合同乃是历史的产物，虽然的历上曾经发挥过作用，但在当今社会已无存在价值。有学者指出，"民法规定之要物行为，因为背负历史之包裹，以致不切实际。要物行为之精华早已遁离民法"。❶ 要物合同赋予利益出让方当事人在标的物交付前有单方毁约权，虽然强化了利益出让方当事人的权益保护，但却忽视了相对方当事人的权益保护，因为相对方当事人基于对利益出让方当事人允诺的信赖，完全有可能产生信赖利益。利益出让方当事人如果不按照约定履行合同，将极有可能造成向对方当事人信赖利益损失。

(四)要式合同

根据合同成立是否必须采取特定形式，合同可以区分为要式合同和不要式合同。要式合同是指当事人依据法律规定必须采取特定形式订立的合同。要式既可以指普通书面形式，也可以指特定书面形式，例如，登记、审批、公证、鉴证等特殊形式。

要式合同中的"要式"为合同成立要件还是生效要件，理论上存在争议。成立要件说认为，按照法律规定，合同订立必须采取特定形式而未采取的，合同不成立；生效要件说认为，按照法律规定，合同订立必须采取特定形式而未采取的，合同成立但不生效。有学者认为，法律所规定的形式，在效力上不尽一致。某些要式合同，不具备法定形式则合同不成立；有的要式合同，不具备法定形式只是不生效或仅仅不能向法院诉请强制执行。❷

基于合同自由原则，现代合同以不要式为原则，要式合同只有法律特别规定时才采用。《合同法》第 10 条规定，"法律、行政法规规定采用书面形式的，应当采用书面形式。当事人约定采用书面形式的，应当采用书面形式"。因此，要式合同可以区分为法律规定的要式合同和当事人约定的要式合同。要式合同相对于不要式合同来说，或者说合同形式既具有积

---

❶ 曾世雄. 民法总则之现在与未来[M]. 北京：中国政法大学出版社，2001：174.
❷ 崔建远. 合同法总论(上卷)[M]. 北京：中国人民大学出版社，2011：67.

极作用,又具有消极作用。积极作用在于有利于交易安全,减少纠纷的发生,消极作用在于增加了缔约成本,在一定程度上限制了合同自由。

(五)射幸合同

根据缔约时合同的法律效果是否确定,合同可以区分为实定合同和射幸合同。实定合同是指缔约时合同的法律效果已经确定的合同,射幸合同是指缔约时合同的法律效果不能确定的合同。射幸合同与实定合同相比,两者的主要差异在于,射幸合同并不从等价方面衡量合同是否公平,而主要从是否违反公序良俗原则、是否自愿、是否会激发人们不正常的赌博心理等方面衡量合同是否有效的问题。

射幸合同的法律特征为:

第一,射幸性。射幸性也称机会性,即未来不确定性事件。射幸合同的射幸是指以未来不确定事件作为合同标的。

第二,等价有偿的相对性。等价是指射幸合同当事人双方互负义务,虽然单个射幸合同当事人互负义务明显不对等,但从全体射幸合同而言,仍构成有偿合同的等价性。相对性是指单个射幸合同当事人互负义务明显不对等。

第三,严格适法性。射幸合同的射幸性容易激发人们的投机、赌博心理,从而对社会秩序产生消极影响,因此,各国都对射幸合同进行严格规制。例如,《彩票发行和销售管理暂行规定》第5条规定,"发行销售彩票应当遵循诚信和自愿购买原则,严禁以欺诈方式发行销售彩票,严禁采取任何摊派或变相摊派等强迫性手段发行销售彩票"。

第四,射幸合同一般为附合合同。射幸合同一方当事人的众多性决定了射幸合同通常只能采用附合合同形式,一方面有利于降低缔约成本,另一方面也有利于国家对射幸合同的规制。

射幸合同可以依据不同的标准进行分类:

一是激励型射幸合同和非激励型射幸合同。激励型射幸合同是合同当事人有可能双赢的射幸合同,如律师风险代理合同。非激励型射幸合同是指不具有双赢可能性的射幸合同,如保险合同、彩票合同。

二是商事性射幸合同和民事性射幸合同。商事性射幸合同是指一方当事人为商人,另一方当事人为不特定的社会公众的射幸合同,如保险合同。民事性射幸合同是指当事人双方均为普遍民众的射幸合同,例如一般的打赌合同。

射幸合同的典型类型为保险合同和彩票,除此之外,现实生活中较为常见的射幸合同还有有奖销售、有奖竞猜等。

彩票在我国目前区分为"福彩"和"体彩"两种类型。按照《中国福利彩票管理办法》第2条的规定,福利彩票,是指以筹集社会福利资金为目的而发行的,印有号码、图形或文字供人们自愿购买并按特定规则确定购买人获取或不获取奖金的有价凭证。彩票为射幸合同的理由在于,彩票购买人购买的彩票是否中奖,具有不确定性。对于彩票购买人来说,要么中大奖,要么一无所获。

(六)涉他合同

合同仅为当事人双方合意,原则上不能为第三人确定权利义务。因此,合同以束己合同为原则,涉他合同为例外。束己合同和涉他合同根据合同相对性原则进行的分类。束己合同是指当事人在合同中仅为自己设定权利义务的合同。束己合同严格遵循合同效力相对性原则,第三人既不因合同享有权利,也不因合同而负有义务。涉他合同是指当事人在合同中为第三人设定权利义务的合同。涉他合同可以区分为向第三人履行的合同和由第三人履行的合同两种类型。

1. 向第三人履行的合同

向第三人履行的合同,又称为第三人利益合同或者利他合同,是指当事人在合同中约定,债务人向第三人履行义务。例如,刘备与孙权订立以荆州为标的物的买卖合同,约定孙权将荆州交付与关羽。在该合同中,关羽即为第三人。刘备与孙权之间存在买卖合同关系,基于该合同,孙权与关羽之间虽然没有合同关系,但负有向关羽交付荆州的义务。刘备为什么要求孙权将荆州交付与关羽,必有原因,但这一原因并没有在合同中体现。对于该原因,孙权无须过问,也无权过问。铁路货物运输合同是典型的向第三人履行的合同。

向第三人履行的合同的基本特征在于第三人基于合同取得直接请求给付的权利。当然,如果当事人在合同中仅约定债务人向第三人为给付,但第三人并不因此而取得直接请求给付的权利,则该种合同为"不纯正的向第三人履行合同",也称"经由所谓被指令的交付"。第三人基于合同所取得的权利为债权,且未基于合同直接发生的,并不是由债权人处继受取得。当然,第三人享有直接请求履行的权利并不排斥债权人亦享有同样的权利。

第三人基于合同约定而取得直接请求履行的债权,但此种债权并不当然享有属于债权人的撤销权及解除权。第三人虽然基于合同约定可以取得直接请求履行的权利,但是,当事人要取得此项权利,必须为"受益的意思表示"。第三人一旦为"受益的意思表示",当事人就不能变更或者撤销合同。第三人"受益的意思表示"属于形成权,可构成继承权、代位权的客体。第三人为"受益的意思表示"属于纯受益的行为,原则上可以向合同当事人的任何一方做出。当然,第三人并不受合同的约束,可以通过拒绝的方式不接受合同所约定的权利。

债权人可以基于合同的约定请求债务人向第三人履行。债务人不履行合同债务时,债权人可以请求债务人未向第三人履行的损害赔偿。第三人拒绝受领合同约定的权利时,债权人可以另外指定其他第三人,当然亦可指定债务人向自己履行,但合同有明确约定的除外。在债务人违约的情形下,债权人是否享有合同的撤销权,理论上有不同的见解。否定说认为,如果允许债权人撤销合同,则对第三人不利。肯定说认为,债权人撤销合同对第三人造成损害的,由债权人向第三人承担赔偿责任,因此,法律并无禁止债权人撤销权的必要。

债务人基于合同所生的一切抗辩,都可对抗受益第三人。债务人对第三人所负担的履行债务如果与债权人对债务人所负担的债务构成牵连关系,可以适用同时履行抗辩权。

2. 由第三人履行合同

由第三人履行合同,又称第三人负担合同,或称担保第三人履行的合同,是指当事人在合同中约定由第三人向债权人履行债务的合同。当事人虽然可以在合同中约定由第三人向债权人履行债务,但是,第三人并不受该合同约定的约束,第三人是否向债权人履行债务,有充分的自由决策权。当然,债务人之所以在合同中约定由第三人履行义务,其肯定与第三人之间存在某种关系。第三人未按照合同约定向债权人履行债务,很可能违反其与债务人之间的约定,而需要向债务人承担违约责任。

第三人未按照合同约定向债权人履行债务的,对债权人不承担违约责任,但债务人须为此而向债权人承担损害赔偿责任。此种损害赔偿责任非代为履行责任。因为债务人对债权人并不负债务履行义务。

复习思考题

1. 订立合同有哪几种方式?
2. 要约和承诺区别是什么?
3. 合同有效应当具备哪些要件?
4. 合同无效可能产生哪些后果?
5. 履行合同应当遵循哪些原则?
6. 双务合同履行抗辩权的类型?
7. 代位权、撤销权的构成要件?
8. 合同履行担保方式有哪些?
9. 违约责任的免责事由有哪些?
10. 违约责任的承担方式有哪些?
11. 导致债消灭的事由有哪些?

案例思考题

X公司是一家保险公司,Y公司是一家以经销电脑为主硬件经销商,是X公司的设备供应商。2017年1月20日,X公司向Y公司发出订购10台台式电脑的订单,并提出希望Y公司尽快供货。Y公司对于X公司的订单函没有回复,而是于2月25日向X公司送去10台台式电脑。X公司将这些电脑安装好后投入使用。Y公司是否有权要求X公司付款?

思考步骤:

1. Y公司是否有权要求X公司付款?
问题:X公司和Y公司之间签订的买卖合同是否生效?
2. X公司和Y公司之间签订的买卖合同是否生效?
问题:X公司和Y公司之间签订的买卖合同是否成立?
3. X公司和Y公司之间签订的买卖合同是否成立?
问题:X公司是否向Y公司发出有效要约,或者Y公司是否向X公司发出要约?
4. X公司是否向Y公司发出有效要约,或者Y公司是否向X公司发出要约?
问题:X公司于2017年1月20日向Y公司发出了订购10台台式电脑的订单是否构成有效要约?
5. X公司于2017年1月20日向Y公司发出了订购10台台式电脑的订单是否构成有效要约?

问题:X公司向Y公司发出的订购10台台式电脑的订单缺乏价格条件的订单是否构成有效要约?

6. X公司向Y公司发出的订购10台台式电脑的订单缺乏价格条件的订单是否构成有效要约?

X公司和Y公司之间已经有多次关于电脑的交易行为,说明双方对于价格都已知晓。因此,根据《合同法》的第159条、61条、62条的规定,可以确定为有效要约?

7. X公司向Y公司发出的订购10台台式电脑的订单构成有效要约,Y公司直接将电脑送往X公司是否构成有效承诺?

问题:Y公司直接将电脑送往X公司是否属于以行为方式做出的承诺?

《合同法》第21条规定,承诺应当以通知的方式做出,但根据交易习惯或者要约表明可以通过行为做出承诺的除外。可以认定Y公司是以行为方式做出承诺。

8. Y公司的承诺是否有效?

问题:Y公司的承诺是否是在要约确定的期限内达到要约人?

9. Y公司的承诺是否是在要约确定的期限内达到要约人?

问题:5日内交货是否为合理期限?

10. 5日内是否为合理期限?

如果肯定回答,则构成有效承诺;如果否定回答,则构成新的要约。

11. Y公司直接将10台台式电脑送往X公司的行为如果构成新的要约,则X公司接受电脑并安装的行为是否构成承诺?

X公司将电脑安装使用显然构成有效承诺。

12. X公司和Y公司之间的合同成立后,是否生效呢?

只有生效的合同的才能产生相应的权利义务,当事人才能按照合同的约定请求对方履行相应的义务。

13. X公司和Y公司之间签订的买卖合同是否生效?

问题:是否存在影响买卖合同生效的因素?

没有发现影响合同生效的因素,则合同生效,产生相应的权利义务。

结论: Y公司有权请求X公司支付10台台式电脑的货款。

第三章

铁路运输合同

第一节　铁路运输运同概述

一、铁路运输合同的概念

铁路运输合同是运输合同的一种,是以列车作为运载工具的运输合同。《铁路法》第 11 条规定,"铁路运输合同是明确铁路运输企业与旅客、托运人之间权利义务关系的协议。旅客车票、行李票、包裹票和货物运单是合同或者合同的组成部分"。铁路运输合同的主体包括承运人、旅客、托运人。收货人是铁路运输合同的第三人。铁路运输合同的客体是铁路运输的劳务行为。铁路运输合同的内容是主体所享有的权利义务。

二、铁路运输合同的特征

1. 法定性

铁路运输合同的承运人为铁路运输企业。铁路车站、列车及相关运营人员都只是铁路运输企业作为承运人的代表。铁路运输合同的法定性主要体现在两个方面:一是铁路运输企业作为专门从事铁路运输的企业,必须具备法定条件;二是铁路运输合同的基本内容由法律法规规定,当事人不能自由约定。

2. 格式合同

铁路运输合同的格式合同特征具体表现在铁路旅客车票、行李票、包裹票和货物运单都是由铁路运输企业制定,作为旅客或者托运人的当事人都没有与铁路运输企业谈判协商的余地。

3. 强制缔约性

铁路运输企业作为承运人,面向社会公众,具有很强的社会公益性。为了保护铁路运输利用人的利益,法律规定了铁路运输企业的强制缔约义务。铁路运输企业对于旅客或者货物托运人提出的承运请求,不得拒绝。

4. 诺成合同

铁路运输合同为诺成性合同,双方意思表示一致即可,并不需要实际完成运输行为。《铁路旅客运输规程》第 8 条规定,"铁路旅客运输合同从售出车票时起成立,按票面规定运输结束旅客出站时止,为合同履行完毕。旅客运输的运送期间自检票进站起至到站出站时止计算"。

三、铁路运输合同的分类

铁路运输合同可以区分为铁路旅客运输合同、铁路货物运输合同和铁路包裹运输合同、铁路行李运输合同。

铁路旅客运输合同,是以旅客为运输对象的铁路运输合同。铁路旅客运输合同的主体为承运人和旅客。铁路货物运输合同是以货物为运输对象的铁路运输合同。铁路货物运输合同的主体为承运人和托运人,收货人为第三人。铁路行李包裹运输合同是以行李包裹为运输对象的铁路运输合同。铁路行李包裹运输合同可以区分为行李运输合同和包裹运输合同。行李运输合同与铁路旅客运输合同具有密切联系,以铁路旅客运输合同为前提。

第二节　铁路旅客运输合同

一、铁路旅客运输合同的概念

(一)铁路旅客运输合同的含义

铁路旅客运输合同,是指以旅客作为运输对象的运输合同。客运合同为格式合同,通常采用票证形式,合同的价款、运输时间、运输路线由承运人事先拟定,旅客只能在购票或者不购票之间进行选择,没有与铁路运输企业讨价还价的余地。

铁路旅客运输合同除受《合同法》《铁路法》规范外,涉及铁路旅客运输合同的规范还有《铁路旅客运输规程》《铁路旅客车票实名制管理办法》《铁路客运运价规则》《铁路旅客运输危险品检查处理办法》《铁路站、车卫生简单管理办法》《铁路春节旅客运输组织工作办法》《铁路暑期旅客运输组织工作办法》等。

(二)铁路旅客运输合同的生效

《合同法》第 293 条规定,"客运合同自承运人向旅客交付客票时成立,但当事人另有约定或者另有交易习惯的除外"。铁路旅客运输合同自旅客购票完毕时成立生效,至按票面规定运输结束旅客出站时止,合同履行完毕。旅客运输的运送期间自检票进站起至到站出站时止计算。

旅客未购票上车的,自旅客登上承运人的车辆时,铁路旅客运输合同成立生效。

(三)铁路旅客运输合同的车票

1. 车票的种类

车票是铁路旅客运输合同的书面凭证,是承运人收到旅客承运费用的收据。车票,按照票面价格,可以分为半价票和全价票。半价票是指儿童票、学生票和伤残军人票。车票,按照是否需要中转换乘,可以分为直达票和通票。

2. 车票的内容

特殊票种除外,车票票面主要应当载明:发站和到站站名、座(卧)别、径路、票价、车次、乘车日期、有效期。车票中包括客票和附加票两部分。客票部分为软座、硬座。附加票部分为加快票、卧铺票、空调票。附加票是客票的补充部分,可以与客票合并发售,但除儿童外不能单独使用。

3. 车票的有效期

直达票当日当次有效,但下列情形除外:(1)全程在铁路运输企业管内运行的动车组列车车票有效期由企业自定。(2)有效期有不同规定的其他票种。通票的有效期按乘车里程计算:1 000千米为2日,超过1 000千米的,每增加1 000千米增加1日,不足1 000千米的尾数按1日计算;自指定乘车日起至有效期最后一日的24时止。

遇有下列情况可延长通票的有效期:(1)因列车满员、晚点、停运等原因,使旅客在规定的有效期内不能到达到站时,车站可视实际需要延长通票的有效期。延长日数从通票有效期终了的次日起计算。(2)旅客因病中途下车、恢复旅行时,在通票有效期内,出具医疗单位证明或经车站证实时,可按医疗日数延长有效期,但最多不超过10日;卧铺票不办理延长,可办理退票手续;同行人同样办理。

4. 车票的发售和购买

承运人可以开办往返票、联程票(指在购票地能够买到换乘地或返回地带有席位、铺位号的车票)、定期、不定期、储值、定额等多种售票业务,以便于购票人购票和使用。发售软座客票时最远至本次列车终点站。旅客在乘车区间中,要求一段乘坐硬座车,一段乘坐软座车时,全程发售硬座客票。乘坐软座时,另收软座区间的软、硬座票价差额。动车组列车车票最远只发售至本次列车终点站。

旅客购买加快票必须有软座或硬座客票。发售加快票的到站,必须是所乘快车或特别快车的停车站。发售需要中转换车的加快票的中转站还必须是有同等级快车始发的车站。旅客购买卧铺票时,卧铺票的到站、座别必须与客票的到站、座别相同,但对持通票的旅客,卧铺票只发售到中转站。旅客乘坐提供空调的列车时,应购买相应等级的车票或空调票。旅客在全部旅途中分别乘坐空调车和普通车时,可发售全程普通硬座车票,对乘坐空调车区段另行核收空调车与普通车的票价差额。

到站台上迎送旅客的人员应买站台票。站台票当日使用一次有效。对经常进站接送旅客的单位,车站可根据需要发售定期站台票。随同成人进站身高不足1.2米的儿童及特殊情况经车站同意进站人员可不买站台票。未经车站同意无站台票进站时,加倍补收站台票款。遇特殊情况,站长可决定暂停发售站台票。

20人以上乘车日期、车次、到站、座别相同的旅客可作为团体旅客,承运人应优先安排;如填发代用票时除代用票持票本人外,每人另发一张团体旅客证。

在无人售票的乘降所上车的人员,可在列车内购票,不收手续费。

5. 儿童票

承运人一般不接受儿童单独旅行(乘火车通学的学生和承运人同意在旅途中监护的除外)。随同成人旅行身高1.2~1.5米的儿童,享受半价客票、加快票和空调票(以下简称儿童票)。超过1.5米时应买全价票。每一成人旅客可免费携带一名身高不足1.2米的儿童,超过一名时,超过的人数应买儿童票。儿童票的座别应与成人车票相同,其到站不得远于成人车票的到站。免费乘车的儿童单独使用卧铺时,应购买全价卧铺票,有空调时还应购买半价空调票。

6. 学生票

在普通大专院校(含国家教育主管部门批准有学历教育资格的民办大学),军事院校,中、小学和中等专业学校、技工学校就读,没有工资收入的学生、研究生(含华侨学生和港澳台学生),家庭居住地和学校不在同一城市时,凭附有加盖院校公章的减价优待证的学生证(小学生凭书面证明),每年可享受家庭至院校(实习地点)之间四次单程半价硬座客票、加快票和空调票(以下简称学生票)。动车组列车只发售二等座车学生票,学生票为全价票的75%。新生凭录取通知书、毕业生凭学校书面证明可买一次学生票。按照上述规定同样办理。发售学生票时应以近径路或换乘次数少的列车发售。

下列情况不能发售学生票:(1)学校所在地有学生父或母其中一方时;(2)学生因休学、复学、转学、退学时;(3)学生往返于学校与实习地点时;(4)学生证未按时办理学校注册的;(5)学生证优惠乘车区间更改但未加盖学校公章的;(6)没有"学生火车票优惠卡","学生火车票优惠卡"不能识别或者与学生证记载不一致的。

7. 优待票

中国人民解放军和中国人民武装警察部队因伤致残的军人(以下简称伤残军人)凭"中华人民共和国残疾军人证"、因公致残的人民警察凭"中华人民共和国伤残人民警察证"享受半价的软座、硬座客票和附加票。"中华人民共和国残疾军人证"和"中华人民共和国伤残人民警察证"由国家有关部门颁发,铁路运输企业有权进行核对。

8. 验票

车站对进出站的旅客和人员应检票,列车对乘车旅客应验票。对必须持证购买的减价票和各种乘车证的旅客应当核对相应的证件,验票应打查验标记。车站应当在开车前提前停止检票,但应当在本站营业场所通告停止检票的提前时间。铁路稽查人员凭稽查证件、佩带稽查臂章可以在车内验票。

旅客须按票面载明的日期、车次、席别乘车,并在票面规定有效期内到达到站。持通票的旅客中转换乘时,应当办理中转签证手续。持通票的旅客在乘车途中有效期终了、要求继续乘车时,应自有效期终了站或最近前方停车站起,另行补票,核收手续费。定期票可按有效使用至到站。对乘坐卧铺的旅客,列车可以收取车票并予集中保管。收取车票时,应当换发卧铺证;旅客下车前,凭卧铺证换回车票。成人带儿童或儿童与儿童可共用一个卧铺。

除特殊情况并经列车长同意的外,持低票价席别车票的旅客不能在高票价席别的车厢停留。

烈性传染病患者、精神病患者或健康状况危及他人安全的旅客,站、车可以不予运送;已购车票按旅客退票的有关规定处理。

9. 误售、误购、误乘的处理

发生车票误售、误购时,在发站应换发新票。在中途站、原票到站或列车内应补收票价时,换发代用票,补收票价差额。应退还票价时,站、车应编制客运记录交旅客,作为乘车至正当到站要求退还票价差额的凭证,并应以最方便的列车将旅客运送至正当到站,均不收取手续费或退票费。因误售、误购或误乘需送回时,承运人应免费将旅客送回。在免费送回区间,旅客不得中途下车。如中途下车,对往返乘车区间补收票价,核收手续费。由于误售、误购、误乘或坐过了站在原通票有效期不能到达到站时,应根据折返站至正当到站间的里程,重新计算通票有效期。

10. 丢失车票的处理

旅客丢失车票应另行购票。在列车上应自丢失站起(不能判明时从列车始发站起)补收票价,核收手续费。旅客补票后又找到原票时,列车长应编制客运记录交旅客,作为在到站出站前向到站要求退还后补票价的依据。退票核收退票费。

11. 不符合乘车条件的处理

旅客有下列行为时,除按规定补票,核收手续费以外,铁路运输企业有权对其身份进行登记,并须加收已乘区间应补票价50%的票款:(1)无票乘车时,补收自乘车站(不能判明时自始发站)起至到站止车票票价。持失效车票乘车按无票处理;(2)持用伪造或涂改的车票乘车时,除按无票处理外并送交公安部门处理;(3)持站台票上车并在开车20分钟后仍不声明时,按无票处理;(4)持用低等级的车票乘坐高等级列车、铺位、座席时,补收所乘区间的票价差额;(5)旅客持半价票没有规定的减价凭证或不符合减价条件时,补收全价票价与半价票价的差额。

案例阅读

无座票与有座票价款相同是否显失公平?

案情:(原告)旅客认为,硬座车票和硬卧车票价格不同,旅客所享受的服务不同。但是,硬座车票和无座票的票价相同,而享受的服务却不同。既然铁路运输企业不能给旅客提供座位服务,无座票的价格就应低于硬座车票价格。铁路运输企业利用自己垄断铁路公共运输的优势地位,将不提供座位的客运服务按提供座位服务的价格来出售,属于显失公平的合同。

(被告)铁路运输企业认为,铁路运输企业发售的无座车票上已标明了价格、乘车时间、车次以及无座等详细信息,已保证了旅客对无座车票相关情况所享有的充分知情权,旅客在购买车票时已知晓"无座"及"与有座车票价格相同"的事实。旅客自愿选择购买无座车票,是真实的意思表示,因为他既可以不购买无座车票,也可以选择购买其他车次的有座车票或改乘其他交通工具。无座旅客运输是国家铁路运输企业为了方便旅客乘车方便或在客流高峰期而采取的一项应急运输措施,目的是最大限度地满足旅客出行需求。

法院认为,铁路运输企业在发售车票时,其关于客票价格、乘车区间、车次、是否有座号等信息均已在购票前向旅客进行了明示告知。旅客在知悉所购车次只剩无座票及相应票价的情况下,拥有购买其他车次有座车票或改乘其他替代性交通工具的多种选择权,其仍然自主、自愿选择购买无座车票,表明其与铁路运输企业所订立的铁路旅客运输合同是建立在双方平等、自愿、诚信的基础上,是双方当事人的真实意思表示,不存在被告"利用自己垄断铁路公共运输的优势地位"致使合同订立显失公平的情形。

思考:原告思考问题的角度有无不妥之处?为什么?

分析:从铁路旅客内部关系的视角来看,有座票旅客和无座票旅客享受不同的服务却支付相同的代价,显然存在不公平性。从铁路运输企业与铁路旅客之间关系的视角来看,无座票旅客支付的代价(票款)要降低,则意味着有座票旅客支付的代价(票款)要提高,才能确保铁路运输企业权利(票款收入)不受影响。从铁路旅客自身的视角来看,此次购买无座票支付更低的价款,则意味着彼次购买有座票需支付更高的价款。

提示:同一问题从不同的角度思考,会得出不同的结论。本案中,原告旅客是静止地、单个地从自身的角度看待问题;而铁路运输企业则是动态地、整体地从宏观的角度看待问题。

二、铁路旅客运输合同的性质

铁路旅客运输合同的主体为旅客和承运人。从消费者权益保护法的角度而言,铁路旅客是消费者,铁路运输企业作为承运人是经营者。铁路旅客作为消费者,对于作为经营者而言的铁路运输企业,享有消费者权益,铁路运输企业依法应当承担相应的经营者义务。

(一)旅客作为消费者的权利

铁路旅客相对于作为经营者的铁路运输企业来说,是消费者。根据《消费者权益保护法》的规定,享有如下权利:

1. 安全权

安全权,是指旅客作为消费者在购买、使用商品或者接受服务时,享有人身、财产安全不受损害的权利。《中华人民共和国消费者权益保护法》(以下简称《消费者权益保护法》)第7条规定,"消费者在购买、使用商品和接受服务时享有人身、财产安全不受损害的权利。消费者有权要求经营者提供的商品和服务,符合保障人身、财产安全的要求"。

2. 知悉真情权

知悉真情权,是指旅客作为消费者在购买、使用商品或者接受服务时,有知悉服务真实情况的权利。《消费者权益保护法》第8条规定,"消费者享有知悉其购买、使用的商品或者接受的服务的真实情况的权利。消费者有权根据商品或者服务的不同情况,要求经营者提供商品的价格、产地、生产者、用途、性能、规格、等级、主要成分、生产日期、有效期限、检验合格证明、使用方法说明书、售后服务,或者服务的内容、规格、费用等有关情况"。

3. 选择权

选择权,是指旅客作为消费者享有自主选择商品或者服务的权利。《消费者权益保护法》第9条规定,"消费者享有自主选择商品或者服务的权利。消费者有权自主选择提供商品或者服务的经营者,自主选择商品品种或者服务方式,自主决定购买或者不购买任何一种商品、接受或者不接受任何一项服务。消费者在自主选择商品或者服务时,有权进行比较、鉴别和挑选"。

4. 公平交易权

公平交易权,是指旅客作为消费者在购买商品或者接受服务时,享有获得公平交易条件的权利。公平交易条件包括质量保障、价格合理、计量正确等方面。《消费者权益保护法》第10条规定,"消费者享有公平交易的权利。消费者在购买商品或者接受服务时,有权获得质量保障、价格合理、计量正确等公平交易条件,有权拒绝经营者的强制交易行为"。

5. 获得赔偿权

获得赔偿权,是指旅客作为消费者在购买、使用商品或者接受服务的过程中受到人身、财产损害时,享有依法获得赔偿的权利。《消费者权益保护法》第 11 条规定,"消费者因购买、使用商品或者接受服务受到人身、财产损害的,享有依法获得赔偿的权利"。

6. 结社权

结社权,是指旅客作为消费者享有的依照法律规定的条件和程序组织维护自身合法权益的社会团体的权利。《消费者权益保护法》第 12 条规定,"消费者享有依法成立维护自身合法权益的社会组织的权利"。

7. 获得知识权

获得知识权,是指旅客作为消费者享有的获得有关消费和消费者权益保护方面的知识的权利。《消费者权益保护法》第 13 条规定,"消费者享有获得有关消费和消费者权益保护方面的知识的权利。消费者应当努力掌握所需商品或者服务的知识和使用技能,正确使用商品,提高自我保护意识"。

8. 受尊重权

受尊重权,是指旅客作为消费者在购买、使用商品和接受服务时,享有的其人格尊严、民族风俗习惯得到尊重的权利。《消费者权益保护法》第 14 条规定,"费者在购买、使用商品和接受服务时,享有人格尊严、民族风俗习惯得到尊重的权利,享有个人信息依法得到保护的权利。"

9. 监督权

监督权,是指旅客作为消费者享有的对商品和服务以及保护消费者权益工作进行监督的权利。《消费者权益保护法》第 15 条规定,"消费者享有对商品和服务以及保护消费者权益工作进行监督的权利。消费者有权检举、控告侵害消费者权益的行为和国家机关及其工作人员在保护消费者权益工作中的违法失职行为,有权对保护消费者权益工作提出批评、建议。"

(二)铁路运输企业作为经营者的义务

1. 听取意见和接受监督的义务

经营者应当听取消费者对其提供的商品或者服务的意见,接受消费者的监督。《消费者权益保护法》第 17 条规定,"经营者应当听取消费者对其提供的商品或者服务的意见,接受消费者的监督"。

2. 商品、服务安全保证义务

经营者承担商品、服务的安全保证义务对应于消费者的安全权。《消费者权益保护法》第 18 条规定,"经营者应当保证其提供的商品或者服务符合保障人身、财产安全的要求。对可能危及人身、财产安全的商品和服务,应当向消费者做出真实的说明和明确的警示,并说明和标明正确使用商品或者接受服务的方法以及防止危害发生的方法。宾馆、商场、餐馆、银行、机场、车站、港口、影剧院等经营场所的经营者,应当对消费者尽到安全保障义务"。第 19 条规定,"经营者发现其提供的商品或者服务存在缺陷,有危及人身、财产安全危险的,应当立即向有关行政部门报告和告知消费者,并采取停止销售、警示、召回、无害化处理、销毁、停止生产或者服务等措施。采取召回措施的,经营者应当承担消费者因商品被召回支出的必要费用"。

3. 提供真实信息的义务

经营者应当向消费者提供有关商品或者服务质量、性能、用途、有效期限等信息,应当真实、全面,不得作虚假或者引人误解的宣传。《消费者权益保护法》第 20 条规定,"经营者向消费者提供有关商品或者服务的质量、性能、用途、有效期限等信息,应当真实、全面,不得作虚假或者引人误解的宣传。经营者对消费者就其提供的商品或者服务的质量和使用方法等问题提出的询问,应当做出真实、明确的答复。经营者提供商品或者服务应当明码标价"。

4. 标明真实名称和标记的义务

名称和标记是经营者人格特定化的重要标志。不同的名称或者标记代表着不同的商业信誉和商品、服务质量。经营者应当标明其真实名称和标记。《消费者权益保护法》第 21 条规定,"经营者应当标明其真实名称和标记。租赁他人柜台或者场地的经营者,应当标明其真实名称和标记"。

5. 出具购货凭证、服务单据的义务

购货凭证,服务单据是证明经营者向消费者提供商品或者服务的书面凭证。《消费者权益保护法》第 22 条规定,"经营者提供商品或者服务,应当按照国家有关规定或者商业惯例向消费者出具发票等购货凭证或者服务单据;消费者索要发票等购货凭证或者服务单据的,经营者必须出具"。

6. 商品、服务质量保证义务

《消费者权益保护法》第 23 条规定,"经营者应当保证在正常使用商品或者接受服务的情况下其提供的商品或者服务应当具有的质量、性能、用途和有效期限;但消费者在购买该商品或者接受该服务前已经知道其存在瑕疵,且存在该瑕疵不违反法律强制性规定的除外。经营者以广告、产品说明、实物样品或者其他方式表明商品或者服务的质量状况的,应当保证其提供的商品或者服务的实际质量与表明的质量状况相符。经营者提供的机动车、计算机、电视机、电冰箱、空调器、洗衣机等耐用商品或者装饰装修等服务,消费者自接受商品或者服务之日起六个月内发现瑕疵,发生争议的,由经营者承担有关瑕疵的举证责任"。

7. 售后服务义务

《消费者权益保护法》第 24 条规定,"经营者提供的商品或者服务不符合质量要求的,消费者可以依照国家规定、当事人约定退货,或者要求经营者履行更换、修理等义务。没有国家规定和当事人约定的,消费者可以自收到商品之日起七日内退货;七日后符合法定解除合同条件的,消费者可以及时退货,不符合法定解除合同条件的,可以要求经营者履行更换、修理等义务。依照前款规定进行退货、更换、修理的,经营者应当承担运输等必要费用"。第 25 条规定,"经营者采用网络、电视、电话、邮购等方式销售商品,消费者有权自收到商品之日起七日内退货,且无须说明理由,但下列商品除外:(一)消费者定做的;(二)鲜活易腐的;(三)在线下载或者消费者拆封的音像制品、计算机软件等数字化商品;(四)交付的报纸、期刊。除前款所列商品外,其他根据商品性质并经消费者在购买时确认不宜退货的商品,不适用无理由退货。消费者退货的商品应当完好。经营者应当自收到退回商品之日起七日内返还消费者支付的商品价款。退回商品的运费由消费者承担;经营者和消费者另有约定的,按照约定"。

8. 公平合理交易义务

《消费者权益保护法》第 26 条规定，"经营者在经营活动中使用格式条款的，应当以显著方式提请消费者注意商品或者服务的数量和质量、价款或者费用、履行期限和方式、安全注意事项和风险警示、售后服务、民事责任等与消费者有重大利害关系的内容，并按照消费者的要求予以说明。经营者不得以格式条款、通知、声明、店堂告示等方式，做出排除或者限制消费者权利、减轻或者免除经营者责任、加重消费者责任等对消费者不公平、不合理的规定，不得利用格式条款并借助技术手段强制交易。格式条款、通知、声明、店堂告示等含有前款所列内容的，其内容无效"。

9. 维护消费者人格尊严、人身自由的义务

《消费者权益保护法》第 27 条规定，"经营者不得对消费者进行侮辱、诽谤，不得搜查消费者的身体及其携带的物品，不得侵犯消费者的人身自由"。

10. 消费者信息保护义务

《消费者权益保护法》第 28 条规定，"采用网络、电视、电话、邮购等方式提供商品或者服务的经营者，以及提供证券、保险、银行等金融服务的经营者，应当向消费者提供经营地址、联系方式、商品或者服务的数量和质量、价款或者费用、履行期限和方式、安全注意事项和风险警示、售后服务、民事责任等信息"。第 29 条规定，"经营者收集、使用消费者个人信息，应当遵循合法、正当、必要的原则，明示收集、使用信息的目的、方式和范围，并经消费者同意。经营者收集、使用消费者个人信息，应当公开其收集、使用规则，不得违反法律、法规的规定和双方的约定收集、使用信息。经营者及其工作人员对收集的消费者个人信息必须严格保密，不得泄露、出售或者非法向他人提供。经营者应当采取技术措施和其他必要措施，确保信息安全，防止消费者个人信息泄露、丢失。在发生或者可能发生信息泄露、丢失的情况时，应当立即采取补救措施。经营者未经消费者同意或者请求，或者消费者明确表示拒绝的，不得向其发送商业性信息"。

三、铁路旅客运输合同的效力

(一)承运人

1. 权利

承运人享有的权利：(1)依照规定收取运输费用；(2)要求旅客遵守国家法令和铁路规章制度，保证安全；(3)对损害他人利益和铁路设备、设施的行为有权制止、消除危险和要求赔偿。

2. 义务

(1)安全、正点运输的义务

《铁路法》第 12 条规定"铁路运输企业应当保证旅客按车票载明的日期、车次乘车，并到达目的站。因铁路运输企业的责任造成旅客不能按车票载明的日期、车次乘车的，铁路运输企业应当按照旅客的要求，退还全部票款或者安排改乘到达相同目的站的其他列车"。

(2)重要事项告知义务

《铁路法》第 26 条规定，"铁路的旅客票价，货物、包裹、行李的运价，旅客和货物运输杂费的收费项目和收费标准，必须公告；未公告的不得实施。"《合同法》第 298 条规定，"承运人应当向旅客及时告知有关不能正常运输的重要事由和安全运输应当注意的事项"。

（3）人身、财产安全保障义务

《合同法》第 302 条规定，"承运人应当对运输过程中旅客的伤亡承担损害赔偿责任，但伤亡是旅客自身健康原因造成的或者承运人证明伤亡是旅客故意、重大过失造成的除外。前款规定适用于按照规定免票、持优待票或者经承运人许可搭乘的无票旅客"。

《铁路法》第 17 条规定，"铁路运输企业应当对承运的货物、包裹、行李自接受承运时起到交付时止发生的灭失、短少、变质、污染或者损坏，承担赔偿责任：（一）托运人或者旅客根据自愿申请办理保价运输的，按照实际损失赔偿，但最高不超过保价额。（二）未按保价运输承运的，按照实际损失赔偿，但最高不超过国务院铁路主管部门规定的赔偿限额；如果损失是由于铁路运输企业的故意或者重大过失造成的，不适用赔偿限额的规定，按照实际损失赔偿。托运人或者旅客根据自愿可以向保险公司办理货物运输保险，保险公司按照保险合同的约定承担赔偿责任。托运人或者旅客根据自愿，可以办理保价运输，也可以办理货物运输保险；还可以既不办理保价运输，也不办理货物运输保险。不得以任何方式强迫办理保价运输或者货物运输保险"。

《合同法》第 303 条规定，"运输过程中旅客自带物品毁损、灭失，承运人有过错的，应当承担损害赔偿责任。旅客托运的行李毁损、灭失的，适用货物运输的有关规定"。

承运人对于铁路旅客人身安全承担的是无过错责任，对于旅客自带物品（财产）承担的是过错责任。

（4）尽力救助义务

《合同法》第 301 条规定，"承运人在运输过程中，应当尽力救助患有急病、分娩、遇险的旅客。""患有急病、分娩"是指旅客由于自身的健康状况而遭遇到困难；"遇险"是指旅客因意外事故、自身的原因或与他人殴打、犯罪行为等情况而遭遇的对其生命、健康造成威胁的危险，包括自然灾害造成的危险，也包括第三人不法行为造成的危险。"救助"就是救济、帮助，以维护旅客的人身和财产安全。"尽力救助"是指当旅客面临困难险情时，合法、合理地采取一切可行救助措施，以保证旅客的人身和财产安全。

（二）旅客

1. 权利

旅客享有的权利：（1）依据车票票面记载的内容乘车；（2）要求承运人提供与车票等级相适应的服务并保障其旅行安全；（3）对运送期间发生的身体损害有权要求承运人赔偿；（4）对运送期间因承运人过错造成的随身携带物品损失有权要求承运人赔偿。

2. 义务

（1）支付票款，持有效车票乘车的义务

《合同法》第 294 条规定，"旅客应当持有效客票乘运。旅客无票乘运、超程乘运、越级乘运或者持失效客票乘运的，应当补交票款，承运人可以按照规定加收票款。旅客不交付票款的，承运人可以拒绝运输"。《铁路法》第 14 条规定，"旅客乘车应当持有效车票。对无票乘车或者持失效车票乘车的，应当补收票款，并按照规定加收票款；拒不交付的，铁路运输企业可以责令下车"。第295条规定,"旅客因自己的原因不能按照客票记载的时间乘坐的,应当在约定的时间内办理退票或者变更手续。逾期办理的,承运人可以不退票款,并不再承担运输义务"。

(2)不得随身携带或者在行李中夹带违禁物品的义务

《合同法》第296条规定,"旅客在运输中应当按照约定的限量携带行李。超过限量携带行李的,应当办理托运手续"。《合同法》第297条规定,"旅客不得随身携带或者在行李中夹带易燃、易爆、有毒、有腐蚀性、有放射性以及有可能危及运输工具上人身和财产安全的危险物品或者其他违禁物品。旅客违反前款规定的,承运人可以将违禁物品卸下、销毁或者送交有关部门。旅客坚持携带或者夹带违禁物品的,承运人应当拒绝运输"。

(3)实名购票、乘车的义务

为了保障铁路旅客生命财产安全,维护旅客运输秩序,铁路运输企业实行车票实名制。车票实名购买是指购票人凭乘车人的有效身份证件购买车票或者铁路运输企业凭乘车人的有效身份证件销售车票。车票实名查验是指铁路运输企业对实行车票实名购买的车票记载的身份信息与乘车人及其有效身份证件原件(以下简称"票、人、证")进行一致性核对的行为。

3. 自带行李

旅客携带品由自己负责看管。每人免费携带品的重量和体积是:儿童(含免费儿童)10千克,外交人员35千克,其他旅客20千克。每件物品外部尺寸长、宽、高之和不超过160厘米,杆状物品不超过200厘米,但乘坐动车组列车不超过130厘米;重量不超过20千克。残疾人另可免费携带代步的折叠式轮椅。

旅客不得携带下列物品乘车:(1)国家禁止或限制运输的物品;(2)法律、法规、规章中规定的危险品、弹药和承运人不能判明性质的化工产品;(3)动物及妨碍公共卫生(包括有恶臭等异味)的物品;(4)能够损坏或污染车辆的物品;(5)规格或重量超长(重)物品。

旅客可以限量携带下列物品:(1)气体打火机5个,安全火柴20小盒;(2)不超过20毫升的指甲油、去光剂、染发剂,不超过100毫升的酒精、冷烫精,不超过600毫升的摩丝、发胶、卫生杀虫剂、空气清新剂;(3)军人、武警、公安人员、民兵、猎人凭法规规定的持枪证明佩带的枪支子弹;(4)初生雏20只。

四、铁路旅客运输合同的变动

(一)变更

1. 旅客变更

《合同法》第295条规定,"旅客因自己的原因不能按照客票记载的时间乘坐的,应当在约定的时间内办理退票或者变更手续。逾期办理的,承运人可以不退票款,并不再承担运输义务"。

(1)变更日期、车次

旅客不能按票面指定的日期、车次乘车时,应当在票面指定的日期、车次开车前办理一次提前或推迟乘车签证手续,特殊情况经站长同意可在开车后2小时内办理。持动车组列车车票的旅客改乘当日其他动车组列车时不受开车后2小时内限制。团体旅客不应晚于开车前48小时。旅客在发站办理改签时,改签后的车次票价高于原票价时,核收票价差额;改签后的车次票价低于原票价时,退还票价差额。

(2)变更席(铺)位

旅客办理中转签证或在列车上办理补签、变更席(铺)位时,签证或变更后的车次、席(铺)位票价高于原票价时,核收票价差额;签证或变更后的车次、席(铺)位票价低于原票价时,票价差额部分不予退还。

(3)变更路径

持通票的旅客在中转站和列车上要求变更径路时,必须在通票有效期能够到达到站时方可办理。办理时,原票价低于变径后的票价时,应补收新旧径路里程票价差额,核收手续费;原票价高于或相等于变更后的径路票价时,持原票乘车有效,差额部分(包括列车等级不符的差额)不予退还。

(4)越站和分乘

旅客在车票到站前要求越过到站继续乘车时,在有运输能力的情况下列车应予以办理。核收越站区间的票价和手续费。两名以上旅客共持一张代用票要求办理分票手续时,站、车应予以办理。办理时按分票的张数核收手续费。

2. 承运人变更

因承运人责任使旅客不能按票面记载的日期、车次、座别、铺别乘车时,站、车应重新妥善安排。重新安排的列车、座席、铺位高于原票等级时,超过部分票价不予补收。低于原票等级时,应退还票价差额,不收退票费。

《合同法》第299条规定,"承运人应当按照客票载明的时间和班次运输旅客。承运人迟延运输的,应当根据旅客的要求安排改乘其他班次或者退票"。

《合同法》第300条规定,"承运人擅自变更运输工具而降低服务标准的,应当根据旅客的要求退票或者减收票款;提高服务标准的,不应当加收票款"。

(二)解除

1. 旅客的解除

旅客要求退票时,按下列规定办理,核收退票费:(1)旅客退票必须在购票地车站或票面发站办理;(2)在发站开车前,特殊情况也可在开车后2小时内,退还全部票价。团体旅客必须在开车48小时以前办理;(3)旅客开始旅行后不能退票。但如因伤、病不能继续旅行时,经站、车证实,可退还已收票价与已乘区间票价差额。已乘区间不足起码里程时,按起码里程计算;同行人同样办理;(4)退还带有"行"字戳迹的车票时,应先办理行李变更手续;(5)因特殊情况经站长同意在开车后2小时内改签的车票不退。站台票售出不退。市郊票、定期票、定额票的退票办法由铁路运输企业自定。必要时,铁路运输企业可以临时调整退票办法。

2. 承运人的解除

因承运人责任致使旅客退票时按下列规定办理,不收退票费:(1)在发站,退还全部票价;(2)在中途站,退还已收票价与已乘区间票价差额,已乘区间不足起码里程时,退还全部票价;(3)在到站,退还已收票价与已使用部分票价差额。未使用部分不足起码里程按起码里程计算;(4)空调列车因空调设备故障在运行过程中不能修复时,应退还未使用区间的空调票价。

发生线路中断旅客要求退票时,在发站(包括中断运输站返回发站的)退还全部票价,在中途站退还已收票价与已乘区间票价差额,不收退票费,但因违章加收的部分和已使用至到站的车票不退。

3. 线路中断

发生线路中断旅客要求退票时,在发站(包括中断运输站返回发站的)退还全部票价,在中途站退还已收票价与已乘区间票价差额,不收退票费,但因违章加收的部分和已使用至到站的车票不退。

第三节　铁路货物运输合同

一、铁路货物运输合同的概念

(一)铁路货物运输合同的含义

铁路货物运输合同,是指以货物为运输对象的铁路运输合同。货物运输合同的收货人一般为托运人以外的第三人。铁路货物运输合同的基本凭证是铁路货物运单。第三人为收货人的货物运输合同属于向第三人履行的合同。

除《合同法》《铁路法》外,涉及铁路货物运输合同的规范还有《铁路货物运输规程》《铁路货物运价规则》

(二)铁路货物运输合同的种类

铁路货物运输合同可以依据不同的标准进行分类:一是按照履行期限的不同,可以区分为长期运输合同和一次性运输合同。二是按照货物性质的不同,可以区分为普通货物运输合同和特殊货物运输合同。特殊货物运输合同主要是指运输的货物为鲜活物、超限货物和危险货物,要求采取特定的包装条件和特定的运输方法的运输合同。三是按照运输货物数量或者承运方法的不同,可以区分为整车货物运输合同、零担货物运输合同和集装箱货物运输合同。

二、铁路货物运输合同的效力

(一)承运人

1. 权利

(1)运费收取权

收取运费,是承运人的主要权利。除收取运费外,承运人还可以收取相关费用,包括保管费、修缮包装费、处置费等。《合同法》第314条规定,"货物在运输过程中因不可抗力灭失,未收取运费的,承运人不得要求支付运费;已收取运费的,托运人可以要求返还"。

(2)货物留置权

《合同法》第315条规定,"托运人或者收货人不支付运费、保管费以及其他运输费用的,承运人对相应的运输货物享有留置权,但当事人另有约定的除外"。

(3)危险物品处理权

托运人违反《合同法》第307条第1款的规定,承运人可以拒绝运输,也可以采取相应措施以避免损失的发生,因此产生的费用由托运人承担。

(4)货物提存权

《合同法》第316条规定,"收货人不明或者收货人无正当理由拒绝受领货物的,依照本法第101条的规定,承运人可以提存货物"。

(5)货物变卖权

《铁路法》第22条规定,"自铁路运输企业发出领取货物通知之日起满三十日仍无人领取的货物,或者收货人书面通知铁路运输企业拒绝领取的货物,铁路运输企业应当通知托运人,托运人自接到通知之日起满三十日未作答复的,由铁路运输企业变卖;所得价款在扣除保管等费用后尚有余款的,应当退还托运人,无法退还、自变卖之日起一百八十日内托运人又未领回的,上缴国库。自铁路运输企业发出领取通知之日起满九十日仍无人领取的包裹或者到站后满九十日仍无人领取的行李,铁路运输企业应当公告,公告满九十日仍无人领取的,可以变卖;所得价款在扣除保管等费用后尚有余款的,托运人、收货人或者旅客可以自变卖之日起一百八十日内领回,逾期不领回的,上缴国库。对危险物品和规定限制运输的物品,应当移交公安机关或者有关部门处理,不得自行变卖。对不宜长期保存的物品,可以按照国务院铁路主管部门的规定缩短处理期限"。

(6)赔偿请求权

《铁路法》第23条规定,"因旅客、托运人或者收货人的责任给铁路运输企业造成财产损失的,由旅客、托运人或者收货人承担赔偿责任"。

2. 义务

(1)安全、保质运输的义务

承运人负有将货物安全、保质运输至约定地点的义务。这是承运人的主要义务。

(2)通知提货的义务

《合同法》第309条规定,"货物运输到达后,承运人知道收货人的,应当及时通知收货人,收货人应当及时提货。收货人逾期提货的,应当向承运人支付保管费等费用"。

(3)损害赔偿义务

《合同法》第311条规定,"承运人对运输过程中货物的毁损、灭失承担损害赔偿责任,但承运人证明货物的毁损、灭失是因不可抗力、货物本身的自然性质或者合理损耗以及托运人、收货人的过错造成的,不承担损害赔偿责任"。第312条规定,"货物的毁损、灭失的赔偿额,当事人有约定的,按照其约定;没有约定或者约定不明确,依照本法第61条的规定仍不能确定的,按照交付或者应当交付时货物到达地的市场价格计算。法律、行政法规对赔偿额的计算方法和赔偿限额另有规定的,依照其规定"。第313条规定,"两个以上承运人以同一运输方式联运的,与托运人订立合同的承运人应当对全程运输承担责任。损失发生在某一运输区段的,与托运人订立合同的承运人和该区段的承运人承担连带责任"。

《铁路法》第17条规定,"铁路运输企业应当对承运的货物、包裹、行李自接受承运时起到交付时止发生的灭失、短少、变质、污染或者损坏,承担赔偿责任:(一)托运人或者旅客根据自愿申请办理保价运输的,按照实际损失赔偿,但最高不超过保价额。(二)未按保价运输承运的,按照实际损失赔偿,但最高不超过国务院铁路主管部门规定的赔偿限额;如果损失是由于铁路运输企业的故意或者重大过失造成的,不适用赔偿限额的规定,按照实际损失赔偿。托运人或者旅客根据自愿可以向保险公司办理货物运输保险,保险公司按照保险合同的约定承担赔偿责任。托运人或者旅客根据自愿,可以办理保价运输,也可以办理货物运输保险;还可以既不办理保价运输,也不办理货物运输保险。不得以任何方式强迫办理保价运输或者货物运输保险"。第18条规定,"由于下列原因造成的货物、包裹、行李损失的,铁路运输企业不承担赔偿责任:(一)不可抗力。(二)货物或者包裹、行李中的物品本身的自然属性,或者合理损耗。(三)托运人、收货人或者旅客的过错"。

(4)强制缔约义务

强制缔约义务,铁路运输企业作为具有公益性的运输企业义务,对相对人负有强制缔约的义务。《合同法》第289条规定,"从事公共运输的承运人不得拒绝旅客、托运人通常、合理的运输要求"。

(二)托运人

1. 权利

(1)合同变更权

《合同法》第308条规定,"在承运人将货物交付收货人之前,托运人可以要求承运人中止运输、返还货物、变更到达地或者将货物交给其他收货人,但应当赔偿承运人因此受到的损失"。

(2)运费返还请求权

《合同法》第314条规定,"货物在运输过程中因不可抗力灭失,未收取运费的,承运人不得要求支付运费;已收取运费的,托运人可以要求返还"。

2. 义务

(1)支付运费的义务

支付运费及有关费用,是托运人的主要义务。对于货物运输费用,按照《铁路货物运价规则》的规定计算。

(2)如实告知托运货物信息的义务

《合同法》第304条规定,"托运人办理货物运输,应当向承运人准确表明收货人的名称或者姓名或者凭指示的收货人,货物的名称、性质、重量、数量,收货地点等有关货物运输的必要情况。因托运人申报不实或者遗漏重要情况,造成承运人损失的,托运人应当承担损害赔偿责任"。第305条规定,"货物运输需要办理审批、检验等手续的,托运人应当将办理完有关手续的文件提交承运人"。

《铁路法》第19条规定,"托运人应当如实填报托运单,铁路运输企业有权对填报的货物和包裹的品名、重量、数量进行检查。经检查,申报与实际不符的,检查费用由托运人承担;申报与实际相符的,检查费用由铁路运输企业承担,因检查对货物和包裹中的物品造成的损坏由铁路运输企业赔偿。托运人因申报不实而少交的运费和其他费用应当补交,铁路运输企业按照国务院铁路主管部门的规定加收运费和其他费用"。

（3）妥善包装的义务

《合同法》第 306 条规定，"托运人应当按照约定的方式包装货物。对包装方式没有约定或者约定不明确的，适用本法第 156 条的规定。托运人违反前款规定的，承运人可以拒绝运输"。《铁路法》第 20 条规定，"托运货物需要包装的，托运人应当按照国家包装标准或者行业包装标准包装；没有国家包装标准或者行业包装标准的，应当妥善包装，使货物在运输途中不因包装原因而受损坏。铁路运输企业对承运的容易腐烂变质的货物和活动物，应当按照国务院铁路主管部门的规定和合同的约定，采取有效的保护措施。"第 307 条规定，"托运人托运易燃、易爆、有毒、有腐蚀性、有放射性等危险物品的，应当按照国家有关危险物品运输的规定对危险物品妥善包装，做出危险物标志和标签，并将有关危险物品的名称、性质和防范措施的书面材料提交承运人。托运人违反前款规定的，承运人可以拒绝运输，也可以采取相应措施以避免损失的发生，因此产生的费用由托运人承担"。

（三）收货人

1. 及时验收、提货的义务

《合同法》第 309 条规定，"货物运输到达后，承运人知道收货人的，应当及时通知收货人，收货人应当及时提货。收货人逾期提货的，应当向承运人支付保管费等费用"。《合同法》第 310 条规定，"收货人提货时应当按照约定的期限检验货物。对检验货物的期限没有约定或者约定不明确，依照本法第 61 条的规定仍不能确定的，应当在合理期限内检验货物。收货人在约定的期限或者合理期限内对货物的数量、毁损等未提出异议的，视为承运人已经按照运输单证的记载交付的初步证据"。

《铁路法》第 21 条规定，"货物、包裹、行李到站后，收货人或者旅客应当按照国务院铁路主管部门规定的期限及时领取，并支付托运人未付或者少付的运费和其他费用；逾期领取的，收货人或者旅客应当按照规定交付保管费"。第 22 条规定，"自铁路运输企业发出领取货物通知之日起满三十日仍无人领取的货物，或者收货人书面通知铁路运输企业拒绝领取的货物，铁路运输企业应当通知托运人，托运人自接到通知之日起满三十日未作答复的，由铁路运输企业变卖；所得价款在扣除保管等费用后尚有余款的，应当退还托运人，无法退还、自变卖之日起一百八十日内托运人又未领回的，上缴国库。自铁路运输企业发出领取通知之日起满九十日仍无人领取的包裹或者到站后满九十日仍无人领取的行李，铁路运输企业应当公告，公告满九十日仍无人领取的，可以变卖；所得价款在扣除保管等费用后尚有余款的，托运人、收货人或者旅客可以自变卖之日起一百八十日内领回，逾期不领回的，上缴国库。对危险物品和规定限制运输的物品，应当移交公安机关或者有关部门处理，不得自行变卖。对不宜长期保存的物品，可以按照国务院铁路主管部门的规定缩短处理期限"。

2. 支付费用的义务

一般情形下，运输费及相关费用由托运人支付，但如果合同约定由收货人在到站支付或者托运人未支付的，收货人应当支付相关费用。

三、铁路货物运输合同的变更

托运人或收货人由于特殊原因，对承运后的货物运输合同，可按批向货物所在的中途站或到站提出变更到站、变更收货人。但有下列情形的,承运人不办理:(1)违反国家法律、行政法规、物资流向、运输限制和蜜蜂的变更;(2)变更后的货物运到期限大于容许运输期限;(2)变更一批货物中的一部分;(4)第二次变更到站。

铁路货物运输合同的变更,应当遵守《合同法》《铁路货物运输合同实施细则》和《铁路货物运输规程》的规定。

四、铁路货物运输合同的保险

(一)保险的一般理论

1. 保险的含义

保险制度源于人们应付危险的客观需要。"无危险无保险"。在生产生活中,人们无时无刻不会面临着各种各样的危险,如洪水、地震、疾病等。有危险就要处理,否则人类就无法生存下去。一般而言,人们常用的处理危险的方法有如下几种:一是预防危险,即采取特定方法避免或者减少危险的发生,从而避免遭受损失;二是避免危险,即放弃从事可能产生危险的活动,从而避免遭受危险事故;三是转移危险,即将自身所面临的危险转移给他人承担;四是分散危险,即可能面临同类危险的人结成团体,共同来承担危险事故所造成的损失。这种由面临同类危险的人结成团体来共同承担危险事故所造成的损失的方法就是保险。保险是人们处理危险的最精巧的制度设计,具有其他方法所不比拟的优越性:代价小,保障性强。

保险,从经济学的视角看,是一种分担危险、分摊损失的经济补偿制度。人们建立保险制度的目的,是把某个人所遭受的损失,分散于所有参加保险的社会大众。对于遭受危险事故而蒙受损失的人来说,他(她)所遭受的损失通过保险赔付而得到了补偿。保险,从法律的视角看,是一种合同法律关系。保险是投保人和保险人之间所订立的一种合同,双方互享权利、互负义务。投保人的义务是按照保险合同的约定支付保险费,保险人的义务是在保险合同约定事故发生后,向被保险人给付保险金。从法律性质上分析,保险是一种商事法律行为。保险是投保人和保险人意思表示一致的产物,是一种双方法律行为。在保险合同中,保险人为商事主体,其与投保人订立保险合同是以营利为目的的,属于商事法律行为。

保险与存款不同。例如,2008年6月8日,刘女士在银行柜台办理存款业务时,接受了柜台营业员推荐的一项保险业务,柜台营业员对刘女士说,此项保险业务和存款业务差不多,可以随时支取。刘女士当即存了5万元钱,并提前支取了2 000元利息。2008年7月1日,刘女士因有事急用,欲到银行支取该笔钱,却被银行营业员告知需要支付4 000元的手续费。因此,在办理业务时,一定要分清楚是保险业务还是存款业务。

2. 保险的要素

(1)团体性

保险的基本功能在于分担危险、分摊损失。分担危险,分摊损失就必须以多数人(团体)的存在为前提,如果只有一个人,也就无所谓分担危险,无法分摊损失。保险通过集合多数人的资金,建立保险基金,形成共同团体。保险的团体性是多数人之间的一种互助共济,"我为人人,人人为我"。强调保险的团体性特征在法理上具有重要意义。保险人是代表整个团体的利益在与投保人订立合同,保险人和投保人(被保险人)之间的利益关系是团体利益和成员利益的关系,对保险人利益的损害也就是对保险团体利益的损害。当保险人与投保人(被保险人)因履行保险合同义务而发生纠纷时,必须将被保险人的利益置于整个团体利益的角度进行分析,而不能将之视为单纯的投保人和保险人之间的利益之争。

(2)可保危险

保险是人们处理危险的一种制度安排,要以特定危险的客观存在为前提,"无危险无保险"。可保危险有三类:一是人身危险,即与人的生命和身体有关的危险,包括死亡、疾病、伤害、残废、丧失劳动能力以及失业等;二是财产危险,即财产遭受损害的可能性;三是责任危险,即因对他人财产或人身造成损害而应依法承担赔偿责任的危险。

一般而言,某种危险构成可保危险,必须具备如下要件:

第一,纯粹性。纯粹性是指危险只可能带来损失机会而并无获利的可能。

第二,可能性。可能性是指保险承保的危险必须是客观上可能发生的事故或事件。如果客观上没有发生的可能性,只是人们的一种主观忧虑,则就保险的必要性。

第三,不确定性。不确定性是指危险何时发生不确定,何地发生不确定,危险会降临于何人不确定,危险发生所造成的后果不确定。

第四,意外性。意外性是指危险的发生具有偶然性,当事人难以预测,不以投保人(被保险人)的意志为转移。第五,未来性。未来性是指保险承保的危险必须是将来可能发生的危险,即在保险合同订立之后才有可能发生危险事故,而不是在保险合同订立时就已经发生了的危险事故。

(3)同一性

保险必须有众多人参加形成团体,才能实现分担危险、分摊损失的目的。众多人之所以愿意集合在一起组成保险团体,是因为团体中的每一成员皆可能遭受某种同类危险。如果某个人根本就不可能遭受某类危险,他就不可能加入承保该类危险的保险团体。可能遭受某种同一危险的人越多,就越容易形成保险团体,来达到分摊损失的目的。火灾是大多数人可能遭受的危险,因此火灾保险在世界各国保险实践中是最常见的保险险种。

(4)补偿性

保险的机能不在于消灭危险,而是对受害人所遭受的损失进行补偿。人身保险中,由于保险的标的是人的生命或身体,无法用货币予以衡量,从理论上来讲,被保险人所受到的损失是无法完全补偿的,所谓"生命无价"。对于人身保险的被保险人所受到的损失,通常只能事先约定,在保险合同订立时就将来可能遭受的损失额确定下来,事故发生后就按照事先约定的金额进行给付。

3. 保险的主体

保险的主体是保险合同的当事人及关系人,保险合同的当事人是指投保人和保险人。保险合同的关系人,是指在保险合同的当事人之外,对于保险合同约定的利益享有独立请求权的人,包括被保险人和受益人。

(1)投保人

投保人又称要保人,是指与保险人订立保险合同并承担支付保险费义务的人。投保人可以是自然人,也可以是法人。但保险法要求其承担支付保费的义务,并规定人身保险的投保人在保险合同订立时,对被保险人应当具有保险利益。根据最大诚信原则,投保人对保险人负有告知义务和保证义务。

告知,也称为说明,是指在保险合同订立时,投保人应将有关保险标的的重要事实如实告知保险人。投保人履行告知义务的方式为陈述或者声明。《中华人民共和国保险法》(以下简称《保险法》)第16条规定,"订立保险合同,保险人就保险标的或者被保险人的有关情况提出询问的,投保人应当如实告知。"一般而言,在财产保险中,仅投保人具有告知义务;而在人身保险中,则不仅投保人具有告知义务,被保险人也具有告知义务,但受益人一般不负有告知义务。

投保人告知义务的内容,主要是指与保险标的有关的重要事实:

一是投保人的特殊投保动机。在财产保险中主要见于一些对于被保险人来说具有特殊纪念意义的物品,如祖传的古董等;在人身保险中则主要见于被保险人为特殊从业人员的情形,如刘翔为其脚投保人身保险,即具有特殊动机。

二是足以导致保险标的危险增加的事实。因为保险标的所可能遭受的危险因素对于保险人决定是否承保以及承担何种责任具有决定性意义。

三是表明保险标的危险特殊性的事实。

四是显示投保人在某方面不正常的事实。投保人投保后,其对保险标的的保护义务不因保险合同的成立而降低,投保人应该像正常情况下一样履行其应尽的义务。如果投保人出现异常情况,则有可能会对保险标的造成非正常的损失,因此需要告知保险人,以促使保险人尽快采取保护措施,阻止可能发生的道德危险。

保证,也称特约或担保,是指投保人或被保险人向保险人就特定事项的真实性所做的担保,如某一事实状态存在或不存在,或者作为或不作为某种事项等。投保人或被保险人的保证必须记载于保险合同之中,属于保险合同的重要组成部分。保证属于投保人或被保险人应该履行的合同义务,其目的在于控制危险,确保保险标的处于安全、稳定的状态之中。根据保证的表现形式不同,可以将保证分为明示保证和默示保证。如果将投保人或被保险人的保证事项记载于保险单或附件中,就是明示保证。如果保证事项并未记载于保险合同中,而是由法律规定,就是默示保证。

(2)保险人

保险人又称承保人,是指与投保人订立保险合同并收取保费、承担赔偿或支付保险责任的人。对于承保人的资格,各国法律均有严格限制。在我国,只有依法设立的保险公司才有资格充当保险人,经营商业保险业务。根据最大诚信原则,保险人负有说明义务。

保险人的说明义务,是指在保险合同订立阶段,保险人应该将保险合同条款,特别是免责条款的含义向投保人解释,以使投保人能够准确地理解保险合同条款的含义,从而明确自己的合同权利和义务。《保险法》只对保险人的格式条款说明进行了规定。《保险法》第17条规定,"订立保险合同,采用保险人提供的格式条款的,保险人向投保人提供的投保单应当附格式条款,保险人应当向投保人说明合同的内容。对保险合同中免除保险人责任的条款,保险人在订立合同时应当在投保单、保险单或者其他保险凭证上做出足以引起投保人注意的提示,并对该条款的内容以书面或者口头形式向投保人做出明确说明;未作提示或者明确说明的,该条款不产生效力"。

(3)被保险人

被保险人是指其财产或者人身受保险合同保障,享有保险金请求权的人。被保险人可以是投保人,也可以是投保人之外的其他人。但财产保险的被保险人在保险事故发生时,对保险标的应当具有保险利益。在国外的有些保单中,有所谓"额外被保险人"的规定,即除保单中列明的被保险人外,还包括其他在保险财产上有保险利益的人,或其损失亦包括于承保范围内的人。例如在火灾保险中,除保单列明的被保险人外,如有抵押权人条款,则被保险财产之抵押权人,可为额外被保险人。在我国的保险实践中,不存在所谓"额外被保险人"的做法,只有保单中列明的被保险人,才可享有保险金请求权。

(4)受益人

受益人是指在人身保险中、由被保险人或者投保人指定的、享有保险金请求权的人。投保人、被保险人可以为受益人。在受益人的指定中,由于投保人指定的受益人须征得被保险人同意,所以,被保险人起主导地位。

4. 保险利益

保险利益,也称可保利益,是指投保人或被保险人对于保险标的具有的法律上承认的利益,即在保险事故发生时,被保险人可能遭受的损失或失去的利益。保险利益原则,是指保险法以保险利益作为保险合同的效力要件,即被保险人或者投保人对保险标的不具有保险利益的,保险合同不生效。保险利益原则为现代许多国家的保险立法所明文规定。《保险法》第12条规定,"人身保险的投保人在保险合同订立时,对被保险人应当具有保险利益。财产保险的被保险人在保险事故发生时,对保险标的应当具有保险利益。保险利益是指投保人或者被保险人对保险标的具有的法律上承认的利益"。

(1)保险利益的功能

保险利益的功能在于:第一,防止将保险变为赌博。如果不要求投保人或被保险人对保险标的具有保险利益,则意味着任何人都可以随意就他人的人身或财产进行投保,与保险人订立保险合同。一旦发生保险事故,就可以得到保险赔款,保险就会沦为一种赌博游戏。第二,防止道德危险的发生。社会经验证明,一般的理性经济人很有可能做出损人利己的事情。如果没有保险利益的约束,则很可能出现投保人将他人的财产或人身投保后,为获得保险赔付,故意制造或人为地扩大已经发生的危险事故。要求投保人或被保险人对保险标的具有保险利益就可以有效地防止这种道德危险的发生,从而确保社会的安定。第三,限制财产保险的赔偿程度。保险人给付保险金必须以被保险人受到损失为前提,且赔偿金额不得超过被保险人实际所受到的损失。实际所受损失的计算必须以保险利益基础,没有保险利益就无法计算实际损失。

(2)保险利益的分类

保险利益,依其性质的不同,可以分为积极保险利益和消极保险利益。积极保险利益是指投保人或者被保险人所享有的保险标的的固有利益。比如房屋火灾保险中的保险利益即为积极保险利益。消极保险利益是指确保投保人或者被保险人避免其标的可能遭受的不利益。比如雇主为其雇员投保伤害保险中的保险利益即为消极保险利益。保险利益,依据保险标的的不同,可以区分为人身保险利益和财产保险利益。

(3)人身保险利益

人身保险利益是指投保人对于被保险人的生命或身体所具有的利害关系。从理论上分析,投保人对被保险人的生命或身体所具有的利害关系,是一种精神上的而非经济上的利害关系。精神上的利害关系一旦受到损害是无法通过经济补偿来弥补的,但是,在没有其他办法确保危险事故不发生的前提下,保险赔付也是一种有效的抚慰方式,至少可以减少受害人的痛苦。因此,人身保险要求投保人必须对被保险人的生命或身体具有利害关系,如果投保人对被保险人的身体或生命不具有保险利益,则被保险人的身体受到损害或者死亡,投保人不会产生精神痛苦,保险金给付的抚慰作用就无法实现。相反,投保人为了获得保险金给付,还可能做出危害被保险人身体或生命的事件,产生道德危险。因此,在人身保险中坚持保险利益原则既是防止道德危险的发生的需要,也是维护被保险人尊严的需要。

人身保险利益与财产保险的保险利益相比,具有如下区别:

第一,能否通过金钱予以衡量不同。人身保险中被保险人所受到的损失无法通过金钱衡量,不可能有确定的损失数额,财产保险中被保险人所受到的损失可通过金钱予以衡量,有确定损失数额。因此人身保险没有最高限额的问题,而财产保险有最高限额问题。

第二,保险利益的认定时间不同。人身保险的保险利益认定则以保险合同成立时为准,也就是说,只要在保险合同成立时,投保人对于保险标的具有保险利益即可,至于保险合同成立后,投保人是否还具有保险利益,对保险合同效力并无影响。财产保险的保险利益认定以保险事故发生时为准,也就是说,只要在保险事故发生时,被保险人对保险标的具有保险利益即可,至于在保险合同成立时,投保人对保险标的是否具有保险利益无关紧要。

第三,是否涉及被保险人的尊严不同。人身保险因涉及被保险人的尊严维护问题,所以很多国家的保险法规定,投保人不仅须对被保险人的身体或生命具有保险利益,还需要获得被保险人同意才可投保人身保险。财产保险,只要投保人对保险标的具有保险利益即可投保,并不需要取得被保险人同意的问题。

投保人对自己的生命或身体当然具有保险利益。投保人对他人是否具有保险利益,采用如下三种原则进行确认:

第一,利益原则,即认定投保人对他人是否具有保险利益,以两者之间是否存在利害关系为判断依据,有利害关系者则为有保险利益。

第二,同意原则,即认定投保人对他人是否具有保险利益,以他人(被保险人)的同意为判断依据,只要被保险人同意,无论两者之间是否有无利害关系,均认为保险利益存在。

第三,利益、同意兼顾原则,即投保人对他人是否具有保险利益,或者以两者之间是否存在利害关系为判断依据,或者以他人(被保险人)同意为判断依据。《保险法》第31条规定,"投保人对下列人员具有保险利益:(1)本人;(2)配偶、子女、父母;(3)前项以外与投保人有抚养、赡养或者扶养关系的家庭其他成员、近亲属;(4)与投保人有劳动关系的劳动者。除前款规定外,被保险人同意投保人为其订立合同的,视为投保人对被保险人具有保险利益。"

(4)财产保险利益

财产保险利益,是指被保险人对于保险标的所具有的某种合法的经济利益。具体而言,财产保险利益应该具备如下要件:第一,必须是合法的利益。所谓合法利益是指为法律所承认的利益。如果允许投保人可以非法利益进行投保,则一旦保险事故发生,他将获得保险赔付,非法利益转变为合法利益,保险成为投保人的一种"洗钱"工具。第二,必须是具有经济(金钱)价值的利益。财产保险的功能在于补偿被保险人因保险事故发生所受到的损失。一些不具有经济(金钱)价值的财产,如情人的书信,虽然对于所有权人来说,也许具有重大利益,因为不能以金钱加以计算,所以无法称为财产保险的标的。第三,必须是确定的利益。如果保险标的价值无法确定,也就意味着损失无法确定。损失无法确定,保险人就无法补偿。

财产保险保险利益,在实务中主要包括:一是物权享有人,包括所有权人和他物权人;二是标的物的善意占有人;三是合同权利人;四是实际期待利益;五是法律义务(责任)。

(5)保险利益确定的时间

人身保险利益只需在保险合同生效时存在,否则保险合同无效;至于保险事故发生时保险利益是否存在已经无关紧要,合同的效力不受影响。《保险法》第 12 条第 1 款规定,"人身保险的投保人在保险合同订立时,对被保险人应当具有保险利益。"人身保险利益的存在时间与财产保险利益的存在时间不同。《保险法》第 12 条第 2 款规定,"财产保险的被保险人在保险事故发生时,对保险标的应当具有保险利益。"人身保险利益与财产保险利益存在时间不同的主要原因为:第一,要求人身保险合同订立时投保人对被保险人具有保险利益,可以有效地避免道德危险的发生,能有效地保护被保险人的人身安全;第二,在确保避免道德危险的情况下,再对保险利益做出限制也无太大的价值,而且人身保险具有长期性,难免会出现变化;第三,大部分人身保险具有投资价值,只要求保险合同生效(订立)时具有保险利益,可以使这种投资具有流动性,进而提高投资价值。

对于财产保险利益的存在时间,一般认为保险利益在财产保险合同订立时可以不存在,但在保险事故发生时,保险利益必须存在。如果保险合同订立时投保人或被保险人对保险标的具有保险利益,但在保险事故发生时已经丧失的,则保险合同因此失效。《保险法》第 48 条规定,"保险事故发生时,被保险人对保险标的不具有保险利益的,不得向保险人请求赔偿保险金"。

(6)保险利益的转移

保险利益的转移,也称保险利益的变动。保险利益的变动发生在如下几种情况:

一是继承。财产保险的被保险人死亡,其财产由其法定继承人或遗嘱继承人继承,财产保险利益因而也随之转移于继承人。在保险合同没有另外约定的情况下,应该认为保险合同仍为继承人的利益而存在。人身保险的投保人以他人为被保险人投保人身保险,投保人死亡时,如果投保人和被保险人之间并不存在特定的人身(亲属、血缘、家庭)关系,保险利益非属投保人特有的,保险利益依法转移于其继承人。

二是转让。除因债权债务关系订立的人身保险合同中的保险利益可以随债权一同转移外,其他情况的人身保险合同并不存在保险利益因保险合同转让而转移的问题。《保险法》第 49 条规定,"保险标的转让的,保险标的的受让人承继被保险人的权利和义务。保险标的转让的,被保险人或者受让人应当及时通知保险人,但货物运输保险合同和另有约定的合同除外。因保险标的转让导致危险程度显著增加的,保险人自收到前款规定的通知之日起 30 日内,可以按照合同约定增加保险费或者解除合同。保险人解除合同的,应当将已收取的保险费,按照合同约定扣除自保险责任开始之日起至合同解除之日止应收的部分后,退还投保人。被保险人、受让人未履行本条第二款规定的通知义务的,因转让导致保险标的的危险程度显著增加而发生的保险事故,保险人不承担赔偿保险金的责任"。

财产保险的标的灭失,保险利益当然消灭。人身保险的投保人和被保险人之间构成保险利益的关系丧失的,保险利益原则上随之消灭。

5. 损失补偿

损失补偿,也称损失填补,是指被保险人在保险合同约定的保险事故发生后,保险人向被保险人给付保险赔偿,仅以补偿被保险人因此遭受的实际损失为限度。损失补偿原则是由保险制度的经济补偿职能所决定的,保险中的委付、损失分摊以及代位追偿权等制度,都由损失补偿原则所派生出来的。委付是指被保险人将保险标的物的一切权利转移给保险人,而因此要求保险人支付全部保险金额。损失分摊是指重复保险情形下,被保险的损失由各保险人进行分摊,被保险人所得的总赔偿金额不得超过实际损失额。代位追偿权是指当存在须对被保险人的损失承担赔偿责任的第三人时,保险人在赔偿被保险人的损失后,所取得的原为被保险人所享有的依法向该第三人请求赔偿的权利。

对于损失补偿原则能否适用于人身保险领域,理论上存在争议。有学者认为,人身保险的标的无法估价,因此其所遭受的损失也不是金钱可以弥补得了的,所以人身保险不属于补偿性合同,不能适用损失补偿的限制。有学者则认为,人身保险补偿的并不是人的生命或身体,而是因保险事故所失去的经济利益,虽然这种经济利益是难以估价,但并不是不能补偿,所以在人身保险同样要受损失补偿限制。❶《保险法》第 46 条规定,"人身保险的被保险人因第三者的行为而发生死亡、伤残或者疾病等保险事故的,保险人向被保险人或者受益人给付保险金后,不享有向第三者追偿的权利,但被保险人或者受益人仍有权向第三者请求赔偿"。

6. 近因原则

近因原则,是指危险事故的发生与损失结果的形成,须有直接因果关系(近因),保险人才对被保险人所受损失负补偿责任。近因原则是辩证法中的因果律在保险法中的体现和运用。按照辩证法因果律的基本原理,社会现象处于无限的因果关系链条之中,甲是乙的原因,乙是丙的原因,丙是丁的原因……因此,在寻找、确定事物产生的原因时必须将因果关系的链条控制在一定的范围内,否则就会导致原因的寻找没有穷尽。近因原则就是用以防止将导致保险标的损失的原因无限拉长,从而无法确定损失原因的法律制度。

7. 保险合同

保险合同是投保人与保险人约定,由投保人向保险人交纳保险费,当约定的保险事故或事件发生时,保险人履行给付保险金义务的协议。

(1)保险合同的特征

保险合同具有如下特征:

一是射幸合同。保险合同为射幸合同的一种。在保险合同中,合同双方的基本义务的履行具有不同时性。一方的对价是机会,效果不确定,可能有数 10 倍的效果,可能什么也没有。

二是附和合同。保险合同由保险公司预先拟定,其记载的内容一般不能任意变动。投保人对保险合同中记载事项,如不同意,但又不能提出不同的意见或建议的,只有同意合同才能成立。

---

❶ 李玉泉.保险法[M].北京:法律出版社,1997:85.

三是最大诚信合同。当事人违反诚信义务可能导致保险合同或相关条款的无效或撤销。

四是要式合同。保险合同必须采取"保险单或者其他保险凭证"的形式，以载明其内容。

五是金边合同。当保险公司的偿付能力出现问题时，监管部门可对其进行接管。

（2）保险合同的形式

《保险法》第13条的规定，保险合同必须采取"保险单或者其他保险凭证"的形式。在保险实务中，保险单又有投保单、暂保单和保险单之分。投保单是指投保人为订立保险合同而向保险人发出的书面要约。暂保单亦称为临时保险单，是保险人或者保险人的代理人同意承保而未签发正式保险单之前所出具的临时保险凭证。保险单是指保险人向投保人签发的以明示保险合同成立并受其约束的正式书面凭证。保险凭证也称为小保单，是保险人向投保人签发的用以证明保险合同已经成立的书面凭证。保险合同的形式并不以上述的投保单、暂保单、保险单和保险凭证为限，还可以表现为其他的书面形式。

（3）保险合同的内容

保险合同的内容包括：保险标的、保险责任和责任免除、保险期限、保险价值、保险金额、保险费以及支付办法、保险金的赔偿或者给付办法、违约责任及处理、订立时间。保险标的是指因投保而由保险人承担风险的财产（利益）和人身（利益）。保险责任是指保险人应承担的赔偿或给付责任。保险责任通常可分为基本责任、特约责任（附加责任）、单一责任、综合责任和一切责任。责任免除是指保险人不承担责任的范围。保险期限是指被保险人受合同保障的时间。保险价值是指保险财产的货币价格。它是产险投保时确定保险金额的基础。保险价值的确定分约定价值、法定价值和实际价值（市场价格）三种方法。保险金额是指保险人承担赔偿或者给付保险金责任的最高限额。保险费是投保人为使保险人承担保险责任而向保险人支付的费用。保险费的数额由保险金额、保险费率和保险期限决定。财产保险的赔偿方法主要有现金赔付、支付修复费用和修理三种方法。人身保险的保险金的给付方法主要有一次性支付、利息收入、定期收入、定额收入和终身收入等方式。

（4）保险合同的解释

《保险法》第30条规定，"采用保险人提供的格式条款订立的保险合同，保险人与投保人、被保险人或者受益人对合同条款有争议的，应当按照通常理解予以解释。对合同条款有两种以上解释的，人民法院或者仲裁机构应当做出有利于被保险人和受益人的解释"。

（5）保险合同的无效

保险合同具有如下情形的，无效：

一是歧视性格式条款。《保险法》第19条规定"采用保险人提供的格式条款订立的保险合同中的下列条款无效：（一）免除保险人依法应承担的义务或者加重投保人、被保险人责任的；（二）排除投保人、被保险人或者受益人依法享有的权利的"。

二是无保险利益的保险合同。《保险法》31条规定，"订立合同时，投保人对被保险人不具有保险利益的，合同无效"。

三是违规死亡保险。《保险法》第33条规定，"投保人不得为无民事行为能力人投保以死亡为给付保险金条件的人身保险，保险人也不得承保。但父母为其未成年子女投保的人身保险，不受前款规定限制。但是，因被保险人死亡给付的保险金总和不得超过国务院保险监督管理机构规定的限额"。

四是未经被保险人同意的死亡保险。《保险法》第34条规定,"以死亡为给付保险金条件的合同,未经被保险人同意并认可保险金额的,合同无效"。

五是超额保险。《保险法》第55条规定,"保险金额不得超过保险价值。超过保险价值的,超过部分无效"。

(二)铁路货物运输保险

货物运输保险,是指以运输过程中的货物作为保险标的保险。《铁路法》第17条规定,"托运人或者旅客根据自愿可以向保险公司办理货物运输保险,保险公司按照保险合同的约定承担赔偿责任"。货物运输保险为财产保险一种。货物运输保险,按照运输方式的不同,可以区分为公路货物运输保险、水上货物运输保险、航空货物运输保险和铁路货物运输保险。货物运输保险合同以运输货物为保险标的,但下列物质不得作为运输保险合同的保险标的:(1)国家禁止运输或者限制运输的物品;(2)托运人没有按照规定进行包装的物品,以及缺乏保证货物运输安全的必要性包装的物品;(3)无法鉴定其价值的物品。

1. 责任范围

责任范围包括基本险和综合险。

基本险包括:一因火灾、爆炸、雷电、冰雹、暴风、暴雨、洪水、海啸、地陷、崖崩、突发性滑坡、泥石流等自然灾害所造成的损失;二由于运输工具发生火灾、爆炸、碰撞、出轨或桥梁、隧道、码头坍塌所造成的损失,以及因运输工具在危难中卸载所造成的损失或者支付的合理费用;三在装货、卸货或转载时,因意外事故造成的损失;四是在发生上述灾害、事故时,因施救或保护货物而造成货物的损失及所支付的直接合理的费用。

综合险包括:一因受震动、碰撞、挤压而造成货物破碎、弯曲、凹瘪、折断、开裂的损失;二因包装破裂致使货物散失的损失;三液体货物因受震动、碰撞或挤压致使所用容器(包括封口)损坏而渗漏的损失,或用液体保藏的货物因液体渗漏而造成保藏货物腐烂变质的损失;四遭受盗窃的损失;五因外来原因致使提货不着的损失;六符合安全运输规定而遭受雨淋所致的损失。

由于下列原因造成保险货物的损失,保险人不负责赔偿:一是战争、军事行动、扣押、罢工、哄抢和暴动;二是地震造成的损失;三是核反应、核子辐射和放射性污染;四是保险货物的自然损耗,本质缺陷、特性所引起的污染、变质、损坏,以及货物包装不善;五是在保险责任开始前,被保险货物已存在的品质不良或数量短差所造成的损失;六是市价跌落、运输延迟所引起的损失;七是属于发货人责任引起的损失;八是被保险人或投保人的故意行为或违法犯罪行为;九是由于行政行为或执法行为所致的损失;十是其他不属于保险责任范围内的损失。

2. 责任期限

保险责任的起讫期,是自签发保险单(凭证)后,保险货物运离起运地发货人的最后一个仓库或储存处所时起,至该保险单(凭证)上的目的地的收货人在当地的第一个仓库或储存处所时终止。但保险货物运抵目的地后,如果收货人未及时提货,则保险责任的终止期最多延长至以收货人接到"到货通知单"后的十五天为限(以邮戳日期为准)。

3. 索赔处理

保险货物发生保险责任范围内的损失,按保险价值确定保险金额的,保险人应根据实际损失计算赔偿,但最高赔偿金额以保险金额为限;保险金额低于保险价值的,保险人对其损失金额及支付的施救保护费用按保险金额与保险价值的比例技术赔偿。保险人对货物损失的赔偿金额,以及因施救或者保护货物所支付的合理费用,应分别计算,并各以不超过保险金额为限。保险货物遭受损失后的残值,应充分利用,经双方协商,可作折价归被保险人,并在赔偿款中扣除。

被保险人向保险人申请索赔时,应当提供如下有关单证:一是保险单(凭证)、运单(货票)、提货单、发票(货价证明);二是承运人签发的货运记录、普通记录、交接验收记录、鉴定书;三是收货人的入库记录、检验报告、损失清单及救护货物所支付的直接费用的单据;四是其他有利于保险理赔的单证。

五、铁路货物运输合同的保价

保价,是指货物的保证价值,也称为声明价格,是承运人向托运人声明其托运货物的实际价值。保价运输,是指托运人向承运人声明其托运货物的价值,并向承运人支付相应的保价费用,当运输货物发生损失而由承运人承担赔偿责任时,承运人只需要按照托运人声明的价格进行赔偿。保价运输的货物,托运人除支付运输费用外,还需要支付一定的保价费。保价运输是铁路货物运输合同的组成部分,是铁路运输采用限额赔偿,保证承运人、托运人利益的一种有效措施。

保价与保险不同。保价是铁路货物运输合同的组成部分,保价责任是铁路运输企业责任的延续;保险是独立于铁路货物运输合同的另一个合同,保险责任独立于铁路运输企业的保险人的责任。

《铁路法》第 17 条规定,"托运人或者旅客根据自愿申请办理保价运输的,按照实际损失赔偿,但最高不超过保价额"。《铁路货物运输规程》第 56 条规定,"不保价运输的,不按件数只按重量承运的货物,每吨最高赔偿 100 元,按件数和重量承运的货物,每吨最高赔偿 2 000 元;个人托运的搬家货物、行李每 10 公斤最高赔偿 30 元,实际损失低于上述赔偿限额的,按货物实际损失的价格赔偿。货物的损失由于承运人的故意行为或重大过失造成的,不适用赔偿限额的规定,按照实际损失赔偿"。

托运人托运货物时,根据自愿的原则,可向发站要求办理保价运输,并支付货物保价费。按保价运输办理的货物,托运人应以全批货物的实际价格保价,货物的实际价格以托运人提出的价格为准。货物的实际价格包括税款、包装费用和已发生的运输费用。

托运人要求按保价运输货物时,应在货物运单"托运人记载事项"栏内注明"保价运输"字样,并在"货物价格"栏内以元为单位,填写货物的实际价格。全批货物的实际价格即为货物的保价金额。货物保价费用按保价金额乘以所适用的货物保价费率计算。货物保价费尾数不足 1 角时,按四舍五入处理。货物保价费每批起码额零担、集装箱为 5 角,整车为 2 元。对于有稳定条件的大宗货物,铁路局与托运人协商,可定期(日、旬、月)清算保价费用。

按保价运输办理的货物,应全批保价,不得只保其中一部分。保价率不同的货物作一批托运时,应分项填记品名及保价金额,保价费用分别计算。保价率不同的货物合并填记时,适用于其中最高的保价费率。以概括名称托运或品名、规格、包装不同,不能在货物运单内逐一填记的保价货物,托运人须提出物品清单(见《铁路货物运输规程》格式三)。物品清单一式三份,加盖车站承运日期戳后,一份由发站存查,一份随运输票据递交到站,一份交托运人备存。发站受理保价运输货物时,应按货物运单或物品清单记载,检查托运人填记的货物价格是否清楚、齐全,如认为有必要时,可以要求托运人提出确定价格的有关依据,予以核实。发现保价金额不符或涂改时,需更换货物运单或物品清单。货物保价费在货票现付栏内记明,与运费同时核收。但根据托运人要求,货物保价费也可以单独核收,在货物运单承运人记载事项栏和货票记事栏内注明"保价费另收"字样或加盖相同内容的戳记。

保价运输货物变更到站后,保价运输继续有效。承运后、发送前取消托运时,货物保价费应全部退还托运人。货物在发送前如发生损失并按有关规定处理时,货物保价费不再退还托运人。货物保价费发生补退款时,补款使用"保价费补退款收据",退款使用"车站退款证明书"。

承运人从承运货物时起,至将货物交付收货人时止,对保价货物发生的灭失、短少、变质、污染、损坏承担赔偿责任,但由于下列原因造成的,承运人不承担赔偿责任:(1)不可抗力;(2)货物本身的自然属性或合理损耗;(3)托运人、收货人或押运人的过错。

保价运输的货物发生损失时的赔偿额,按照实际损失赔偿。全批货物损失时,最高不超过保价金额;一部分损失时,则按损失货物占全批货物的比例乘以保价金额赔偿。托运人或收货人向承运人要求赔偿时,应按批向到站或发站提出"赔偿要求书"(见《铁路货物运输规程》格式十二),并附货物运单、货运记录(或普通记录)和有关证明文件。

托运人、收货人向承运人要求赔偿的有效期限为180日。有效期限由下列日期起算:货物灭失、损坏为承运人交给货运记录的次日;货物全部灭失,未编有货运记录的,为运到期限期满后的第31日。承运人在运到期限期满后,经过30天仍不能交付的货物,托运人、收货人可按货物灭失向到站要求赔偿。

对属于承运人承担赔偿责任的货物损失,承运人要主动向托运人或收货人赔偿。办理赔偿的最长期限,自车站接受赔偿要求书的次日起至填发"货运事故赔款通知书"(见《铁路货运事故处理规则》格式七)时止:款额在5 000元及以下的为10天;款额超过5 000元未满5万元的为20天;5万元及以上的为30天。逾期未能赔付时,每超过一天,处理站应向赔偿要求人支付赔款额1‰的违约金。违约金最多不超过赔款总额的20%。

第四节　行李包裹运输合同

一、行李包裹运输合同的概念

(一)行李包裹合同的含义

行李包裹运输合同,是行李运输合同和包裹运输合同的总称。行李运输合同是铁路旅客运输合同的从合同。行李运输合同的凭证是行李票,包裹运输合同的凭证是包裹票。

行李票、包裹票主要应当载明:(1)发站和到站;(2)托运人、收货人的姓名、地址、联系电话、邮政编码;(3)行李和包裹的品名、包装、件数、重量;(4)运费;(5)声明价格;(6)承运日期、运到期限、承运站站名戳及经办人员名章。

(二)行李、包裹的范围

1. 行李的范围

行李是指旅客自用的被褥、衣服、个人阅读的书籍、残疾人车和其他旅行必需品。行李中不得夹带货币、证券、珍贵文物、金银珠宝、档案材料等贵重物品和国家禁止、限制运输物品、危险品。行李每件的最大重量为50千克。体积以适于装入行李车为限,但最小不得小于0.01立方米。行李应随旅客所乘列车运送或提前运送。

2. 包裹的范围

包裹是指适合在旅客列车行李车内运输的小件货物。包裹分为四类:

一类包裹的范围为:自发刊日起5日以内的报纸;中央、省级政府宣传用非卖品;新闻图片和中、小学生课本。

二类包裹的范围为:抢险救灾物资,书刊,鲜或冻鱼介类、肉、蛋、奶类、果蔬类。

三类包裹的范围为:不属于一、二、四类包裹的物品。

四类包裹的范围为:(1)一级运输包装的放射性同位素、油样箱、摩托车;(2)泡沫塑料及其制品;(3)国务院铁路主管部门指定的其他需要特殊运输条件的物品。包裹每件体积、重量与行李相同。不能按包裹运输的物品:(1)尸体、尸骨、骨灰、灵柩及易于污染、损坏车辆的物品;(2)蛇、猛兽和每头超过20千克的活动物(警犬和运输命令指定运输的动物除外);(3)国务院及国务院铁路主管部门颁发的有关危险品管理规定中规定的危险品、弹药以及承运人不明性质的化工产品;(4)国家禁止运输的物品和不适于装入行李车的物品。

(三)合同的成立和终止

行李包裹合同自承运人接收行李包裹并填写行李包含票时成立,至行李包裹运至到站、到达地或者旅客、托运人指定地点交付旅客、收货人止。

二、行李包裹运输合同的效力

(一)承运人

1. 权利

(1)按规定收取运输费用,要求托运的物品符合国家政策法令和铁路规章制度。对托运的物品进行安全检查,对不符合运输条件的物品拒绝承运。

(2)因托运人、收货人的责任给他人或承运人造成损失时向责任人要求赔偿。

2. 义务

(1)为托运人提供方便、快捷的运输条件,将行李、包裹安全、及时、准确运送到目的地。

(2)行李、包裹从承运后至交付前,发生灭失、损坏、变质、污染时,负赔偿责任。

(二)托运人

1. 权利

(1)要求承运人将行李、包裹按期、完好地运至目的地。

（2）行李、包裹灭失、损坏、变质、污染时要求赔偿。

2. 义务

（1）缴纳运输费用，完整、准确填写托运单，遵守国家有关法令及铁路规章制度，维护铁路运输安全。

（2）因自身过错给承运人或其他托运人、收货人造成损失时应负赔偿责任。

（三）赔偿责任

《合同法》第303条规定，"在运输过程中旅客自带物品毁损、灭失，承运人有过错的，应当承担损害赔偿责任。旅客托运的行李毁损、灭失的，适用货物运输的有关规定"。

因承运人过错到站铁路旅客自带行李包裹损失的，一般按实际损失赔偿，但不得超过法律规定的最高限额或者当事人约定的限额。

三、行李包裹运输合同的履行

（一）托运

旅客在乘车区间内凭有效客票每张可托运一次行李，残疾人车不限次数。托运下列物品时，托运人应提供规定部门签发的运输证明：（1）金银珠宝、珍贵文物、货币、证券、枪支；（2）警犬和国家法律保护的动物；（3）省级以上政府宣传用非卖品；（4）国家有关部门规定的免检物品；（5）国家限制运输的物品；（6）承运人认为应提供证明的其他物品。

托运动、植物时应有动、植物检疫部门的检疫证明。托运放射性物品、油样箱时，应按照国务院铁路主管部门的规定提出剂量证明书、油样箱使用证。

行李、包裹的包装必须完整牢固、适合运输。其包装的材料和方法应符合国家或运输行业规定的包装标准。承运后、交付前包装破损、松散时，承运人应负责及时整修并承担整修费用。行李、包裹每件的两端应各有一个铁路货签。货签上的内容应清楚、准确并与托运单上相应的内容一致。

托运易碎品、流质物品或一级运输包装的放射性同位素时，应在包装表面明显处贴上"小心轻放""向上""一级放射性物品"等相应的安全标志。

托运金银珠宝、货币证券、文物、枪支、中途需饲养的动物等必须派人押运。押运人应购买车票并对所押物品的安全负责。承运人应为押运人购票提供方便。车站行李员对已经办理承运的包裹应通知押运人装车日期和车次。列车行李员应对押运人进行登记并告之安全等注意事项。

（二）运到期限

行李、包裹的运到期限以运价里程计算。从承运日起，行李600千米以内为三日，超过600千米时，每增加600千米增加一日，不足600千米也按一日计算。包裹400千米以内为三日，超过400千米时，每增加400千米增加一日，不足400千米也按一日计算。快运包裹按承诺的运到期限计算。由于不可抗力等非承运人责任发生的停留时间加算在运到期限内。

行李、包裹超过规定的运到期限运到时，承运人应按逾期日数及所收运费的百分比向收货人支付违约金。一批中的行李、包裹部分逾期时，按逾期部分运费比例支付。违约金最高不超过运费的 30％。行李、包裹变更运输时,逾期运到违约金不予支付。收货人要求支付违约金时,凭行李票、包裹票在行李包裹到达次日起 10 日以内提出。

收货人要求将逾期运到的行李运至新到站时,可凭新车票办理,不再支付运费,承运人也不再支付违约金。

(三)领取

行李从运到日起、包裹从发出通知日起,承运人免费保管 3 天,逾期到达的行李、包裹免费保管 10 天。因事故和不可抗力等原因而延长车票有效期的行李按车票延长日数增加免费保管日数。超过免费保管期限时,按日核收保管费。

包裹到达后,承运人应及时通知收货人领取。通知时间最晚不得超过包裹到达次日的 12 点。行李、包裹超过运到期限 30 天以上仍未到达时,收货人可以认为行李、包裹已灭失而向承运人提出赔偿。

收货人询问行李、包裹是否到达时,承运人应及时予以查找。对逾期未到的行李、包裹应及时做查询记录。

收货人领取行李、包裹时,如发现有短少或异状应在领货时及时提出。承运人必须认真检查,必要时可会同公安人员开包检查。检查发现有损失时,应编制事故记录交收货人作为要求赔偿的依据。

收货人凭行李、包裹领取凭证领取行李、包裹。如将领取凭证丢失,必须提出本人身份证、物品清单和担保人的担保书,承运人对上述单、证和担保人的担保资格认可后,由收货人签收办理交付。如在收货人声明领取凭证丢失前行李、包裹已被冒领,承运人不承担责任。

经当事人双方约定,包裹也可使用领取凭证的传真件领取,约定内容应记载在包裹票记事栏内。收货人要求凭印鉴领取包裹时,应与承运人签订协议并将印鉴式样备案。经约定凭传真件或凭印鉴领取时,收货人不得再凭领取凭证领取。

(三)无法交付物品的处理

对无法交付的行李、包裹或旅客的遗失物品、暂存物品,承运人应登记造册,妥善保管,不得动用。枪支弹药、机要文件以及国家法令规定不能买卖的物品应及时交有关部门处理。容易变质的物品应及时处理。

行李从运到日起,包裹从发出通知日起,遗失物品、暂存物品从收到日起,承运人对 90 天以内仍无人领取的物品应在车站进行通告。通告 90 天以后仍无人领取时,应报上一级主管部门批准后予以变卖。

对变卖所得款项,扣除所发生的保管费、变卖手续费等费用的剩余款额,旅客、托运人、收货人在 180 天以内来领取时,承运人凭旅客、托运人、收货人出具的物品所有权的书面证明办理退款手续。不来领取时,上缴国库。属于事故行李、包裹的变卖款拨归承运人收入。

(四)异常情况的处理

发现品名不符时,在发站,应补收已收运费与正当运费的差额;在到站,加收应收运费与已收运费差额两倍的运费。到站发现重量不符应退还时,退还多收部分的运费。应补收时,只补收超重部分正当运费。如将国家禁止、限制运输的物品或危险品伪报其他品名托运时,在发站取消托运,在中途站停止运送(在列车上发现危险品交前方停车站),均通知有关部门和托运人处理,已收运费不退,按四类包裹另行补收运输区段的运费及保管费。

发现无票运输的物品,按实际运送区间加倍补收四类包裹运费。

四、行李包裹运输合同的变更

托运人在办理托运手续后,可按如下规定办理一次行李、包裹变更手续(鲜活包裹不办理变更),核收变更手续费:(1)在发站装车前取消托运时,退还全部运费;(2)装运后要求运回发站或变更到站的(行李只办理运回发站或中止旅行站),补收或退还已收运费与实际运送区间里程通算的运费差额;(3)旅客在发站停止旅行,要求仍将行李运至到站时,按包裹收费,应补收发站至到站的包裹与行李运费的差额。

办理变更运输后产生的杂费按实际产生的核收。如已收运费低于已产生的杂费时,则不补收杂费也不退还运费。但因误售误购客票产生的行李变更时,不收变更手续费。

复习思考题

1. 简述铁路运输合同的特征?
2. 试述铁路旅客运输合同的效力?
3. 铁路旅客作为消费者享有哪些权利?
4. 铁路运输企业作为经营者应当承担哪些义务?
5. 试述铁路承运人对运输货物损失免于承担赔偿责任的情形?
6. 简述铁路运输合同违约责任的归责原则。
7. 简述保险利益原则的内涵和功能。

案例思考题

案例一

陈某在深圳火车北站购买了 2014 年 4 月 24 日 7 时深圳北至深圳坪山的 D2282 次火车票,票价 10.5 元,票面右上角标注了"深圳北售"。陈某已于 2014 年 4 月 24 日 7 时乘坐该次列车从深圳北到达深圳坪山。陈某称,当其要求广深公司提供火车票发票时,广深公司回复火车票就是发票,名称就是火车站深圳北站。陈某认为,广深公司应当向陈某提供符合《中华人民共和国发票管理办法》规定的发票,火车票上标注的"深圳北售",不是广深公司,构成欺诈,应当承担赔偿责任,赔偿 500 元。

根据《中华人民共和国发票管理办法》第四十四条规定:"国务院税务主管部门可以根据有关行业特殊的经营方式和业务需求,会同国务院有关主管部门制定该行业的发票管理办法",《铁路运输收入管理规程》第七条"铁路客货运输票据的范围和性质,铁路办理客货运输使用的各种车票、行李票、包裹票、货票、客货运杂费收据、定额收据、有价表格等统称为铁路客货运输票据。铁路客货运输票据是国家批准的专业发票,属有价证券……"和第八条"铁路客货运输票据的印制铁路客货运输票据的格式、底纹、规格、墨色、用纸等标准由铁道部规定(国际联运票据的样式、规格按国际铁路合作组织规章规定)。印票底纹版由铁道部监制……"《铁路旅客运输规程》第二十八条"车站(到乘降所下车时为列车)对已使用完毕的车票应收回。旅客需报销时,应事先声明,站、车将销角的车票交旅客作为报销凭证……"以及《国家税务总局关于铁路运输和邮政业营业税改征增值税发票及税控系统使用问题的公告》第一条发票使用问题第(二)项"中国铁路总公司及其所属运输企业(含分支机构)可暂延用其自行印制的铁路票据……"的规定,铁路运输企业可以自行印制铁路票据,铁路运输企业根据规定印制的火车票可以作为发票使用。广深公司作为铁路运输企业向陈某提供旅客运输服务,并向陈某出具了按照国家有关规定印制的火车票,符合《中华人民共和国消费者权益保护法》的有关规定。

广深公司作为铁路运输企业向陈某出售的火车票标明了票号、乘车日期、座别、发站和到站站名、车次、票价、乘车人姓名、身份信息及"深圳北售"等字样,火车票的印制符合《铁路旅客运输规程》客票印制的相关规定,亦符合《中华人民共和国消费者权益保护法》第二十一条第一款"经营者应当标明其真实名称和标记"的规定。

上诉人陈某不服一审判决提起上诉称:铁路企业在火车票上仅标注"深圳北售",没有标注真实名称,有违上述规定义务。根据《消费者权益保护法》之规定,经营者有应消费者要求提供发票等购货凭证或者服务单据的义务,该义务不仅是行政责任,也是民事责任。根据2010年《发票管理办法》第二十二条第一款的规定,经营者提供的发票必须加盖发票专用章。即使铁路运输属于特殊行业,铁路企业可以延用自行印制的铁路票据,也应当在该车票上加盖公章,注明经营者的真实名称。广深公司以"深圳北"的虚假名称销售火车票给陈某,构成欺诈,应当承担惩罚性赔偿500元的民事责任。

二审法院认为,原审判决认定事实清楚,适用法律正确,依法应予维持。

思考:火车票未标明铁路运输企业名称是否合法?

分析:广深公司与"深圳北"之间的关系应当如何理解?

提示:车票标明深圳北而不标明广深公司,从严格规范的角度来说,确实存在不足,但是从旅客理解的角度来说并不构成欺诈。因为根据交易习惯,从法理上分析,深圳北是广深公司的代表。

案例二

2015年1月23日,原告戴某通过网络购买被告所属的K577次长沙至娄底的硬卧上铺车票,票价74.50元。在到达娄底之前,原告主动要求越站至溆浦,K577次列车工作人员告诉其娄底至溆浦硬卧上铺须支付补票款83.50元,原告对补票款的计算方式不认可,但还是为此支付83.50元办理补票手续,并乘车至溆浦站下车。因购买K577次长沙至溆浦硬卧上铺票价为100.50元,原告不认可其计算方式,双方僵持不下。碍于处于弱势地位,原告只得先支付83.50元票款,再寻求其他救济。原告认为,被告行为侵害原告合法权益,特依据民事诉讼法之规定,向法院提起诉讼,请求判令被告返还票款57.50元并承担本案全部诉讼费用。

法院认为,原告作为完全民事行为能力人,在知悉客票价格的情况下,没有在原运输合同约定的到站娄底站下车,而是自主、自愿选择越站乘车变更新的到站,并支付越站区间的票价和手续费,系其与被告在平等、自愿、诚信的基础上对原合同进行变更,合同内容为双方当事人的真实意思表示,且不违反法律的禁止性规定,合法有效,对双方均具有约束力。被告工作人员按照《铁路旅客运输规程》《铁路运输办理细则》《铁路客运运价规则》《铁路客运票价表》等规章核算得出并收取原告娄底—溆浦区间的运价83.50元符合相关规定。人民法院受理民事诉讼的范围是平等主体之间因财产关系和人身关系提起的民事诉讼。因此，原告主张被告票价计算方式不合理，不属于本案审查范围，应另循途径解决。原告以不认可被告车票计算方式为由，请求返还57.50元票款的请求没有事实及法律依据，本院不予以支持。

思考：车票的票价的计算方式是否合理？

分析：车票标价计算依据除距离外，是否还需要考虑其他因素？

提示：从保障旅客权益角度而言，铁路部门需要将车票票价的计算依据公开，接受社会公众监督。

第四章

侵权法律制度

第一节　侵权的界定

一、侵权的含义

侵权中的"侵"是指"侵害"，"权"是指权益。侵权，必定是人的"行为""侵害"他人权益，称为侵权行为。侵权行为的后果是导致侵权责任，有侵权行为，必定导致侵权责任，两者之间存在因果关系，"侵权行为"是"因"，"侵权责任"是"果"。"侵权"，既可以指"侵权行为"，又可以指"侵权责任"。"侵权"，从行为人的角度而言，是"侵权行为"，从受害人的角度而言，是"侵权责任"。

侵权行为可以依据不同的标准进行分类：

一是一般侵权行为和特殊侵权行为。一般侵权行为以过错责任作为归责原则，特殊侵权行为以非过错责任作为归责原则。

二是自己责任的侵权行为和替代责任的侵权行为。自己责任的侵权行为是指行为人与责任人合一，替代责任的侵权行为是指行为人和责任人分离。替代责任的侵权行为的行为人和责任人必定存在某种特殊关系，如隶属、雇佣、代理、监护等。

三是行为侵权和物件侵权。行为侵权是指人的行为直接侵害他人权益。物件侵权是指受人控制的物件给他人权益造成侵害。

四是多数人侵权行为和单独侵权行为。多数人侵权行为是指侵权人为两人或者两人以上。单独侵权行为是指侵权人为一人的侵权行为。

五是作为侵权和不作为侵权行为。作为侵权行为是指行为人积极实施某种行为侵害他人权益，不作为侵权是指行为人违反义务，不履行某种行为而导致他人权益遭受侵害。

侵权，是指对权利或者利益的侵害，从受害人的角度而言，就是哪些权利和利益遭受损害后，可以依照《侵权责任法》的规定，追究侵权人的责任。《侵权责任法》第2条规定，"本法所称民事权益，包括生命权、健康权、姓名权、名誉权、荣誉权、肖像权、隐私权、婚姻自主权、监护权、所有权、用益物权、担保物权、著作权、专利权、商标专用权、发现权、股权、继承权等人身、财产权益"。

（一）人身权

人是主体，具有三种属性：一是人是动物性存在，具有生命物质利益；二是人是伦理性存在,具有精神利益;三是人社会性存在,具有财产利益。人身权可以区分为人格权和身份权。人格权可以区分为物质性人格权和精神性人格权。物质性人格权和精神性人格权的区别在于:第一,物质性人格权只能由自然人享有,精神性人格权的主体既可以是自然人,也可以是法人;第二,物质性人格权具有绝对权性质,侵权责任法给予严格保护。第三,精神性人格权被侵害只有经济利益或者精神利益的损害,不涉及人身伤亡等有形损害。

第一,生命权。生命是自然人存在的基础,是其他所有权利的来源,是法律保护的最高利益。生命权的特征在于,即便受害人同意,帮助他人自杀亦构成侵权,且是唯一一项由受害人之外的第三人主张赔偿的权利。

第二,健康权。健康有生理健康和心理健康之分。健康权是否包括心理健康,理论上有肯定说和否定说两种观点。肯定说认为,健康应当包括生理健康和心理健康。否定说认为,健康仅指生理机能的完善,不包括心理机能的完善,心理健康不需要通过健康权予以保护,而可以通过精神损害赔偿的方法加以实现。

第三,姓名权。姓名,是自然人与他人相区别作为社会存在的符号。姓名对于自然人的意义主要体现在便于与他人建立稳定的社会交往关系,自然人可以通过抽象的姓名这一符号而与他人交往。对于姓名权的性质,理论上有人格权和人格权兼身份权之争。人格权说认为,姓名权是任何自然人都具有的、不可或缺的权利,所以为人格权。人格权兼身份权说认为,姓名与生命、健康、身体、自由和其他尊严不同,姓名并不是一个人因出生的事实而取得人的地位,它不是一个人之所以为人的根本,一个人没有姓名不妨碍他是一个人,人们可以通过其他的描述来标志他。此外,姓名权主体如果愿意,他还可以按照自己的意志来改变自己的姓名。因此,对于人来说,姓名似乎是"身外之物"。

第四,名誉权。人不仅是物质性的存在,还是精神性的存在,具有名誉感。名誉权,是指主体依法享有维护自己名誉不被他人侵害的权利。侵害名誉权的后果是导致被侵权人的社会评价降低。

第五,荣誉权。荣誉,是团体对特定主体的一种赞誉、表扬或者奖励,具体表现为各种荣誉称号。荣誉权,是指主体享有维护自己荣誉称号不受他人侵害的权利。

第六,肖像权。肖像是指以一定的物质载体再现自然人的外部特征的视觉形象。肖像不以自然人的面部形象为限,凡是可以令第三人通过载体所呈现的形象特征判断为何人者,均构成肖像。肖像的载体多种多样,包括但不限于绘画、雕刻、剪纸、录像、电影、照相等。肖像权是指自然人对自己肖像进行利用的权利。肖像权的利用可以区分为商业化利用和非商业化利用两种情形。侵害肖像权由此可以分为以营利为目的的侵害肖像权和不以营利为目的侵害肖像权两种情形。不以营利为目的的侵害肖像权的行为是指未经肖像权人同意而使用他人肖像或者故意丑化他人肖像。例如,原告到中心血站献血,被告记者欲进行报道而拍照,原告明确表示拒绝并不同意被告公开刊用自己的照片,被告对原告的要求不予理睬而予以公开刊用,构成肖像侵权行为。

第七,隐私权。隐私权,是指自然人享有的私人生活安宁与私人信息秘密进行支配并排除他人干涉的权利。隐私权的保护程度在一定程度上反映了一个社会的文明程度。隐私权是一种基本人格权利。

第八,婚姻自主权。婚姻自主权,是指自然人所享有的按照自己意愿与他人结婚和离婚的权利。实践中，侵害婚姻自主权的主要行为有买卖婚姻、包办婚姻及其他干涉婚姻自由的行为。

第九，监护权。监护权，是指监护人对被监护人依法享有的监督、管理、教育和保护的权利。监护权侵害常见的情形有：一是拐卖被监护人；二是因医疗机构过失导致婴儿被抱错的情形。例如，原告在被告广州铁路中心医院妇产科顺产一名男婴，并于2月10日下午出院。当晚10时许，原告发现婴儿手腕上套着的塑料手环写着别人的名字，后来，被告广铁中心医院也来电证实的确因医院工作失误而致使两家的父母抱错婴儿，并通知两家的父母来医院换回婴儿。刚为人母的原告虽然通过亲子鉴定换回了自己亲生的儿子，但仍遭受精神打击，故要求院方赔偿精神损失费共2万元。

第十，身体权。身体权是一项物质性人格权，对于身体权的概念，理论上有不同的见解。一般而言，身体权是指权利人保持身体完整的权利，破坏身体完整的行为，即构成对身体权的侵害。身体的完整性包括两个方面，一是实质性完整，即身体实质组成部分不得残缺；二是形式完整，即身体组成部分不得被非法触摸。身体权的客体为身体，对于通过技术手段植入人体的器官，是否构成身体的一部分，理论上有"自由装卸说"和"专业人士装卸说"两种学说。"自由装卸说"认为，假牙、假肢等已经构成身体不可分离的一部分的，亦应属于身体，但可以自由装卸的则不属于身体。"专业人士装卸说"认为，需要由专业医学人员依照严格的医学操作规程进行自由装卸的才是身体的一部分。人体器官与人体分离后，是否还是身体的一部分，理论上有不同的观点。❶身体权和健康权两者有密切联系，但存在区别。侵害身体权不一定侵害健康权，如强行剪去他人头发；侵害健康权也不一定侵害身体权，如输血感染病毒；侵害身体权也可能同时侵害健康权，如伤人手臂。

第十一，配偶权。配偶权是基于婚姻关系而产生权利。配偶权具有相对性和绝对性，相对性表现具有婚姻关系的特定当事人之间所享有的权利，绝对性在于配偶权具有公示性，为第三人所知悉。侵害配偶权表现为具有夫妻身份的一方当事人与第三人发生性关系。

(二)财产权益

财产权主要包括所有权、用益物权、担保物权、著作权、专利权、商标专用权、发现权、股权等。财产利益主要是指纯粹经济损失和机会损失。

纯粹经济损失，也称纯粹财产损失，是指因人身或者财产受到侵害而遭受的有形损害之外的经济损失。纯粹经济损失，既不是侵害人身、财产而造成的直接经济损失，也不是因人身、财产受到侵害而引发的间接经济损失。机会损失，是指加害人的行为剥夺了受害人获得利益或避免损害发生的机会。

二、多数人侵权

(一)多数人侵权的含义

多数人侵权，是指行为人为两人或者两人以上所实施的侵权行为。多数人侵权，依据不同的标准，可以进行不同的分类：

---

❶ 柳春光. 身体权研究[D]. 哈尔滨:黑龙江大学,2015:82.

一是依据多数人之间关系的不同,可以区分为多数人共同侵权和多数人非共同侵权。多数人共同侵权包括共同加害行为、共同危险行为和教唆帮助行为;多数人非共同侵权是指无意思联络的数人侵权。

二是依据因果关系的不同,可以区分为一因一果的数人侵权和多因一果的数人侵权。

1. 共同加害行为

共同加害行为,也称狭义的共同侵权行为,为典型的共同侵权行为,是指数人共同实施加害行为导致他人损害,数人应承担连带责任的多数人侵权形态。共同加害行为中的"共同"应当如何理解,理论上存在主观共同说、客观共同说和主客观共同说的分歧。

主观共同说认为,共同加害行为中的"共同"仅指行为人主观上的共同,不包括客观上的共同。客观共同说认为,不以共同意思联络为必要条件,只要客观上具有共同性即可。主客观共同说认为,共同加害行为中的"共同"有三层含义:一是共同故意;二是共同过失;三是故意和过失的结合。

2. 共同危险行为

共同危险行为,是指数人实施危及他人权益安全的行为,但不能确定系谁所实际实施的行为导致他人损害,而由全体行为人承担连带责任的多数人侵权形态。共同危险行为认定中的重要要件为,不能确定具体加害人,如果能够确定具体加害人,就不构成共同危险行为。共同危险行为人承担连带责任的基础在于,受害人举证能力有限,法律便将全体危险行为人视为一个整体,在程序法意义上属于一种推定。

共同危险行为和共同加害行为的区别在于,共同危险行为的损害结果是部分人所致,非全体人所为;共同危险行为人可以通过证明自己的行为与损害后果之间没有因果关系,或者证明具体的侵权人是谁来免责,但共同加害行为人无法通过此种证明来免责。

3. 教唆帮助行为

教唆帮助行为,也称视为的共同侵权行为,是指教唆、帮助他人实施侵权的情形。教唆、帮助完全民事行为能力人实施侵权行为,承担连带责任;教唆、帮助无民事行为能力人、限制民事行为能力人,承担侵权责任,监护人未尽到监护职责的,承担相应责任。

4. 无意思联络的数人侵权

无意思联络的数人侵权,也称客观关联的多数人侵权,是指数人分别实施加害行为导致他人同一损害的侵权形态。无意思联络的数人侵权,如果每个人的行为足以造成全部损害的,承担连带责任;不足以造成全部损害的,承担按份责任,其中,不能确定份额的,平均承担。例如,甲、乙均与丙不和,一日丙从楼下经过时,甲、乙分别独自从三楼和五楼各掷一个烟灰缸同时砸到丙的身上,为故意的竞合。风雨交加的夜晚,丙从一楼下经过时,被从三楼、五楼坠落的两个分属于甲、乙的花盆同时砸到身上,为过失的竞合。

(二)多数人侵权的责任

多数人责任,是指多数人对某一损害承担责任。多数人责任内部为按份责任,但对外可能是按份责任(即每个责任人对权利人承担一定的责任份额),也可能是连带责任(即每个责任人都有义务向权利人承担全部责任,然后再向其他应当承担责任的责任人追偿)。从对外的视角来看,多数人责任可以区分为按份责任、连带责任和补充责任三种类型。多数人中的按份责任与单一主体责任并无本质区别,因此,多数人责任主要是指连带责任和补充责任。

1. 连带责任

连带债务的债权人可以同时或先后请求连带债务人履行给付义务。连带债务人清偿连带债务后,享有求偿权。连带债务人的求偿权,是指一个连带债务人满足债权人的债权后,在超出其于债务人内部关系中应承担份额的范围内,对其他连带债务人享有请求补偿的权利。

债务人求偿权的扩张或延伸,也称为"二次分担",是指对债权人已为给付的连带债务人对其他连带债务人的求偿无果的情形下,已为给付的连带债务人在内的有偿付能力的债务人共同对不能获偿的部分,应当按照各自在内部关系中的承担比例进行再次分配。

连带责任与按份责任的区别在于,对部分责任人丧失清偿能力的风险安排,按份责任将风险分配给了权利人,连带责任则将风险分配给责任人承担了,每个有清偿能力的责任人需对其他丧失了清偿能力的责任份额承担责任。连带责任与非连带责任相比,显然有利于权利人,不利于责任人。民法上的责任以非连带责任为原则,连带责任必须有特殊理由第一,责任自负的要求。分别责任强调多数人造成损害时,行为人只需承担自己的责任;连带责任承担全部责任时,实际上也是替其他债务人承担责任。第二,责任承担的基本逻辑要求。分别责任要求各行为与损害后果要有因果关系,连带责任承担不一定各行为与损害后果有因果关系,与责任承担的基本逻辑相悖。第三,责任承担的公平要求。分别责任根据一定标准对行为人责任进行划分,对外效力类似过错责任;连带责任对外承担全部责任,仅仅在内部进行责任划分,对外效力更类似于结果责任。结果责任相较于过错责任,不公平可能性更高。

《民法通则》第 66 条第 3 款规定,代理人和第三人串通,损害被代理人的利益的,由代理人和第三人负连带责任。第 4 款规定,第三人知道行为人没有代理权、超越代理权或者代理权已终止,还与行为人实施民事行为给他人造成损害的,由第三人和行为人负连带责任。第 67 条规定,代理人知道被委托代理的事项违法仍然进行代理活动的,或者被代理人知道代理人的代理行为违法不表示反对的,由被代理人和代理人负连带责任。

《中华人民共和国侵权责任法》(以下简称《侵权责任法》)第 9 条第 1 款规定,教唆、帮助他人实施侵权行为的,应当与行为人承担连带责任。第 36 条第 2 款规定,网络用户利用网络服务实施侵权行为的,被侵权人有权通知网络服务提供者采取删除、屏蔽、断开链接等必要措施,网络服务提供者接到通知后未及时采取必要措施的,对损害的扩大部分与该网络用户承担连带责任。第 36 条第 3 款规定,网络服务提供者知道网络用户利用其网络服务侵害他人民事权益,未采取必要措施的,与该网络用户承担连带责任。第 51 条规定,以买卖等方式转让拼装或者已达到报废标准的机动车,发生交通事故造成损害的,由转让人和受让人承担连带责任。

2. 补充责任

补充责任,是指补充责任人对于直接责任人未能承担的责任部分予以清偿的责任形态。对于补充责任,理论上有"顺位补充说"和"直接责任人的补充说"两种观点。"顺位补充说"认为,直接责任人承担第一顺位的赔偿责任,补充责任人处于责任承担的第二顺位。"直接责任人的补充说"认为,只有在无法确定直接责任人或直接责任人无力承担赔偿责任的情况下才承担补充责任。"顺位补充说"为理论上的通说。按照"顺位补充说",在直接责任人承担责任之前,补充责任人有权拒绝赔偿权利人的赔偿请求,称为"给付拒绝权"。补充责任人不能行使"给付拒绝权"的情形有:一是直接责任人无赔偿能力;二是直接责任人无法确定;三是直接责任人下落不明。补充责任,根据责任范围的不同,可以分为全额的补充责任和相应的补充责任。

全额的补充责任,又称"无限的补充责任",是指对赔偿权利人未获清偿的所有损失,补充责任人均应负责补足。补充责任的范围以第一责任人未实际履行的部分为限,而无其他限制。相应的补充责任,又称"有限的补充责任",是指对于直接责任人未能实际承担的责任部分,补充责任人不是全部承担,而是按照自身过错程度或原因力大小等多种因素,限定补充责任的范围。

案例阅读

铁路部门对于铁路旅客因第三人的原因而遭受的损失承担补充赔偿责任

案情:2016 年 6 月 22 日,原告汪某乘坐 D2256 次动车由大英东至重庆北,上车后,第三人苏某在放置自己的行李箱时,行李箱脱落砸伤原告头部。

思考:铁路部门与第三人苏某之间是什么关系?

分析:苏某作为直接侵权人,应当承担赔偿责任。成都铁路局作为承运人负有安全保障义务,在第三人放置行李的过程中,其未尽到合理限度范围内的安全保障义务防止旅客汪某被砸伤,应当承担相应的补充责任。

提示:铁路部门不仅应当保障自己的工作人员不侵害铁路旅客权益,还应当保障第三人(其他铁路旅客)不得侵害铁路旅客权益。

第二节　侵权的要件

行为是人内心主观心态的外在客观反映,为主客观要素的有机统一整体,在本体论意义上无法分割。但是,人们对事物的观察,总有个视角问题,不可能无视角观察、认识、研究事物,因此,在认识论意义上,在认定某个行为是构成侵权行为时,需要将行为划分为几部分,从而形成了关于侵权行为构成要件的不同学说。三要件说认为有行为、损害和因果关系三个要件;四要件说认为有行为、过错、损害和因果关系四个要件;五要件说认为有行为、过错、违法、损害和因果关系五个要件;七要件说认为有行为、责任能力、过错、违法、侵害权利或者法益、损害和因果关系七个要件。对于侵权的构成要件,国外有三种不同的立法例:一是英国法模式,即类型化的构成要件模式,对每一类侵权行为分别确定构成要件。二是法国法模式,即一般化的构成要件模式,任何人都应当赔偿因不法、过错给他人所造成的损害。三是德国法模式,即根据保护的客体不同,分为权利侵害型、利益侵害型和违反保护法律型三种类型,分别规定构成要件。

《侵权责任法》第 6 条规定,"行为人因过错侵害他人民事权益,应当承担侵权责任"。《民法通则》第 106 条规定,"公民、法人由于过错侵害国家的、集体的财产,侵害他人财产、人身的,应当承担民事责任。"根据这一规定,理论上一般认为,侵权行为的构成要件有四,即损害、违法(过错)、因果关系及不存在免责事由。

一、损　　害

自然意义上的损害,是指受害人人身或财产遭受的不利益,是指物质利益或者精神利益的非自愿丧失。"不利益"与"利益减少"并不是同一含义。"不利益"包括该增加而不增加,该维持而不维持,不该减少而减少等,"利益减少"必须以现存利益为基础,只有现实存在的利益,才有可能减少。自然意义上的损害,达到一定程度,可以要求致害人的赔偿者,即成为法律意义上的损害。法律意义上的损害,可以依据不同的标准进行分类:

1. 财产损害和非财产损害

财产损害,也称为有形损害、经济损失,是指具有财产价值、能够以金钱计算的损害。非财产损害,也称为无形损害或精神损害,是指没有财产价值、无法以金钱计算的损害。

精神损害,在理论上有广义和狭义之说。广义说认为,精神损害是指对民事主体精神活动的损害,即精神痛苦和精神利益的丧失或减损(精神痛苦＋精神利益损害)。精神痛苦主要指公民因人格权受到侵害而遭受的生理、心理上的痛苦,导致公民的精神活动出现障碍,或使人产生愤怒、绝望、焦虑、不安、悲伤、抑郁等不良情绪。精神利益的丧失或减损,是指公民、法人维护其人格利益、身份利益的活动受到破坏,因而导致其人格利益、身份利益造成损害。狭义说认为,精神损害是指生理上或心理上的痛苦,或者说是"精神痛苦"(生理痛苦＋心理痛苦)。广义说和狭义说的根本区别在于,法人是否享有精神损害赔偿请求权。狭义说认为,法人不可能有生理或者心理痛苦,当然就不存在精神损害;广义说认为,法人具有精神利益,当然存在精神损害。

阅读材料

刘备购得新房一套,交由魏国装修公司装修。装修期间,魏国装修公司装修工人曹某在该新房内上吊自杀。

思考:魏国装修公司是否对刘备造成损害?

分析:曹某在别人的新房中自杀,虽然对该新房没有造成物理意义上的损坏,但对于房主刘备而言,显然构成了心理意义上的"损害"。这种心理意义上的"损害"是否构成法律意义上的"损害",应根据社会一般观念进行判断。

提示:法律为生活服务,法律问题的判断应以一般人(普通人)的观念为准。

2. 对直接受害人的损害与对间接受害人的损害(反射性损害)

对直接受害人的损害是指加害行为直接作用于受害人造成的损害,对间接受害人的损害是指加害行为间接作用第三人造成的损害。例如,看到自己的妻子死亡或残疾而感到痛苦的人、因为自己的丈夫残疾而遭受经济困难的人均为间接受害人。间接受害人遭受的损害即为反射性损害,可以区分为财产性反射损害和非财产性反射损害。财产性反射损害是指第三人因加害人的侵权行为导致直接受害人死亡、伤残伤而遭受的一切财产上的损失。第三人在直接受害人死亡伤残的情况下,可能会涉及的财产性反射损害有殡葬费用(伤残的情况下,不包含此项)和被抚养人(如子女、配偶、父母等)的抚养费用。对于殡葬费用,加害人应当向垫付人予以赔偿者,没有疑问。对于被抚养人的抚养费问题,在具体规定上则有所差异。对于非财产性反射损害,原则上不予赔偿,或给予赔偿的同时需要对请求赔偿的第三人予以范围上的限制,必须是与受害人具有"密切的人身关系"的第三人。

3. 积极损害和消极损害

积极损害,也称所受损害,是指既有的财产减少。消极损害,也称所失利益,是指被侵权人因财产权益被侵害导致本应获得的利益无法获得。

损害,从侵害的权益的角度,可以区分对人身权益的侵害和对财产权益的侵害;从侵害的后果的角度分析,可以区分为财产损害和精神损害。两种观察角度相结合,可以划分为四种类型:一是侵害人身权益导致财产损害;二是侵害人身权益导致精神损害;三是侵害财产权益导致财产损害;四是侵害财产权益导致精神损害。

三、违　法

(一)违法的含义

违法,是指行为人的行为违反法律的规定。关于行为违法的认定,有结果违法说和行为违法说两种不同的观点。结果违法说认为,行为人的行为侵害了权利和法律保护的利益,并造成了损害结果,才能认定为违法。行为违法说认为,行为人的行为违反了法律的禁止性规定,即使没有损害结果,仍然构成违法。按照行为违法说,行为人的行为如果已尽到必要注意义务,即使侵害他人权益,仍不构成违法。例如,甲驾车撞伤乙,按照结果违法说,原则上应当认定甲的行为构成违法,再考察其有无故意或者过失;按照行为违法说,应当先认定甲是否违反注意义务,然后再判定甲的行为是否违法。

违法应从三个层面进行界定:一是违反了法律保护权利的具体性规定;二是违反了法律保护权利的一般性规定;三是违反了法律保护权利的原则性规定。

(二)违法的类型

1. 形式违法和实质违法

形式违法,是指行为与现行法规相抵触,即行为违反现行法律的规定。实质违法,是指违反法律的精神目的。通常情形下,形式违法和实质违法是一致的,但在特殊情形下,可能出现形式违法,而实质不违法或者形式不违法而实质违法的情况。

2. 主观违法与客观违法

主观违法是指违法行为的发生须基于其主观过错而为者。客观违法是指不问行为人过错的有无,仅以行为是否违反法律规定来判断的违法。在主观违法与客观违法的关系上,对客观违法的考察与认定更加具有合理性。违法性所指向的显然应当是行为人的行为,而不是其心理状态。法律规范的也是人们的行为,而不是其主观心理状态。行为存在违法与否的界定问题,过错作为一种心理状态,仅具有善恶和认识论上的评价意义,其根本不存在是否违法的问题。

3. 作为违法与不作为违法

作为,指的是人的有意识的积极活动,具有动的特征;不作为,是指人有意识的不活动,表现出静的特征。作为违法是指行为人违反不作为义务而积极地实施了侵权行为;不作为违法则是行为人违反了作为义务而有意识的消极不作为导致损害的发生。

三、过 错

违法性是对行为的评价，属于客观归责。过错是对行为人主观意志的评价，属于主观归责。对于违法和过错的关系，理论上有两种不同的观点。"过错吸收违法性"的观点认为，过错应当具有客观性，违法性应当为过错吸收，不具有独立性。并存（区分）说认为，过错仅指行为人的主观心理状态，违法则是行为客观上对法律的违反，两者应当并列存在。过错有主观说、客观说和折中说三种观点。

（一）学说

1. 主观过错说

主观过错说认为，过错与行为人的外部行为应严格的区分，过错是指行为人具有的一种应收责难的心理状态。主观过错说严格区分过错和违法性。过错是主观的不法，指行为人知道或应知道其行为具有违法性的心理状态；违法性是客观的不法，指行为在客观上违反了法律的规定。主观过错说以承认人有自由意志为前提，认为每个自由意志的人都应对其过错行为负责，过错是道德上的应受非难性，应从理性世界中探讨。主观过错说确定了行为人对自己行为负责的原则和基础，有利于对滥用自由的制约；有利于突出过错责任的教育和预防功能。主观过错说否定人的社会性，把人的意志活动绝对化，加重了受害人的举证负担、法官确认的难度，纵容了致害人，对受害人不利，从而无助于扩大行为人的责任，却有利于限制行为人的责任。心理状态无法为外部所感知，考察一个人的心理状态是具有相当难度的事情，因此，主观过错说不利于司法实际操作。西方人常说即使魔鬼也不知道别人行为的想法。中国人则说"我不是你肚子里的蛔虫，我怎么知道你想什么"。

2. 客观过错说

客观过错说认为，过错并不是行为人主观心理态度是否应受责难性，而是人的行为应具有非难性，行为人的行为不符合某种标准即为有过失。客观过错说否定对行为人的主观心理评价的可能性和必要性，认为应当根据行为人的外在行为判断是否有过错。客观过错说将违法性与过错合为一体，以某种行为标准来衡量过错，有利于司法操作。但是，抽象性理想标准人在现实生活中并不存在。对于法官而言，标准仍然是主观的，同样的状态，由不同的法官来判断，结论可能不同。理性标准不考虑行为人的生理状况，不考虑行为人的动机、知识和能力，认为只要行为人没有达到"标准人"的注意程度就是有过错，违反了法律的正义要求，因为正义的法律要求人们应为的事必须是人们能为的事，要求一个没有能力像"标准人"那样注意的人像"标准人"那样去注意，就会导致"无过错的过错"不近情理的荒谬结论，可能会不适当地给行为人强加了某种责任。客观过错说具体又可区分为三种不同的观点：第一，违反义务说认为，行为人违反义务即为有过错；第二，不符某种行为标准说认为，行为人的行为不符合某种行为标准即为有过错；第三，对权利的侵犯说认为，行为人侵犯他人权利即为有过错。

3. 折中说

折中说认为，过错既是一种心理状态，又是一种行为活动。行为人进行某种行为时的心理状态必然通过其具体行为表现出来，判断一个人的行为有无过错，必然和一定的行为联系在一起。折中说认为,过错是法律和道德对行为的否定评价,表现为受主观意志支配的外在行为。折中说旨在调和主观过错说和客观过错说的矛盾,但其自身亦存在难以克服的理论矛盾。按照折中说,主观上的故意或过失的心理状态与应受非难的外在行为同时存在的,才能认定过错,但是,外在行为与主观心理状态是同一问题的两个方面,不是两个问题。

(二)类型

1. 故意

故意,是指行为人明知自己的行为会导致某种后果发生,但仍然有意为之的主观心理状态。故意和恶意不同,恶意含有行为人动机不正当,体现了对行为人的道德责难的意味,但恶意为故意的一种,不是一种独立的过错类型。故意包含有"认识"和"意愿"两个要素。认识要素,是指行为人对于自己行为后果有所认识,为明知。意愿要素,是指行为人在认识自己行为后果后,具有实现此后果的决意。故意可以区分为直接故意和间接故意。直接故意,是指行为人明知自己行为必将产生某种后果,仍追求该后果发生。间接故意,是指行为人明知行为可能发生某种后果,放任后果的发生。直接故意和间接故意在刑法中具有极为重要的意义,但在侵权责任法中,区分意义不大,两者具有相同的法律地位。

2. 过失

过失,是指行为人对自己行为后果的发生,应注意、能注意却未注意的主观心理状态。过失与故意一样,同样包含认识要素和意愿要素。认识要素,是指可预见性,即行为人能够或者应当预见自己行为的后果。意愿要素,是指可避免性,即行为人具有避免后果发生的可能性。过失,根据程度的不同,可以区分为重大过失、一般过失和具体过失三种情形。重大过失,是指行为人未尽到普通人的应有的注意。一般过失,也称为轻过失,是指行为人未尽到"善良管理人"或"合理人"的注意。具体过失,也称轻微过失,是指行为人未尽到对待自己事务上应尽的注意。一般过失和具体过失的区别在于,一般过失采取的是客观化的判断标准;具体过失采取的是主观化标准。

四、因果关系

世界是普遍联系的,事物之间的因果链条可以无限延伸。行为人的某个行为可能会引发一系列的后果。侵权法因果关系的目的是确定哪些后果应当由行为人承担。

(一)因果关系的学说

侵权责任法因果关系的确定,理论上有条件说、原因说、相当因果关系说、法规目的说和预见说等多种学说。

1. 条件说

条件说从主观主义和社会责任论出发,注重行为人行为的社会危害性,认为凡是引起损害结果发生的条件,均是损害结果的原因,因而具备因果关系的要件,行为人不能以任何理由减轻其责任。条件说的判断规则为:如果 A 不存在,B 仍然会发生,则 A 不是 B 的条件。例如,曹操驾车撞死刘禅,刘备向曹操请求赔偿对刘禅的生前抚养费。此种抚养费与刘禅之死不存在因果关系。

2. 原因说

原因说将对损害发生起不同作用的行为区分为原因和条件。仅承认原因和结果间具有因果关系,而否认条件和结果间的因果关系。原因是指对结果的发生起决定性作用的、与结果之间有内在、必然联系的行为;条件是指与结果有一定的联系,但并未对结果的发生起到决定作用,而仅为其提供了可能性的因素。原因可分为直接原因和间接原因。直接原因,指与损害结果在时间、空间上直接相联系的原因;间接原因,指通过第三介入因素对结果起一定作用的原因。原因还可分为主要原因和次要原因。主要原因,指对结果的产生起较大作用的原因;次要原因,指对结果的产生起较小作用的原因。

原因说可以区分为:

第一,必生原因说或必生条件说。按照这种学说,导致结果发生的各种条件行为中,只有为结果发生所必要的、不可缺少的条件行为,才能成为侵权责任法意义上的原因,其余的则为条件。

第二,最重要的原因说或最有利的条件说。按照这种学说,导致结果发生的数个条件中,对于结果发生最有效力的条件行为,才构成侵权责任法上的原因,其余的则为条件。

第三,决定原因说或优势条件说。按照这种学说,在结果没有出现之前,积极引起结果发生的条件(起果条件)与消极防止结果发生的条件(防果条件)处于均势。后来,由于"起果条件"占了优势,压抑了"防果条件",引起了结果发生。因此,凡是占有优势并使结果发生的条件行为即是侵权责任法上的原因,其余的均为条件。

原因说的困难在于:第一、条件与原因真正区分困难;第二、将条件不划为原因的范围,缩小了责任范围,将其归入原因范围,则扩大了责任的范围。

3. 相当因果关系说

相当因果关系说认为,一定事实仅于现实情况下发生某种结果,还不能断定有因果关系,只有依社会的一般观念,在同一条件存在就能发生同一结果时,才能认定该条件和结果之间存在因果关系。相当因果关系可分为"条件关系"和"相当性"两个部分,它们是确定因果关系的两个阶段。就条件关系而言,行为与损害之间具有"若无,则不"的关系即"无此种行为,必不生此种损害"。"相当性"则旨在合理界定条件的范围,它可表述为"有此行为,通常即足生此种损害"。相当因果关系理论的缺陷在于对于相当性判断以概率为基础,行为发生损害之可能率,如以通常之百分比表示之,则可能率有 100％时,答案为必定发生,可能率超过 50％时,答案为可能发生,均应肯定相当因果关系之存在;可能率低于 50％时,答案为未必发生,应否定相当因果关系之存在。

4. 法规目的说

法规目的说认为,对侵权责任构成要件之一的因果关系的认定,应依法规目的来决定。行为和损害结果之间即使具有相当因果关系,但如果该因果关系在法规目的之外的,仍然不认为其有因果关系。例如,公共汽车承载乘客超员导致某人因过于拥挤而遭到扒手行窃,则公共汽车公司不应对受害人负责。因为法规禁止超载的目的是保障旅客安全而非防止扒手行窃。

(二)因果关系的形态

侵权责任法理论上的因果关系以哲学上的因果关系理论为基础,哲学理论上因果关系形态有四种情形:一是一因一果,即单一的结果由单一的原因所导致。一因一果的因果关系形态的原因和结果均为单数,关系简单明了,容易判断。二是一因多果,即单一原因导致多种结果。三是多因一果,即多种原因导致一个结果产生。四是多因多果,即多种原因导致多种结果产生。多因多果的因果关系是因果关系中最为复杂的一种形态,判断起来比较困难。

多因一果的因果关系形态可以进一步区分为:

1. 聚合因果关系

聚合因果关系,每个原因可单独导致结果发生,但共同起作用导致结果发生。聚合因果关系可以分为并存的积极原因和并存的消极原因。并存的积极原因是指多个人的作为同时导致同一损害发生。例如,甲乙同时下足够致人死命剂量的毒药,致丙死亡。并存的消极原因是指多个人的不作为导致同一损害发生。例如,某个人在游泳池落水,两个救生员都不作为。

2. 共同因果关系

共同因果关系,几个原因结合才能导致结果发生。例如,为甲、乙两企业皆排放污水到丙的鱼塘,单独的污染皆不能致丙所养之鱼死亡。

3. 择一因果关系

择一因果关系,每个原因都足以导致结果发生,但不知是哪一个原因导致的。例如,两个人同时向某人开枪,但只有一发子弹击中,而不知是谁击中。

4. 修补的因果关系

修补的因果关系,是指损害系因前一原因行为而导致,但若无前一原因行为,另一原因行为的出现同样会导致该损害结果的产生。修补因果关系可以区分为超越因果关系和假设因果关系两种类型。

(1)超越因果关系

超越因果关系,是指先前的某个行为人实施的行为已经对受害人造成一定损害,但是,另一个行为人实施的行为或者事件最终造成了受害人的损害,从而使得先前的行为对受害人最终的损害没有发生直接的作用。例如,刘备在小区内倒车,虽然没有直接接触孙权,但因车与孙权距离过近导致孙权受惊倒地,而受伤住院治疗。但是,孙权仅仅住了一天,便不听医生劝阻而出院回家。两天后,孙权因脑溢血死于家中。

对于超越因果关系,有如下几种学说:

第一,被告既已实际上引起损害结果,事后发生之事件对被告行为之因果关系不生影响,即超越因果完全无须加以考虑。

第二,以法规目的与公平正义之观念,决定是否将超越因果加以考虑。

第三,以超越原因于被告加害行为发生时,是否确定存在或可能介入因果关系,为决定是否考虑超越因果关系之标准。

第四,超越因果关系非属因果关系之问题,而系损害赔偿之问题,因而以差额说决定被告之赔偿范围。

(2)假设因果关系

假设的因果关系,是指损害已因加害人的行为而发生,但即便该加害行为不存在,损害也会因另一与加害人无关的原因而发生。假设因果关系中有两个原因:一是导致损害实际发生的真正原因;二是另一个并未实际导致损害发生,但真的发生也会导致损害的假设原因。假设因果关系的典型案例为城建执法人员违反法定程序,未取得许可而拆除违法建筑。若依正当程序,许可定会取得,该建筑同样会被拆除。假设因果关系是否影响加害人的归责因计算损害的"时间点"的不同而不同。若以损害结束时为计算损害的"时间点",则假设的因果关系当然不会影响到加害人的归责。但若以判决时作为计算损害的"时间点",假设原因是否会影响到责任则会发生疑问。假设因果关系的核心问题是,能否基于政策性因素,将假设因果关系作为减轻被告责任范围的理由。

例如,刘禅失火烧毁了曹操的别墅一套,半小时后,此地发生八级强烈地震,造成所有房屋倒塌全毁。

(三)因果关系的认定

在司法实务中认定因果关系,有以下具体方法:

第一,根据事物发生的先后的顺序认定因果关系。

第二,根据事物的客观性认定因果关系。

第三,根据必要条件规则认定因果关系,可采取的规则有:反证法,如无 A,还有 B 吗?肯定,则有因果关系,否定,则无因果关系;剔除法,某现象被剔除后,结果如仍发生,则该现象就不是结果的原因;替代法,以合法行为替代,如结果仍会发生,则被告的违法行为就不是结果的原因。

五、免责事由

免责事由,是指导致侵权责任不成立的法律事实。免责事由中的"免"更多的是体现了法的价值判断而非制度设计,在制度层面上,免责事由显然应该称为"阻却事由"或"无责事由",即阻却了侵权行为和侵权责任的成立。

1. 不可抗力

不可抗力,是指不能预见、不能避免并不能克服的客观情况。不可抗力作为侵权责任的免责事由,是指加害人对于因不能预见、不能避免并不能克服的客观情况所导致的损害不能预见、不能避免并不能克服。

2. 正当防卫

正当防卫,是指为了使国家、公共利益、本人或者他人人身、财产和其他权利免受正在进行的不法侵害,而采取制止不法侵害的行为,对不法侵害人造成损害的,不承担民事责任。正当防卫和自助行为的区别在于:

第一,正当防卫在于防御性,侧重的是消极防守;自助行为在于主动进攻,侧重于救济性。

第二,正当防卫不一定是为了保护自己的权益,自助行为只能是为了保护自己的权利。

第三,自助行为有时间限制,即必须是时间紧迫导致不能请求国家机关实施公权力救济,正当防卫不能事后防卫。

正当防卫可以区分为人身防卫和财产防卫。

思考:刘备在散步的过程中被曹操抢夺了钱包,刘备用手中的拐杖向逃走的曹操打去,刚好打断了曹操的一根肋骨。曹操是否可以向刘备主张人身伤害赔偿？

3. 紧急避险

紧急避险，是指为了避免自己或者他人生命、身体、自由及财产上紧迫危险，不得已实施的加害他人的行为。紧急避险中的急迫危险，可能来自于自然原因，也可能来自于人为原因。

紧急避险可以区分为公共和私人紧急避险。公共紧急避险是出于保护公共利益的需要而赋予行为人的特权，其目的是防御或驱除某一公害或公敌，或者防止或减弱诸如火灾、洪水、地震、瘟疫等即将发生的公共灾难及其后果。按照普通法的原则，行为人对公共紧急避险造成的损害不承担赔偿责任。私人紧急避险是行为人为保护自身或他人的私人利益而采取的避险措施。因私人紧急避险给他人造成损失的，行为人应当就该损失承担赔偿责任，除非紧急避险是为了受损人的利益。

思考：刘备在走路的过程中遭到曹操家的狗袭击，刘备从行人孙权手中夺走拐杖，并用拐杖打击曹操家的狗，导致拐杖被打断，曹操家的狗被打伤。曹操和孙权可以请求刘备赔偿吗？

4. 自助行为

自助行为，是指权利人为了保护自己的权利，对于他人的自由或者财产施以拘束，扣留或者损毁的行为。自助行为的构成要件：一是自助人是为了保护自己的且依法可以强制执行的请求权；二是必须来不及请求公权力救济；三是必须依据法定方法进行；四是不得超过必要的限度。例如，曹操在刘备的饭店里吃完饭后不付款而想溜之大吉，被门卫关羽用强力拿走了曹操随身带的昂贵公文包。

5. 受害人同意

受害人同意，也称受害人允诺，是指受害人就他人特定行为的发生或者他人对自己权益造成的特定损害后果予以同意并表现于外部的行为。《美国侵权法重述》第10A条将受害人的同意界定为"是指愿意让某一行为发生或愿意让某种对利益的侵害发生"。受害人同意可以是明示的，也可以是默示的。明示的同意，是指受害人明确通过语言或者文字同意他人针对自己实施特定行为或者造成特定后果；默示的同意，是指受害人以特定行为向行为人表示自己同意其实施特定行为或者承受特定后果。

受害人同意必须具备同意能力。受害人同意中的同意能力不能按照行为能力的判定方法来进行判断，只能在个案中根据具体的案件情况来进行。

第一，制定法上如果有受害人同意能力的相关规定，应当遵循其规定。例如，《刑法》规定，奸淫不满14周岁的幼女，属于强奸罪。因此，不论受害人有无认识能力，其做出的同意行为均不能免除犯罪嫌疑人的刑事责任。既然刑事责任可以成立，那么从犯罪嫌疑人的民事责任来讲，也是不能免除的，否则有害于法律的权威性和对幼女身心健康的保护。

第二，受害人同意能力包括认识和控制能力，在判断是否有认识能力时应当首先判断受害人是否有控制能力。控制能力要判断受害人是否有控制自己意志和行为的自由，如果受害人缺少控制自己意志和行为的自由，应当否认受害人具有同意能力。当受害人的行为或者意志被他人控制或者处于醉酒状态时，则其同意行为是无效的。

第三，一般来说，受害人所被侵犯的法益对受害人的价值越高，那么受害人要求的认识能力的要求要就越高,对受害人年龄的要求也就越高。一般来讲,受害人的生命、身体、健康方面的利益要高于财产方面的利益。

6. 行使权利

行使权利,是指民事主体依法行使民事权利。例如,债务人不履行到期债务或者发生了当事人约定实现质权的情形,质权人拍卖、变价质押财产的行为。权利人行使权利只要不超过正当的范围,就不构成侵权行为,不需要承担侵权责任。权利人滥用权利,导致他人权益遭受损害的,需要承担相应的责任。例如,父母对未成年人子女进行惩戒,只要不超出必要的限度,就不构成侵权。

7. 受害人故意

受害人故意,是指受害人故意给自己造成损害。受害人故意作为免责事由,应当符合一定的要件:一是受害人具有过错能力。二是受害人明知自己行为会给自己造成损害,但却追求损害结果的发生。三是受害人的损害完全是因为自己的故意导致的。例如,受害人卧轨自杀,对于铁路部门来说,属于受害人故意,铁路部门不承担责任。

8. 第三人原因

第三人原因,是指损害由第三人造成的,由第三人承担侵权责任。第三人原因的构成要件:一是第三人是加害人和受害人之外的人。二是第三人的行为为故意或者过失行为。三是加害人的行为在客观上与损害有一定的关系。四是受害人的损害完全是由第三人的行为导致,与加害人的行为无关。

例如,受害人李某因病入甲医院重症监护室治疗。在治疗过程中,李某病情加重,停止呼吸,医院给予呼吸机辅助呼吸。李某接入呼吸机治疗后 3 小时,李某仇敌乘医院工作人员和李某护理人员未注意扯掉呼吸机,呼吸机停止工作,导致李某死亡。

第三节　责任的承担

一、责任承担方式

侵权责任的承担方式有多种,《侵权责任法》第 15 条规定了 8 种侵权责任的承担方式,即停止侵害;排除妨碍;消除危险;返还财产;恢复原状;赔偿损失;赔礼道歉;消除影响、恢复名誉。实务中使用较多的是赔偿损失。

1. 停止侵害

停止侵害,是指被侵权人有权要求行为人停止正在进行的侵害绝对权的行为。停止侵害适用范围非常广,可以针对正在遭受侵害的任何绝对权。停止侵害的适用范围广泛,既可以适用于财产权,也可以适用于人身权和知识产权。

2. 消除危险

消除危险,是指被侵权人有权要求行为人消除其所实施的,对自己权利构成损害或者妨害的现实危险。消除危险请求权的成立要件实质上只有一个,即存在不法妨害所有权的事实,决定标准是就具体事实,依一般社会观念,以现在所存在的危险状况加以判断,所有人的所有权在客观上被妨害之可能性极大,有事先加以防范的必要。

3. 排除妨碍

排除妨碍,是指侵权人实施的侵权行为导致被侵权人难以行使自己的权利时,受害人有权要求侵权人对妨碍予以排除。排除妨碍主要适用于对物权尤其是相邻权侵害的场合。

4. 返还财产

返还财产,是指侵权人非法占有被侵权人的财产时,受害人有权请求侵权人向自己返还被非法占有的财产的权利。返还财产主要适用于财产被他人非法占有的场合。非法占有既包括侵占他人财产,也包括非法无偿占有使用他人财产。财产既包括原物,也包括孳息。只要原物存在,权利人就可以要求返还。

5. 赔礼道歉,消除影响,恢复名誉

赔礼道歉、消除影响、恢复名誉适用于被侵权人受到精神损害的情形,如名誉权、肖像权、隐私权等被侵害,是回复原状在人格权领域的具体形态。

6. 恢复原状

恢复原状作为侵权责任的承担方式,从广义上讲是指恢复到如果没有发生损害赔偿义务的事件时原本应有的状态,包括经济上的恢复原状与实际恢复原状两种情形。从狭义上讲是指与作为损害赔偿责任承担方式之一的金钱赔偿相并列的方式。恢复原状有两种含义:第一,恢复损害发生前的原有状态;第二,恢复假如损害没有发生时应有状态。例如,甲骗取乙100元,一个月后乙请求返还,若仅返还100元即为恢复原有状态,若在返还100元时连同法定利息一并返还,则为恢复应有状态。

二、损害赔偿责任

损害赔偿,是侵权责任承担的主要方式,是指行为人因侵权行为而给受害人造成损害,应当依法承担以给付金钱或者实物补偿的侵权责任。损害赔偿责任的目的在于保护受害人和制裁加害人。损害赔偿以全部赔偿为原则,以限定赔偿为例外。全部赔偿是指以受害人的损失范围确定赔偿金额,即受害人损失多少,侵权人赔偿多少。限定赔偿是指侵权人只赔偿受害人所遭受的损失的一部分。限定赔偿以法律有明确规定为限。损害赔偿可以区分人身伤亡的损害赔偿和侵害财产权益的损害赔偿两种情形。

(一)人身伤亡的损害赔偿

1. 所受损害

所受损害,也称"积极损失",即被侵权人因身体完整性的破坏而支出的各种合理费用,包括"医疗费、护理费、交通费等为治疗和康复支出的合理费用"以及残疾辅助器具费、丧葬费等。

医疗费,是指被侵权人遭受身体损害后接受医学上的检查、治疗与康复而已经支出和将来必须支出的费用。它既包括过去的医疗费用,如已支出的医药费、治疗费等,也包括将来必须支出的医疗费用,如康复费、整容费以及其他后续治疗费。护理费,是指被侵权人在遭受身体损害期间,生活无法自理需要他人帮助而付出的费用。由此产生的护理费用,侵权人应予以赔偿。交通费,是指为治疗和康复而支出的用于交通方面的合理费用。但被侵权人的近亲属因参加侵权损害事故的处理而支出的交通费,不属于"为治疗和康复支出"的费用。其他为治疗和康复支出的合理费用,主要是营养费、住院伙食补助费。残疾生活辅助器具费,是指因受害人残疾而造成身体功能全部或部分丧失后需要配置补偿功能的残疾辅助器具的费用。丧葬费,是侵害生命权而产生的费用,即为死者办理丧事而支付的费用。

2. 所失利益

所失利益,也称"消极损害",即被侵权人因身体损害而丧失的预期收入,包括因误工减少的收入、残疾赔偿金等。

因误工减少的收入(简称"误工费"),受害人有固定收入,按其收入水平计算;受害人没有固定收入,可按相对客观的标准,计算受害人最近三年的平均收入;受害人不能证明收入,可参照受诉法院所在地相同或相近行业的平均收入水平计算。残疾赔偿金是用来赔偿因残疾致劳动能力丧失或减少而遭受的财产损失。

3. 死亡赔偿金

侵害生命权,导致两方面的后果:一是人作为物质性生命实体丧失了享受生命乐趣的精神利益;二是人作为财富的创造者丧失了创造财富的可能性。从人作为物质性生命实体而言,应当同命同价;从创造财富的可能性而言,不同的人有不同的财富创造价值。

对于死亡赔偿金的性质,理论上有抚养丧失说和继承丧失说两种观点。抚养丧失说认为,因受害人死亡而导致生前由被受害人抚养的人丧失了生活来源,被抚养人从被害人的收入中获得的,或者有权获得的份额应由责任人赔偿。继承丧失说认为,受害人的收入可以为继承人所继承,但因为死亡而导致受害人未来可以获得的收入完全丧失,受害人的继承人将来能够继承的收入减少了。

(二)侵害财产权益的损害赔偿

1. 所受损害

所受损害,是指现有财产的价值减少,包括积极财产的减少和消极财产的增加。财产价值有三种类型:一是客观价值,即对于任何人都具有的价值;二是主观价值,即对于特定人所具有的价值;三是情感价值,即对于特定人而言所具有的感情上的价值。

(1)直接损失。财产(物)损毁,经维修或配换零件后可发挥正常效能者,损害的计算以原有价值减去现有价值的方式确定。财产(物)的毁灭,是指标的物的形态及功能已经被实质性损害,难以实现技术性恢复,如将字画烧毁、花瓶被摔碎。此种情形的赔偿,有两种方式可以选择:一是购买同种类物赔偿;二是按损坏物资的实际价值,折价赔偿。动产或者不动产虽遭毁灭,但仍然可能有残存物时,有两种方式:一是将购买新物的市价扣除残体之残值后的价额,以计算物毁损的减价额;二是要求侵权人赔偿全部损失,受害人将残存物的所有权让与给侵权人。

(2)贬值损失。贬值损失包括技术性贬值和交易性贬值。技术性贬值,是指受科学技术水平的限制,被侵害物虽经修理,但难以完全恢复被侵害之前的状态,客观上仍有可以确定的瑕疵,以致其价值与被毁损前依旧有差。交易性贬值,是指虽然被侵害物在技术上已实际被修复,但因为其被维修过,在市场交易中,因心理因素,曾被毁损物的质量往往面临不被信赖的尴尬,民众对其是否存有隐蔽瑕疵或使用期限是否会减少的疑虑,而遭受交易价值的贬损。技术性贬值,侵权人应当赔偿,理论上没有争议,对于交易性贬值,侵权人是否应当赔偿,理论上存在争议。

2. 所失利益

所失利益,是指因侵权人的侵权行为导致受害人本应获得的利益无法获得。例如,甲引发交通事故,撞毁乙的汽车,乙在修理期间将无法使用该车辆从事运输并获得利益,的损失为所失利益。

(三)损失分担

《民法通则》第 132 条规定:"当事人对造成损害都没有过错的,可以根据实际情况,由当事人分担民事责任。"《侵权责任法》第 24 条规定:"受害人和行为人对损害的发生都没有过错的,可以根据实际情况,由双方分担损失。"《侵权责任法》第 23 条规定,"因防止、制止他人民事权益被侵害而使自己受到损害的,侵权人承担责任。侵权人逃逸或者无力承担责任,被侵权人请求补偿的,受益人应当给予适当补偿。"《侵权责任法》第 31 条规定,"因紧急避险造成损害的,由引起险情发生的人承担责任。如果危险是由自然原因引起的,紧急避险人不承担责任或者给予适当补偿。紧急避险采取措施不当或者超过必要的限度,造成不应有的损害的,紧急避险人应当承担适当的责任。"《侵权责任法》第 33 条第一款规定:"完全民事行为能力人对自己的行为暂时没有意识或者失去控制造成他人损害,没有过错的,根据行为人的经济状况对受害人适当补偿。"

1. 损益相抵

损益相抵,也称损益同销,是指赔偿请求权人因同一赔偿原因事实而受有利益时,赔偿义务人可以要求扣除该利益,从而减少自己赔偿数额。损益相抵理论基础在于禁止获利。损益相抵的构成要件:一是损害赔偿责任已经成立。二是损害赔偿请求权人获得利益。三是利益获得是因同一赔偿原因事实而导致。

第一,受害人所获利益必须是在侵权行为发生时确定获得的利益,若为不确定的利益,如因事后其他情事变动而产生的利益,不可相抵。如侵权人欺诈受害人以高价购买某一标的,即使日后标的物增值而超过行为人购买时的价格,侵权人不可主张损益相抵。丈夫被害死亡,妻子因而受有损害,然其亦因丈夫的死亡而依法取得再婚机会,仅是一种机会,并非确定的利益,且受害人可能宁愿这样的机会永远都不要发生,对其完全没有利益可言。

第二,受害人所获利益必须是其个体的获益,而非公众均可获得的收益。如在环境污染侵权中,如工厂的废水排放造成损害,其不可主张工厂使得受害人房屋增值、租金上升等主张损益相抵,因为该利益并不是受害人个体所获得的具体利益。

第三,获得利益不得违背受害人的意愿且当事人诚信行事。法律的目标是使受害人获得的赔偿受到限制,使之接近他蒙受的实际损失的水平,而不是让侵权人在违反受害人意愿的情况下降某种利益强加给受害人。

第四,利益可以是财产利益,亦可以是精神利益。损益相抵之利益并非限于财产利益,而应限于与损害相同类型之利益。受害人主张精神损害赔偿,其获得精神利益,亦可相抵。

受害人所获得的利益系侵权行为所产生的利益,若非因侵权行为所产生的利益,不可相抵。下列情形均不可适用损益相抵:

第一,受害人自己努力所得的利益,如甲将乙打伤住院,乙的本职工作是教师,其在住院期间虽不能上班,但作画数幅出卖而获得收入,该部分收益不能与误工损失相抵。

第二,受害人本就享有的利益,仅因侵权行为的发生而偶然发现该利益,如甲开车将乙的墙撞倒,后在墙体之下发现藏有玉石,此时玉石本身并非侵权行为所带来的利益,并不能将玉石本身的价值归功于侵权行为,不可相抵。

第三,受害人因第三人的赠与而获得的利益。例如,刘备被曹操打伤,孙权对刘备受伤表现慰问,给予慰问金1 000元,曹操不得以刘备获得的慰问金主张损益相抵。

第四,人身保险的保险赔偿金。《保险法》第46条规定,"被保险人因第三者的行为而发生死亡、伤残或者疾病等保险事故的,保险人向被保险人或者受益人给付保险金后,不享有向第三者追偿的权利,但被保险人或者受益人仍有权向第三者请求赔偿。"侵权人不得以被侵权人因人身保险合同而获得保险赔偿金为由而主张损益相抵。

2. 过失相抵

过失相抵,也称与有过失、比较过失,是指受害人对于损害的发生或者损害结果的扩大有过错时,可以依法减轻或者免除赔偿义务人的赔偿责任。过失相抵的构成要件:一是受害人存在过错。受害人的过错是指受害人对于损害的发生或者损害结果的扩大具有过失,不包括受害人故意引发损害的情形。二是受害人的过错行为必须是损害发生或者损害结果扩大的原因。三是受害人的行为必须是不当行为。

损益相抵实质是确定损害的大小,过失相抵是在已经确定受害人损害的基础上进一步解决损失分担的问题,只有确定了损失大小才能进而考虑损失的分担,所以损益相抵应优先于过失相抵。

第四节　铁　路　侵　权

一、铁路安全保障义务

安全保障义务,是指宾馆、商场、银行、车站、娱乐场所等公共场所的管理人或者群众性活动的组织者负有保障他人人身、财产安全的注意义务。《侵权责任法》第37条规定,"宾馆、商场、银行、车站、娱乐场所等公共场所的管理人或者群众性活动的组织者,未尽到安全保障义务,造成他人损害的,应当承担侵权责任。因第三人的行为造成他人损害的,由第三人承担侵权责任;管理人或者组织者未尽到安全保障义务的,承担相应的补充责任"。安全保障义务的形式相当广泛,包括告知义务、警示义务、防范义务、保护义务、救助义务等。违反安全保障义务的侵权责任的构成要件为:一是负有安全保障义务的主体是公共场所的管理人或者群众性活动的组织者。公共场所并不限于《侵权责任法》第37条所列举的"宾馆、商场、银行、车站、娱乐场所",还包括餐馆、公共洗浴场所、体育馆、展览馆、博物馆、图书馆、动物园、公园、游览场所、集贸市场、客运码头、候船厅、候车室、航站楼、会堂、列车内部空间等。二是责任人未尽到安全保障义务。责任人未尽到安全保障义务,主要从三个方面进行判断:第一,法律法规的义务要求;第二,活动的危险程度;第三,预防控制能力。三是他人遭受了损害。

受害人的损害如果是第三人侵权行为所导致,则负有安全保障义务的人如果未尽到应尽的安全保障义务,则需承担相应的补充责任。

案例阅读

铁路部门尽到安全保障义务,不承担责任

案情:唐某为×××残疾人,残疾×××。2016 年 1 月 29 日 17 时 23 分许,在铁路上海虹桥站出发层 1B 检票口外左侧面的玻璃围栏(高 1.8 米)处,唐某因无票被拒绝进站后,攀爬上围栏旁的消火栓箱(高 1.25 米),翻越过围栏后,不慎失足,从围栏外护架与自动扶梯之间的间隙处摔落至站台层。被告工作人员见状,立即报警及拨打 120。上海铁路公安处虹桥站派出所民警、急救中心救护人员先后赶至现场进行处置。唐某经抢救无效死亡。其家属诉至人民法院要求铁路部门承担赔偿责任。

法院认为,事发处的玻璃围栏高达 1.8 米,已足以起到安全防护作用,且透过玻璃可清楚看到围栏外的场景,作为具有完全行为能力的成年人,应当预见翻越围栏行为可能发生的损害后果。消火栓箱是为消防安全所配备的必要消防设施,设置在围栏旁的消火栓箱本身并不对公共安全产生危险,其高度也有 1.25 米,如非刻意攀爬,并不容易登上箱体,被告设置消火栓箱的行为与受害人死亡后果之间不存在法律上的因果关系,而与受害人死亡后果之间存在因果关系的却是受害人自身的攀爬、翻越的行为。事发前,被告拒绝无票的受害人进入站台的行为并无不当。事发时,根据监控视频显示整个过程突然且短暂,要求被告即时发现并采取有效措施予以阻止并无可能。事发后,被告亦采取了相应的救助措施,但未能避免受害人死亡的后果。

思考:铁路部门安全保障义务的认定标准如何确定?

分析:本案的关键是铁路部门对旅客唐某尽到了安全保障义务,铁路部门尽到了安全保障义务,就不承担责任,未尽到安全保障义务,则需要承担责任。法院认为铁路部门已经尽到了安全保障义务,所以不需要承担责任。

提示:铁路部门是否尽到了安全保障义务,应当以一般的普通铁路旅客为标准进行认定。

二、旅客人身伤害赔偿

1. 旅客的认定

旅客,以客票作为认定的基本依据。凡是持有有效客票、优待票以及按照规定免票的人员(包括免票的儿童、持有各种免费乘车证的人员)。特殊情形下,旅客身份需要进行认定:

一是无票进站乘车人员。无票进站乘车人员可以区分为两种情形:其一,经过承运人同意,表明承运人承诺了旅客的要约,合同成立生效,具有旅客身份;其二,未经承运人同意,不成立运输合同关系,不具有旅客身份。

二是丢失车票的人员。丢失车票区分为两种情形:其一,运输合同未生效时丢失,旅客应当另行购票乘车,否则视为未购买且未经承运人同意,合同不成立,不具有旅客身份;其二,运输合同生效后丢失,旅客应当补办客票,无法判明丢失站的从始发站起补办,具有旅客

身份。

三是持有站台票的人员。持有站台票进站的人员与铁路承运人之间并不成立运输合同关系，而只是一种特殊的服务合同关系，不具有旅客身份。但是，持有站台票的人员进站后，在站台、天桥、地道等站内旅客运输场所发生人身伤亡的，可以比照铁路旅客运输合同处理。

2. 运送责任期间

《铁路旅客运输规程》第 8 条规定，"铁路旅客运输合同从售出车票时起成立，至按票面规定运输结束旅客出站时止，为合同履行完毕。旅客运输的运送期间自检票进站起至到站出站时止计算"。《关于审理铁路运输损害赔偿案件若干问题的解释》第 12 条规定，"铁路旅客运送责任期间铁路运输企业对旅客运送的责任期间自旅客持有效车票进站时起到旅客出站或应当出站时止。不包括旅客在候车室内的期间"。

3. 人身伤害的原因

《铁路旅客人身伤害及自带行李损失事故处理办法》第 31 条规定，"铁路旅客人身伤害事故责任分为旅客自身责任、第三人责任、铁路运输企业责任及其他责任。旅客违反铁路安全规定，不听从铁路工作人员引导、劝阻等违法违章行为或其他自身原因造成的伤害，属于旅客自身责任。由于铁路运输企业人员的职务行为和设施设备的原因给旅客造成的伤害，属于铁路运输企业责任。由于旅客和铁路运输企业合同双方以外的人给旅客造成的伤害，属第三人责任。非上述三种责任造成的伤害，属于其他责任"。铁路运输企业责任分为客运部门责任和行车等其他部门责任。客运部门责任分为车站责任和列车责任。

（1）车站责任

①旅客持票进站或下车后在检票口以内因组织不当造成伤害的；②缺乏引导标志或有关引导标志不准确而误导旅客发生伤害的；③车站设备、设施不良造成旅客伤害的；④车站销售的食物造成旅客食物中毒的；⑤因误售、误剪不停车站车票造成旅客跳车的；⑥在规定停止检票后继续检票放行或检票放行时间不足，致使旅客抢上列车造成伤害的；⑦因违章操作、管理不善造成火灾、爆炸，发生旅客伤害的；⑧事故处理工作组有理由认为属于车站责任的。

（2）列车责任

①由于车门未锁造成旅客跳车、坠车或站内背门下车造成旅客伤害的；②因列车工作人员的过失，致使旅客在不办理乘降的车站（包括区间停车）下车造成人身伤害的；③由于组织不力，旅客下车挤、摔造成伤害的；④车站误售、误剪车票，列车未能妥善处理造成旅客跳车伤害的；⑤因列车报错站名致使旅客误下车造成伤害的；⑥因列车工作人员的过失造成旅客挤伤、烫伤的；⑦因餐车、售货销售的食物造成旅客食物中毒的；⑧因违章操作、管理不善造成火灾、爆炸，发生旅客伤害的；⑨因列车设备不良造成旅客人身伤害的；⑩事故处理工作组有理由认为属于列车责任的。

（3）其他部门责任

其他部门责任是指除列车和车站以外的铁路运输企业的其他部门责任造成旅客伤害的。

4. 限额赔偿

《铁路旅客人身伤害及自带行李损失事故处理办法》第 22 条规定，"旅客受伤治疗后身体部分机能丧失，应当按照机能丧失程度给付部分赔偿金和保险金。旅客身体两处以上受伤并部分机能丧失的,应当累加给付,但不能超过赔偿金、保险金最高限额。旅客受伤治愈后无机能影响,在赔偿金、保险金最高限额的5%以内酌情给付。旅客死亡按最高限额给付"。

5. 免责事由

铁路旅客人身伤害赔偿的免责事由有二:一是不可抗力;二是旅客自身原因或者承运人能够证明是旅客故意或者重大过失造成的。

三、铁路交通事故侵权

铁路交通事故,是指铁路机车车辆在运行过程中发生冲突、脱轨、火灾、爆炸等影响铁路正常行车的事故,包括影响铁路正常行车的相关作业过程中发生的事故;或者铁路机车车辆在运行过程中与行人、机动车、非机动车、牲畜及其他障碍物相撞的事故。因铁路交通事故导致的侵权为铁路交通事故侵权。铁路交通事故侵权责任是高度危险责任。高度危险责任,也称为高度危险作业责任,是指从事高度危险作业造成他人损害时,责任主体应当承担的侵权责任。高度危险责任的构成要件:一是从事了高度危险作业;二是因高度危险作业造成了他人损害。铁路交通事故与道路交通事故相比,有一定的特殊性:一是后果更为严重。列车载重大,速度快,刹车距离长,一旦发生事故,后果极为严重。二是具有被动性。列车是在固定的轨道上行使,铁路交通事故的发生都是因为其他车辆、行人、牲畜等擅自进入铁路运营线路导致的,具有被动性。

《侵权责任法》第73条规定,"从事高空、高压、地下挖掘活动或者使用高速轨道运输工具造成他人损害的,经营者应当承担侵权责任,但能够证明损害是因受害人故意或者不可抗力造成的,不承担责任。被侵权人对损害的发生有过失的,可以减轻经营者的责任"。

《民法通则》第123条规定,"从事高空、高压、易燃、易爆、剧毒、放射性、高速运输工具等对周围环境有高度危险的作业造成他人损害的,应当承担民事责任;如果能够证明损害是由受害人故意造成的,不承担民事责任。"第119条规定,"侵害公民身体造成伤害的,应当赔偿医疗费、因误工减少的收入、残废者生活补助费等费用;造成死亡的,并应当支付丧葬费、死者生前扶养的人必要的生活费等费用。"《侵权责任法》,该法第73条规定,"从事高空、高压、地下挖掘活动或者使用高速轨道运输工具造成他人损害的,经营者应当承担侵权责任,但能够证明损害是因受害人故意或者不可抗力造成的,不承担责任。被侵权人对损害的发生有过失的,可以减轻经营者的责任"。

《铁路法》第58条规定,"因铁路行车事故及其他铁路运营事故造成人身伤亡的,铁路运输企业应当承担赔偿责任;如果人身伤亡是因不可抗力或者由于受害人自身的原因造成的,铁路运输企业不承担赔偿责任。违章通过平交道口或者人行过道,或者在铁路线路上行走、坐卧造成的人身伤亡,属于受害人自身的原因造成的人身伤亡"。

《铁路交通事故应急救援和调查处理条例》第2条规定,"铁路机车车辆在运行过程中与行人、机动车、非机动车、牲畜及其他障碍物相撞,或者铁路机车车辆发生冲突、脱轨、火灾、爆炸等影响铁路正常行车的铁路交通事故(以下简称事故)的应急救援和调查处理,适用本条例。"第32条规定,"事故造成人身伤亡的,铁路运输企业应当承担赔偿责任;但是人身伤亡是不可抗力或者受害人自身原因造成的,铁路运输企业不承担赔偿责任。违章通过平交道口或者人行过道,或者在铁路线路上行走、坐卧造成的人身伤亡,属于受害人自身的原因造成的人身伤亡。"

《最高人民法院关于审理铁路运输人身损害赔偿纠纷案件适用法律若干问题的解释》，该解释第 4 条规定，"铁路运输造成人身损害的，铁路运输企业应当承担赔偿责任；法律另有规定的，依照其规定。"

铁路交通事故侵权的免责事由有：

第一，不可抗力。因不可抗力而导致列车出轨颠覆造成路外人身伤亡的，铁路企业不承担赔偿责任，但可以给予必要的人道主义补偿。

第二，受害人故意。受害人故意，是指受害人以卧轨、撞车等方式自杀、自残或者受害人盗窃铁路器材、设备设施或者实施其他犯罪行为而引发铁路交通事故，导致人身伤亡的，铁路企业不承担赔偿责任。

第三，受害人的一般违法行为。《最高人民法院关于审理铁路运输人身损害赔偿纠纷案件适用法律若干问题的解释》第 6 条规定，"因受害人翻越、穿越、损毁、移动铁路线路两侧防护围墙、栅栏或者其他防护设施穿越铁路线路，偷乘货车，攀附行进中的列车，在未设置人行通道的铁路桥梁、隧道内通行，攀爬高架铁路线路，以及其他未经许可进入铁路线路、车站、货场等铁路作业区域的过错行为，造成人身损害的，应当根据受害人的过错程度适当减轻铁路运输企业的赔偿责任，并按照以下情形分别处理：（一）铁路运输企业未充分履行安全防护、警示等义务，受害人有上述过错行为的，铁路运输企业应当在全部损失的百分之八十至百分之二十之间承担赔偿责任；（二）铁路运输企业已充分履行安全防护、警示等义务，受害人仍施以上述过错行为的，铁路运输企业应当在全部损失的百分之二十至百分之十之间承担赔偿责任"。第 7 条规定，"受害人不听从值守人员劝阻或者无视禁行警示信号、标志硬行通过铁路平交道口、人行过道，或者沿铁路线路纵向行走，或者在铁路线路上坐卧，造成人身损害，铁路运输企业举证证明已充分履行安全防护、警示等义务的，不承担赔偿责任"。

复习思考题

1. 如何理解《侵权责任法》中的"权"字？
2. 多数人侵权有哪几种类型？
3. 侵权行为包含有哪些要件？
4. 法人是否有精神损害，为什么？
5. 侵权责任的免责事由有哪些？
6. 侵权责任的承担方式有哪些？
7. 试述损失分担规则的具体内容
8. 如何判断铁路车站是否尽到了安全保障义务？
9. 《侵权责任法》是否限制了人们的自由，为什么？

案例思考题

案例一

案情：刘备在回家途中看见曹某纠缠女青年吴某，上前劝阻时被曹某殴打受伤。刘备为此支付了医疗费1.14万元。曹某向刘备支付了医疗费1.14万元,误工损失等其他费用3.26万元。刘备觉得自己受伤是因为见义勇为所致,受益人吴某应该给予适当的补偿,于是向法院提起民事诉讼,请求判令吴某赔偿2万元。

思考:刘备的请求能否得到法院的支持?

分析:《侵权责任法》第23条的规定:"因防止、制止他人民事权益被侵害而使自己受到损害的,由侵权人承担责任。侵权人逃逸或者无力承担责任,被侵权人请求补偿的,受益人应当给予适当补偿"。根据这一规定,受害人刘备请求受益人吴某给予经济补偿是有条件的,即侵权人逃逸或者侵权人没有赔偿能力。本案中,刘备的损失已得到了充分赔偿,所以不能再要求受益人吴某给予适当补偿。

案例二

2014年,被告中国铁路通信信号贵州建设有限公司承包了兴文县中医医院光明坝业务综合楼建设项目工程。在建设过程中,被告中国铁路通信信号贵州建设有限公司将该建设项目打孔桩的劳务以750元/立方米的单价交给了第三人周某施工,周某又将该打孔桩的劳务以700元/立方米的单价交给了第三人张某施工,并请了工人进行现场施工管理。张某在施工过程中,又将部分打孔桩的劳务以650元/立方米的单价交给了被告李某施工。因打孔桩的机器一般需要两人操作,2015年4月初,李某便找了原告罗某一起做活。因机器是李某提供的,故650元/立方米的劳务费用,扣除掉150元的机器费用之后,余下的500元由李某与罗某均分。2015年4月18日中午,罗某在孔桩处运渣时不慎掉进十余米深的基础井底受伤。原告受伤后,被立即送往兴文县中医医院抢救治疗,伤情特别严重。

还查明,原告于2012年2月13日便与兴文县中意房地产开发有限责任公司签订了《商品房买卖合同》,购买位于兴文县古宋镇世纪花园的房屋,并于2015年5月取得了房屋所有权证和国有土地使用权证。原告居住在城镇,在城镇务工,收入来源并非农业生产。原告父亲生于1944年10月10日,母亲生于1944年12月22日,原告为兄弟二人;原告长子罗某甲生于2003年,次子罗某乙生于2014年。

法院认为,公民的生命健康权受法律保护。原告罗某在提供劳务过程中受伤,根据《中华人民共和国侵权责任法》第三条"被侵权人有权请求侵权人承担侵权责任"的规定,原告依法应当获得民事赔偿。

(一)医疗费为228 965.03元;(二)残疾赔偿金:根据四川华西法医学司法鉴定中心的鉴定意见,原告构成一处七级、两处八级、两处十级伤残,原告提供了房权证、国有土地使用权证以及当地村委的证明,证明其长期在城镇务工,居住在城镇,根据《人身损害赔偿解释》第二十五条"残疾赔偿金根据受害人丧失劳动能力程度或者伤残等级,按照受诉法院所在地上一年度城镇居民人均可支配收入或者农村居民人均纯收入标准,自定残之日起按二十年计算。但六十周岁以上的,年龄每增加一岁减少一年;七十五周岁以上的,按五年计算"的规定,对原告主张按照上一年度城镇居民人均可支配收入标准,按照20年计算的请求,残疾赔偿金为26 205元/年×20年×48%=251 568元;(三)精神抚慰金:原告构成严重伤残,其精神上确系遭到了严重的伤害,根据《人身损害赔偿解释》第十八条"受害人或者死者近亲属遭受精神损害,赔偿权利人向人民法院请求赔偿精神损害抚慰金的,适用《最高人民法院关于确定民事侵权精神损害赔偿责任若干问题的解释》予以确定"的规定,确定精神抚慰金为

14 400元;(四)误工费:原告2015年4月18日住院,2016年7月28日进行第二次伤残评定,原告因伤致残,已构成持续误工,根据《人身损害赔偿解释》第二十条第二款"误工时间根据受害人接受治疗的医疗机构出具的证明确定。受害人因伤致残持续误工的,误工时间可以计算至定残日前一日"的规定,对原告请求误工费306天,符合法律规定,因原告未能提供证据证明其实际收入情况,根据本案实际和法律规定,本院确定误工费为60元/天,即误工费为306天×60元/天=18 360元;(五)营养费:原告的病历上并无加强营养的相关医嘱和意见,根据《人身损害赔偿解释》第二十四条"营养费根据受害人伤残情况参照医疗机构的意见确定"的规定,本院对营养费不予以支持;(六)续医费:根据四川求实司法鉴定所的鉴定意见,原告需续医费25 500元,故本院对原告请求的续医费25 500元予以支持;(七)鉴定费:原告未向本院提供第一次鉴定的鉴定费发票,故本院对第一次的鉴定费不予以支持,在第二次鉴定过程中,被告中国铁路通信信号贵州建设有限公司垫付了鉴定费、检查费、交通费、食宿费共计4 524元,原告对此无意见,该费用系确定损害后果以及查明事实的必要支出,故本院对第二次鉴定产生的费用4 524元予以确认;(八)交通费:原告虽未提供充分证据证明其交通费支付情况,但原告在就医以及到四川求实司法鉴定所鉴定过程中必然会产生交通费,根据《人身损害赔偿解释》第二十二条"交通费根据受害人及其必要的陪护人员因就医或者转院治疗实际发生的费用计算。交通费应当以正式票据为凭;有关凭证应当与就医地点、时间、人数、次数相符合"之规定,本院酌情确定交通费为1 500元;(九)被扶养人生活费:原告父亲生于1944年10月10日,被扶养年限为8年,母亲生于1944年12月22日,被扶养年限为8年,原告为兄弟二人;原告长子罗某甲生于2003年,扶养年限为5年,次子罗某乙生于2014年,被扶养年限为16年,根据《人身损害赔偿解释》第二十八条"被扶养人生活费根据扶养人丧失劳动能力程度,按照受诉法院所在地上一年度城镇居民人均消费性支出和农村居民人均年生活消费支出标准计算。被扶养人为未成年人的,计算至十八周岁;被扶养人无劳动能力又无其他生活来源的,计算二十年。但六十周岁以上的,年龄每增加一岁减少一年;七十五周岁以上的,按五年计算。被扶养人是指受害人依法应当承担扶养义务的未成年人或者丧失劳动能力又无其他生活来源的成年近亲属。被扶养人还有其他扶养人的,赔偿义务人只赔偿受害人依法应当负担的部分。被扶养人有数人的,年赔偿总额累计不超过上一年度城镇居民人均消费性支出额或者农村居民人均年生活消费支出额"的规定,被扶养人生活费共计为19 277元/年×(8+8+5+16)年×48%÷2人=171 179.76元;(十)住院伙食补助费以及护理费:原告在住院期间,被告中国铁路通信信号贵州建设有限公司支付了生活费、护理费共计53 510元,原告对此并无意见,故本院确认原告的住院伙食补助费、护理费共计为53 510元。本案的全部损失为:769 506元(取整数)。

被告中国铁路通信信号贵州建设有限公司将打孔桩的劳务以单价750元/立方米交由周某施工,周某又将该劳务以700元/立方米交由张大贵施工,张某又以650元/立方米将部分劳务交由李某施工,李某请罗某参与劳务,且李某要扣除150元作为机器的费用,在此过程中,周某、张某、李某分别赚取了一定的利润,原告系提供劳务者,被告中国铁路通信信号贵州建设有限公司、李某以及第三人周某、张某均系接受劳务者。被告中国铁路通信信号贵州建设有限公司作为该建设项目的总承包人,对整个工程的建设、现场管理以及安全工作、劳务安排起着总指挥的作用,其在建造活中指挥、管理不当,没有尽到足够的安全注意义务,存在过错,应当承担主要责任;第三人周某、张某以及被告李某在整个打孔桩的劳务中均提取了一定的利润,享受了权利便需要履行一定的义务,承担一定的责任,三人均长期从事打孔桩工作,应当意识到十余米高的深井会存在安全隐患,三人指挥管理不当,没有尽到安全注意义务,存在过错,应当承担一定的责任;原告罗某作为成年人,应当意识到存在安全隐患,但其仍然没有尽到安全注意义务,存在过错,应当承担一定的责任。结合原、被告以及第三人的过错程度,根据《中华人民共和国侵权责任法》第三十五条"个人之间形成劳务关系,提供劳务一方因劳务造成他人损害的,由接受劳务一方承担侵权责任。提供劳务一方因劳务自己受到损害的,根据双方各自的过错承担相应的责任"的规定,确定被告中国铁路通信信号贵州建设有限公司支付原告赔偿金 538 655 元,被告李某、第三人周某、张某各支付原告赔偿金 57 713 元,余下部分由原告自行承担。

思考:从受害人角度考虑,你认为侵害人应当赔偿受害人哪些损失?具体数额怎么计算?

提示:法律对人身伤害赔偿有明确规定,必须按照法律规定计算,不一定与当事人实际遭受的损害相同。

案例三

原告廖某诉称,原告廖某与解某于 2014 年 3 月 13 日一起乘坐由被告运营的 K1159 次列车,从河南省商丘市上车,去往广州。后该列车行驶在接近湖南省株洲市时,因为列车运行过程不稳,导致原告从列车上铺摔下。事情发生后,被告工作人员将原告送至株洲市人民医院进行救治。经诊断,该次事故造成原告"1. 右侧肱骨中下段开放性骨折;2. 右侧上臂桡神经不全断裂;3. 腰椎横突骨折;4. 全身多处皮肤软组织挫伤。"后经医院进行救治,进行"右肱骨骨折切开复位锁定钢板内固定术＋植骨术＋神经血管探查术"等手术。

被告广深铁路股份有限公司辩称,本案事故是由原告自身原因造成的,其存在重大过失,答辩人依法无须承担赔偿责任。根据旅客杨某的证言以及案发后的现场照片,原告从上铺下来时并未使用置于卧铺床尾的扶梯,而是从卧铺床的侧面直接下来,导致原告摔倒在两排卧铺之间的空隙。原告未使用扶梯是本案事故的根本原因,因此,本案事故是由原告自身原因造成的,其存在重大过失,应由其自行承担本案事故的后果。答辩人列车运行平稳,车厢内部设置及管理得当,不存在任何过错,依法无须承担赔偿责任。根据《2014 年 3 月 14 日 K1159 次运行情况》和旅客杨某的证言,答辩人列车运行平稳,案发时未发生紧急制动的情况;答辩人在相应的卧铺位置均设置了上下卧铺的扶梯,车厢内部设置及管理得当,原告受伤与答辩人无任何因果关系,综上,答辩人无任何过错,根据《中华人民共和国铁路法》第五十八条、根据《中华人民共和国合同法》第三百零二条的有关规定,答辩人依法无须承担赔偿责任。

本院认为,本案系铁路旅客运输合同纠纷,被告作为承运人在运输过程中,应当尽力救助患有急病、分娩、遇险的旅客。被告应当对运输过程中旅客的伤亡承担损害赔偿责任,但伤亡是旅客自身健康原因造成的或者承运人证明伤亡是旅客故意、重大过失造成的除外。被告举证证明列车运行平稳,没有紧急制动,且原告自述没有物品在列车运行中掉落。在原告受伤后,被告对原告能够进行及时救治,尽到了妥善救助义务。但原告的受伤是否是原告自身重大过失造成的,证据不足。依据公平原则,本院确定原、被告对损害后果各自承担

50%的责任。

思考:当事人对自己所主张的事实不能提供充足证明时,如何处理?

提示:当事人提供的证据不足以证明其所主张的事实时,法院享有一定的自由裁量权。

案例四

2016年1月14日15时许,被告东风运输处所属GKD10036号机车运行至白张干线4 km+800 m处,将在铁路线路旁搬运柴火的原告范某刮倒致伤。原告范某被送往东风汽车公司茅箭医院住院治疗39天。被告东风运输处支付医疗费共计13 307.92元。后经十堰天平司法鉴定中心鉴定,原告范某右侧第6~10肋骨骨折,其伤残等级为九级。

法院认为,铁路运输属于对周围环境有高度危险的作业,由此造成人身损害时应当较之一般的侵权行为承担较为严格的法律责任。本案所涉事故发生地处于人口居住密集地区,人流量较大,被告东风运输处在该处并没有设置足够的防护设施,久而久之已经形成穿越铁路的人行通道。被告虽安装有警示牌,但位置不明显并已锈迹斑斑,起不到充分的安全警示作用。因此,被告东风铁路处应承担事故的主要责任。原告范某作为一名完全民事行为能力人,自身安全意识淡薄,不仅明知在铁路线旁堆放柴火并横跨铁路线搬运柴火存在极大安全隐患,仍随意出入铁路运输作业区域,并且与正在运行的列车相遇却没有采取有效的避让措施,而是沿铁路线外侧跑,没有尽到安全注意义务从而引发事故,存在过错,依法应减轻被告的赔偿责任。

思考:双方对损害的发生都有过错时,如何处理?

提示:每个人都应当对自己的过错负责,双方都有过错的,应当根据过错的大小,各自承担相应的责任。

第五章
民事诉讼制度

第一节　民事诉讼的基本理论

一、民事纠纷的概念

民事纠纷,也称民事争议,是指民事主体之间以民事权利义务为内容的社会纠纷。民事纠纷是法律纠纷的一种,相对于同样作为法律纠纷的刑事纠纷或者行政纠纷而言,具有如下两个方面的特征:一是主体之间的法律地位平等。民事纠纷的主体之间不存在服从或者隶属关系,在诉讼中处于平等的诉讼当事人地位。二是可处分性。民事纠纷的主体对于所争议的民事权利和民事义务有权处分。

民事纠纷可以区分为财产关系的民事纠纷和人身关系的民事纠纷。人身关系纠纷可以进一步区分为人格权关系纠纷和身份关系纠纷。身份关系纠纷的处理相对于财产关系纠纷的处理来说具有一定的特殊性。

民事纠纷的解决机制可以区分为自力救济、社会救济和公力救济三种形式。

(一)自力救济

自力救济是指由纠纷双方自我解决,不需要第三方的参与,包括自决与和解。自决是指纠纷的一方依靠自己的力量(如暴力)使对方服从的纠纷解决方式。和解,是指双方通过相互妥协,相互让步的方式来解决纠纷。和解方式解决纠纷,不需要通过第三方,由双方在自愿平等的基础上,互谅互让,既可以避免伤和气,避免事态的扩大,又可以节约时间、精力和费用,能够使双方继续保持合作关系。和解必须以法律规定为基础,不得损害国家、社会和第三人利益。

(二)社会救济

社会救济,是指依靠社会力量处理民事纠纷的一种方式,包括调解(诉讼外调解)和仲裁。调解,是指双方当事人以外的第三者,依据法律法规、政策和社会公德等,对纠纷双方进行疏导、劝说,促使双方进行协商,相互谅解,自愿达成协议,解决纠纷的活动。仲裁,是指由仲裁机构以第三者的身份,对当事人根据纠纷发生前或者发生后所达成的协议所提交的争议居中调解,进行裁决的纠纷解决方式。

调解和仲裁的共同点在于,第三者参与争议的处理;不同点在于,调解主要体现的是当事人的意愿，二仲裁不仅体现了当事人的意愿，还在一定程度上体现了仲裁者的意愿。

(三)公力救济

公力救济，是指依靠公权力来解决民事纠纷的方式，包括行政裁决和民事诉讼。行政裁决是指行政机关基于法律规定处理民事纠纷的制度。公力救济的特征在于具有国家强制性和必须尊重严格的规范。各类民事纠纷的解决方式，民事诉讼具有基础性作用，为其他纠纷解决方式提供制度保障。

二、民事诉讼的概念

(一)民事诉讼的含义

民事诉讼，是指人民法院作为审判机关，依法处理民事纠纷的一种方式。民事诉讼相对于其他民事纠纷解决方式而言，具有如下特征：一是必须严格依据法律规定进行。民事诉讼活动有严格的法律规定，人民法院和诉讼参与人都必须依据法律规定的程序进行，否则，就会导致诉讼无效。二是人民法院在诉讼中处于主导地位。民事诉讼当事人的诉讼活动是民事诉讼发生的基础，但是，人民法院的审判活动在诉讼中处于主导地位，对诉讼程序的进行具有决定性意义。三是民事诉讼过程的阶段性和连续性。民事诉讼由若干阶段构成，只有完成上阶段的程序，才能进入下一阶段的程序。

反诉，是相对于本诉而言的，是指在本诉的诉讼程序中，本诉的被告以本诉的原告为被告，提起与本诉相关的诉讼。本诉的原告称为反诉被告，本诉的被告称为反诉原告。例如，原告起诉被告，要求被告给付货款，被告收到原告起诉状后，以原告所交付的货物有质量问题为由提起反诉，要求原告赔偿损失。

(二)民事之诉

民事之诉，是原告针对特定被告提起的，请求法院给予救济的制度。民事之诉包含三要素，即诉的主体、诉的客体和诉的原因。诉的主体是指原告和被告。诉的客体是指诉讼标的与诉讼请求。诉讼标的，也称诉讼客体、诉讼对象、系争标的，是指民事当事人之间争议的，请求人民法院审判的民事实体法律关系或者民事实体权利。诉讼请求是指原告获得实体(法)上的具体法律地位或者具体法律效果的诉讼主张。诉的原因是指权利发生的事实。民事之诉，根据诉讼标的的性质和内容，可以区分为给付之诉、确认之诉和形成之诉。

1. 给付之诉

给付之诉，是指原告请求被告履行一定给付义务之诉。原告所主张的给付，包括被告的金钱给付、物之给付或者行为给付。例如，原告刘备请求被告孙权偿还欠款 2 000 元，即为金钱给付之诉。

2. 确认之诉

确认之诉，是指原告请求人民法院确认其主张的法律关系(民事权益)或者特定的法律事实是否存在或者合法有效之诉。例如，原告请求确认被告与自己之间存在收养关系。确认之诉常常是给付之诉的前提。

3. 形成之诉

形成之诉，是指原告请求人民法院判决变动已存在的民事法律关系(民事权益)或者特定的法律事实之诉。例如,原告向法院提起离婚诉讼,即为形成之诉。

(三)特殊诉讼

1. 共同诉讼

共同诉讼是相对于原告与被告一对一单独诉讼而言的复数诉讼形式。共同诉讼区分为普通共同诉讼和必要共同诉讼。

普通共同诉讼,是指当事人一方或者双方为二人以上,诉讼标的属于同一种类,人民法院认为可以合并审理,且当事人同意而共同进行的诉讼。例如,刘备同一天分别借给曹操、孙权各 100 万元,并约定同一天偿还。后因曹操和孙权没有按时偿还,刘备同时向荆州法院提起诉讼,要求曹操和孙权偿还债务。

必要的共同诉讼,是指当事人一方或者双方为二人以上,诉讼标的共同,当事人具有共同的权利或者义务,人民法院必须合并审理的诉讼。例如,原告起诉代理人和被代理人,要求承担连带责任,即为必要的共同诉讼。

2. 团体诉讼

团体诉讼,是指法律赋予某些团体诉讼主体资格和团体诉权,使其可以代表团体成员提起、参加诉讼,独立享有和承担诉讼上的权利和义务,并可以独立做出实体处分的专门性制度。在实践中,较为常见的团体诉讼,如业主委员会、著作权集体管理机构等。

3. 代表人诉讼

代表人诉讼,是指当一方或者双方当事人人数较多时,由当事人推选出代表人代表本方全体当事人进行诉讼的诉讼形式。《中华人民共和国民事诉讼法》(以下简称《民事诉讼法》)第 53 条规定,"当事人一方人数众多的共同诉讼,可以由当事人推选代表人进行诉讼。代表人的诉讼行为对其所代表的当事人发生效力,但代表人变更、放弃诉讼请求或者承认对方当事人的诉讼请求,进行和解,必须经被代表的当事人同意"。

4. 示范诉讼

示范诉讼,是指双方当事人达成默契,约定选择某一具有相同的事实或者法律问题的诉讼为示范性诉讼,在示范性诉讼判决确定前,其他未起诉的当事人暂时不提起诉讼或者提起诉讼的中止诉讼,接受示范性诉讼的约束。

三、民事诉讼的主体

1. 当事人

当事人,是指民事诉讼中的起诉的原告和应诉的被告。当事人应当是有资格以自己名义成为原告或者被告,并受本案判决拘束的人。

2. 诉讼辅佐人

诉讼辅佐人,是指陪着当事人在辩论日期出庭,起补充陈述作用的人。《民事诉讼法》第79 条规定,"当事人可以申请人民法院通知有专门知识的人出庭,就鉴定人做出的鉴定意见或者专业问题提出意见。"

3. 诉讼代理人

诉讼代理人,是指以当事人名义代为实施或者接受诉讼行为,从而维护当事人利益的诉讼参加人。诉讼代理人可以区分为法定诉讼代理人和委托诉讼代理人。无诉讼行为能力人由他的监护人作为法定代理人代为诉讼。当事人、法定代理人可以委托一至二人作为诉讼代理人。

4. 诉讼第三人

诉讼第三人,可以区分为有独立请求权第三人和无独立请求权第三人。有独立请求权第三人,是指对于已经开始的诉讼,以该诉的原、被告为共同被告,对当事人双方的诉讼标的提起独立的诉讼请求而参加诉讼的诉讼第三人。例如,曹操起诉刘备,要求刘备归还位于荆州市某区房产一套,孙权认为该房产既不是曹操的,也不是刘备的,而是自己的,因此参加诉讼,为有独立请求权的第三人。无独立请求权第三人,是指对已经开始的诉讼标的虽然没有独立请求权,但对案件的处理结果有法律上的利害关系,而申请参加诉讼的诉讼第三人。例如,曹操与刘备签订了一份房屋买卖合同,曹操将某房屋出售给刘备,刘备随之将该房屋转售给孙权,曹操和刘备因房屋买卖合同纠纷而诉至法院,孙权加入诉讼,主张房屋买卖合同有效。

四、民事诉讼的基本原则

1. 当事人平等原则

当事人平等原则,是指在民事诉讼中,当事人享有平等的诉讼权利。《民事诉讼法》第 8 条规定,"民事诉讼当事人有平等的诉讼权利。人民法院审理民事案件,应当保障和便利当事人行使诉讼权利,对当事人在适用法律上一律平等"。

2. 辩论原则

辩论原则,是指民事诉讼的当事人在法院的主持下,有权就有争议的事实问题和法律问题陈述自己的主张和意见以及相互进行反驳和答辩,以维护自己的合法权益。《民事诉讼法》第 12 条规定,"人民法院审理民事案件时,当事人有权进行辩论"。

3. 诚信原则

诚信原则,即诚实信用原则,是指法院、当事人以及其他诉讼参与人在诉讼活动中必须公正、诚实和善意。《民事诉讼法》第 13 条规定,"民事诉讼应当遵循诚实信用原则。"诚信原则对于当事人而言,要求其不得滥用诉讼权利,恶意诉讼;对于法院而言,要求其不得突袭裁判;对于其他诉讼参与人而言,必须善意。

4. 处分原则

处分原则,是指民事诉讼当事人在法律规定的范围内,有权处分自己依法享有的民事权利和诉讼权利。《民事诉讼法》第 13 条规定,"当事人有权在法律规定的范围内处分自己的民事权利和诉讼权利。"当事人的处分权受法院审判权的监督和保障,但也制约着审判权。

5. 检察监督原则

检察监督原则,是指人民检察院有权对民事诉讼实行法律监督。检察监督的对象是人民法院的民事审判活动和民事执行活动。《民事诉讼法》第 14 条规定,"人民检察院有权对民事诉讼实行法律监督。"

五、民事诉讼的基本制度

1. 合议制度

合议制度，是指由三名以上的审判人员组成合议庭，代表人民法院行使审判权，对案件进行审理并作出裁判的制度。合议制度是相对于独任制度而言的。独任制度，是指由一名审判人员代表人民法院对案件进行审理并作出裁判的制度。人民法院审理民事案件，以合议制为原则，独任制只适用于特殊案件的审理。

2. 回避制度

回避制度，是指审判人员和其他有关人员，具有一定的情形，必须依法退出对案件的审理获得的制度。《民事诉讼法》第44条规定，"审判人员有下列情形之一的，应当自行回避，当事人有权用口头或者书面方式申请他们回避：（一）是本案当事人或者当事人、诉讼代理人近亲属的；（二）与本案有利害关系的；（三）与本案当事人、诉讼代理人有其他关系，可能影响对案件公正审理的。审判人员接受当事人、诉讼代理人请客送礼，或者违反规定会见当事人、诉讼代理人的，当事人有权要求他们回避。审判人员有前款规定的行为的，应当依法追究法律责任。前三款规定，适用于书记员、翻译人员、鉴定人、勘验人"。

3. 公开审判制度

公开审判制度，是指除法律规定的情形外，人民法院对于民事案件的审理和宣判应当依法公开进行。法律规定不公开审理的案件：一是涉及国家秘密的案件；二是涉及个人隐私的案件；三是离婚案件和涉及商业秘密的案件，当事人申请不公开审理的，可以不公开审理；四是法院调解原则上不公开进行。无论是否公开审理，但对于判决，一律应当公开宣告。

4. 两审终审制度

两审终审制，是指一个案件经过两级法院的审批就宣告终结的制度。一个民事案件，当事人对于第一审判决不服的，有权依法向原审法院的上一级法院提起上诉，由其进行第二审。第二审法院做出的判决、裁定为终审裁判，当事人不得再行提起上诉。两审终审为原则，例外情形只能一审终审：一是最高人民法院直接受理和审判的第一审案件；二是依照特别程序审理的案件；三是依照督促程序和公示催告程序审理的案件；四是依照《民事诉讼法》第162条规定审理的小额诉讼案件；五是有关婚姻无效案件的判决一经做出，即发生法律效力，不允许提起上诉。

5. 陪审制度

陪审制度，是指审判机关依法吸收法官以外的公民参与案件审判活动的制度。根据有关规定，公民担任人民陪审员，应当具备如下条件：（1）拥护中华人民共和国宪法；（2）年满23周岁；（3）品行良好、公道正派；（4）身体健康；（5）一般应当具备大学专科以上文化程度。

六、民事诉讼的受案范围

民事诉讼的受案范围，是指哪些民事纠纷应当由人民法院负责处理，哪些民事纠纷不应当由人民法院负责处理，即人民法院和其他国家机关、社会团体之间解决民事纠纷的分工和职权范围。

《民事诉讼法》第 3 条规定，"人民法院受理公民之间、法人之间、其他组织之间以及他们相互之间因财产关系和人身关系提起的民事诉讼，适用本法的规定"。

第二节　民事诉讼的一般制度

一、民事诉讼的管辖制度

(一)民事诉讼管辖的含义

民事诉讼的管辖，是指各级人民法院之间以及同级人民法院之间受理第一审民事案件的分工和权限。民事案件管辖的确定，应当遵循的如下原则：一是便于当事人进行诉讼；二是便于案件的审理和执行；三是便于案件的公正审判；四是便于均衡各人民法院的工作负担；五是管辖恒定，是指原告起诉时，受诉法院依法对于案件享有管辖权，则此后不论确定管辖的事实在诉讼进行中发生如何变化，受诉法院的管辖权不受影响。

管辖，依据由法律规定还是人民法院裁定确定，可以区分为法定管辖和裁定管辖；依据由法律强制规定还是当事人协商确定，可以区分为专属管辖和协议管辖。

(二)级别管辖

级别管辖，是指按照一定的标准，划分上下级人民法院之间受理第一审民事案件的分工和权限。《民事诉讼法》第 17 条规定，"基层人民法院管辖第一审民事案件，但本法另有规定的除外"。第 18 条规定，"中级人民法院管辖下列第一审民事案件：(一)重大涉外案件；(二)在本辖区有重大影响的案件；(三)最高人民法院确定由中级人民法院管辖的案件"。第 19 条规定，"高级人民法院管辖在本辖区有重大影响的第一审民事案件"。第 20 条规定，"最高人民法院管辖下列第一审民事案件：(一)在全国有重大影响的案件；(二)认为应当由本院审理的案件"。

(三)地域管辖

地域管辖，是指以人民法院的辖区和案件的隶属关系确定诉讼管辖。地域管辖的一般原则是"原告就被告"，即由被告所在地人民法院管辖，被告住所地与经常居住地不一致的，由经常居住地人民法院管辖。同一诉讼的几个被告住所地、经常居住地在两个以上人民法院辖区的，各该人民法院都有管辖权。

下列民事诉讼，由原告住所地人民法院管辖；原告住所地与经常居住地不一致的，由原告经常居住地人民法院管辖：(1)对不在中华人民共和国领域内居住的人提起的有关身份关系的诉讼；(2)对下落不明或者宣告失踪的人提起的有关身份关系的诉讼；(3)对被采取强制性教育措施的人提起的诉讼；(4)对被监禁的人提起的诉讼。

因合同纠纷提起的诉讼，由被告住所地或者合同履行地人民法院管辖。因保险合同纠纷提起的诉讼，由被告住所地或者保险标的物所在地人民法院管辖。因票据纠纷提起的诉讼，由票据支付地或者被告住所地人民法院管辖。因公司设立、确认股东资格、分配利润、解散等纠纷提起的诉讼，由公司住所地人民法院管辖。因侵权行为提起的诉讼，由侵权行为地或者被告住所地人民法院管辖。

因铁路、公路、水上、航空运输和联合运输合同纠纷提起的诉讼,由运输始发地、目的地或者被告住所地人民法院管辖。因铁路、公路、水上和航空事故请求损害赔偿提起的诉讼,由事故发生地或者车辆、船舶最先到达地、航空器最先降落地或者被告住所地人民法院管辖。因船舶碰撞或者其他海事损害事故请求损害赔偿提起的诉讼,由碰撞发生地、碰撞船舶最先到达地、加害船舶被扣留地或者被告住所地人民法院管辖。

因海难救助费用提起的诉讼,由救助地或者被救助船舶最先到达地人民法院管辖。因共同海损提起的诉讼,由船舶最先到达地、共同海损理算地或者航程终止地的人民法院管辖。

两个以上人民法院都有管辖权的诉讼,原告可以向其中一个人民法院起诉;原告向两个以上有管辖权的人民法院起诉的,由最先立案的人民法院管辖。

(四)专属管辖

专属管辖,是指某些特殊案件,专门由特定的人民法院管辖。《民事诉讼法》第 33 条规定,"下列案件,由本条规定的人民法院专属管辖:(一)因不动产纠纷提起的诉讼,由不动产所在地人民法院管辖;(二)因港口作业中发生纠纷提起的诉讼,由港口所在地人民法院管辖;(三)因继承遗产纠纷提起的诉讼,由被继承人死亡时住所地或者主要遗产所在地人民法院管辖"。

(五)协议管辖

协议管辖,是指由当事人以约定方式确定的管辖。《民事诉讼法》第 34 条规定,"合同或者其他财产权益纠纷的当事人可以书面协议选择被告住所地、合同履行地、合同签订地、原告住所地、标的物所在地等与争议有实际联系的地点的人民法院管辖,但不得违反本法对级别管辖和专属管辖的规定"。

(六)裁定管辖

1. 移送管辖

移送管辖,是指人民法院发现受理的案件不属于本院管辖的,移送有管辖权的人民法院,受移送的人民法院应当受理。受移送的人民法院认为受移送的案件依照规定不属于本院管辖的,应当报请上级人民法院指定管辖,不得再自行移送。

上级人民法院有权审理下级人民法院管辖的第一审民事案件;确有必要将本院管辖的第一审民事案件交下级人民法院审理的,应当报请其上级人民法院批准。下级人民法院对它所管辖的第一审民事案件,认为需要由上级人民法院审理的,可以报请上级人民法院审理。

2. 指定管辖

指定管辖,是指有管辖权的人民法院由于特殊原因,不能行使管辖权的,由上级人民法院指定管辖。人民法院之间因管辖权发生争议,由争议双方协商解决;协商解决不了的,报请它们的共同上级人民法院指定管辖。

(七)管辖权异议

管辖权异议,是指当事人认为受诉人民法院对案件无管辖权,而向人民法院提出的不服受诉法院管辖的意见或者主张。

《民事诉讼法》第 127 条规定,"人民法院受理案件后,当事人对管辖权有异议的,应当在提交答辩状期间提出。人民法院对当事人提出的异议,应当审查。异议成立的,裁定将案件移送有管辖权的人民法院;异议不成立的,裁定驳回。当事人未提出管辖异议,并应诉答辩的,视为受诉人民法院有管辖权,但违反级别管辖和专属管辖规定的除外。"

(八)铁路运输法院的管辖

《最高人民法院关于铁路运输法院案件管辖范围的若干规定》(2012 年 7 月 2 日)的规定,铁路法院的管辖的案件为:(1)铁路旅客和行李、包裹运输合同纠纷;(2)铁路货物运输合同和铁路货物运输保险合同纠纷;(3)国际铁路联运合同和铁路运输企业作为经营人的多式联运合同纠纷;(4)代办托运、包装整理、仓储保管、接取送达等铁路运输延伸服务合同纠纷;(5)铁路运输企业在装卸作业、线路维修等方面发生的委外劳务、承包等合同纠纷;(6)与铁路及其附属设施的建设施工有关的合同纠纷;(7)铁路设备、设施的采购、安装、加工承揽、维护、服务等合同纠纷;(8)铁路行车事故及其他铁路运营事故造成的人身、财产损害赔偿纠纷;(9)违反铁路安全保护法律、法规,造成铁路线路、机车车辆、安全保障设施及其他财产损害的侵权纠纷;(10)因铁路建设及铁路运输引起的环境污染侵权纠纷;(11)对铁路运输企业财产权属发生争议的纠纷。

二、民事诉讼的证据制度

(一)证据的概念

证据,是指用以证明案件事实的各种事实材料。证据必须具备客观性、关联性和合法性三个要件。真实性是指证明必须是客观存在的事实。关联性是指证明必须与所要证明的案件事实(待证事实)存在一定的客观联系。合法性是指证明必须按照法定程序收集和提供。证据,可以依据不同的标准进行分类。

一是本证和反证。本证,是指由对待证事实负有证明责任的一方当事人所提供的,用于证明该事实的证据。反证,是指由对待证事实不负证明责任的人提供,为证明待证事实不存在或者不真实的证据。

二是言辞证据和实物证据。言词证据,是指人的陈述为表现形式的证据。实物证据,是指以实物形态为表现形式的证据。

三是原始证据和传来证据。原始证据,是指直接来源于案件事实而未经中间环节传播的证据,是在案件事实发生、发展和消灭过程的过程中直接形成的证据。传来证据,是指从原始证据中衍生出来的证据。

四是直接证据和间接证据。直接证据,是指与待证事实具有直接联系、能够单独地直接证明待证事实的证据。间接证据,是指与待证事实之间具有联系,不能单独直接证明待证事实的证据。

(二)证据的种类

1. 当事人陈述

当事人陈述,是指当事人就与本案的事实情况向法院所做的陈述。当事人陈述的显著特点在于,真实性与虚假性往往并存。《民事诉讼法》第75条规定,"人民法院对当事人的陈述,应当结合本案的其他证据,审查确定能否作为认定事实的根据。当事人拒绝陈述的,不影响人民法院根据证据认定案件事实"。

2. 书证、物证

书证,是指以文字、符号、图案等所记载和表达的思想内容来证明案件事实的证据。书证形式上相对固定、稳定性强,一般不受时间的影响。物证,是指以自己的外形、重量、质量、规格、损坏程度等标准或者特征来证明待证事实的物品和痕迹。《民事诉讼法》第70条规定,"书证应当提交原件。物证应当提交原物。提交原件或者原物确有困难的,可以提交复制品、照片、副本、节录本。提交外文书证,必须附有中文译本"。

3. 视听资料

视听资料,是指采用现代科技手段,利用图像、音响以及电脑储存资料等来证明待证事实的证据。视听资料包括录用资料和影像资料。《民事诉讼法》第71条规定,"人民法院对视听资料,应当辨别真伪,并结合本案的其他证据,审查确定能否作为认定事实的根据"。

4. 证人证言

证人证言,是指证人就其所了解的案件情况,以口头或者书面形式向法院所做的陈述。证人是指知晓案件事实并向法院作证的人。《民事诉讼法》第72条规定,"凡是知道案件情况的单位和个人,都有义务出庭作证。有关单位的负责人应当支持证人作证。不能正确表达意思的人,不能作证"。第73条规定,"经人民法院通知,证人应当出庭作证。有下列情形之一的,经人民法院许可,可以通过书面证言、视听传输技术或者视听资料等方式作证:(一)因健康原因不能出庭的;(二)因路途遥远,交通不便不能出庭的;(三)因自然灾害等不可抗力不能出庭的;(四)其他有正当理由不能出庭的"。第74条规定,"证人因履行出庭作证义务而支出的交通、住宿、就餐等必要费用以及误工损失,由败诉一方当事人负担。当事人申请证人作证的,由该当事人先行垫付;当事人没有申请,人民法院通知证人作证的,由人民法院先行垫付"。

5. 鉴定意见

鉴定意见,是指鉴定人利用自己专门知识和技能,对案件的某些专门性问题进行分析、鉴别后所做出的书面意见。《民事诉讼法》第76条规定,"当事人可以就查明事实的专门性问题向人民法院申请鉴定。当事人申请鉴定的,由双方当事人协商确定具备资格的鉴定人;协商不成的,由人民法院指定。当事人未申请鉴定,人民法院对专门性问题认为需要鉴定的,应当委托具备资格的鉴定人进行鉴定"。第77条规定,"鉴定人有权了解进行鉴定所需要的案件材料,必要时可以询问当事人、证人。鉴定人应当提出书面鉴定意见,在鉴定书上签名或者盖章"。第78条规定,"当事人对鉴定意见有异议或者人民法院认为鉴定人有必要出庭的,鉴定人应当出庭作证。经人民法院通知,鉴定人拒不出庭作证的,鉴定意见不得作为认定事实的根据;支付鉴定费用的当事人可以要求返还鉴定费用"。

6. 勘验笔录

勘验笔录,是指为了查明案件事实,法院对与案件有关的物证或者现场进行勘查、检验后制作的笔录。《民事诉讼法》第80条规定,"勘验物证或者现场,勘验人必须出示人民法院的证件,并邀请当地基层组织或者当事人所在单位派人参加。当事人或者当事人的成年家属应当到场,拒不到场的,不影响勘验的进行。有关单位和个人根据人民法院的通知,有义务保护现场,协助勘验工作。勘验人应当将勘验情况和结果制作笔录,由勘验人、当事人和被邀参加人签名或者盖章"。

(三)证据的保全

证据的保全,是指在证据有可能灭失或者以后难以取得的情况下,法院根据当事人或者利害关系人的申请或者依职权采取措施,对证据加以固定和保护。

(四)证明责任

当事人对自己提出的主张,有责任提供证据。《民事诉讼法》第65条规定,"当事人对自己提出的主张应当及时提供证据。人民法院根据当事人的主张和案件审理情况,确定当事人应当提供的证据及其期限。当事人在该期限内提供证据确有困难的,可以向人民法院申请延长期限,人民法院根据当事人的申请适当延长。当事人逾期提供证据的,人民法院应当责令其说明理由;拒不说明理由或者理由不成立的,人民法院根据不同情形可以不予采纳该证据,或者采纳该证据但予以训诫、罚款"。第68条规定,"证据应当在法庭上出示,并由当事人互相质证。对涉及国家秘密、商业秘密和个人隐私的证据应当保密,需要在法庭出示的,不得在公开开庭时出示"。

民事诉讼中,当事人提供证据证明的事实为法律事实,只能是法律真实,并不一定是客观真实。第一,民事诉讼中的事实需要由法官认定,法官认定事实需要借助于证据,而证据的认定具有主观性。第二,法官必须在法律规定期限内裁判完毕,探求事实真相有时间限制,不能以没有弄清楚事实而拒绝裁判案件。第三,探求事实真相需要成本,司法资源是有限的,不可能为了追求客观事实而不考虑司法资源,不考虑成本。

三、民事诉讼的保障制度

(一)临时性救济

1. 财产保全

财产保全,是指人民法院在利害关系人起诉前或者当事人起诉后,为保障将来的生效判决能够得到执行或者避免财产遭受损失,对当事人的财产或者争议的标的物,采取限制当事人处分的强制措施。《民事诉讼法》第100条规定,"人民法院对于可能因当事人一方的行为或者其他原因,使判决难以执行或者造成当事人其他损害的案件,根据对方当事人的申请,可以裁定对其财产进行保全、责令其做出一定行为或者禁止其做出一定行为;当事人没有提出申请的,人民法院在必要时也可以裁定采取保全措施。人民法院采取保全措施,可以责令申请人提供担保,申请人不提供担保的,裁定驳回申请。人民法院接受申请后,对情况紧急的,必须在四十八小时内做出裁定;裁定采取保全措施的,应当立即开始执行"。

2. 先于执行

先于执行,是指人民法院在受理案件做出终审判决前,根据一方当事人的申请,裁定另一方当事人给付申请人一定数额的金钱或者其他财物,或者停止实施某种行为。《民事诉讼法》第106条规定,"人民法院对下列案件,根据当事人的申请,可以裁定先予执行:(一)追索赡养费、扶养费、抚育费、抚恤金、医疗费用的;(二)追索劳动报酬的;(三)因情况紧急需要先予执行的"。第107条规定,"人民法院裁定先予执行的,应当符合下列条件:(一)当事人之间权利义务关系明确,不先予执行将严重影响申请人的生活或者生产经营的;(二)被申请人有履行能力。人民法院可以责令申请人提供担保,申请人不提供担保的,驳回申请。申请人败诉的,应当赔偿被申请人因先予执行遭受的财产损失"。

当事人对先予执行的裁定不服的,可以申请复议一次。复议期间不停止裁定的执行。

(二)诉讼的保障

1. 期间

期间,是指法院、当事人和其他诉讼参与人单独或者会合实施或者完成某种诉讼行为所应遵守的时间。《民事诉讼法》第82条规定,"期间包括法定期间和人民法院指定的期间。期间以时、日、月、年计算。期间开始的时和日,不计算在期间内。期间届满的最后一日是节假日的,以节假日后的第一日为期间届满的日期。期间不包括在途时间,诉讼文书在期满前交邮的,不算过期"。

2. 送达

送达,是指人民法院依照法定的程序和方式,将诉讼文书交给当事人和其他诉讼参与人的行为。送达的方式有:

(1)直接送达

直接送达,是指人民法院派专人将诉讼文书直接送交给受送达人本人的送达方式。按照《民事诉讼法》的规定,送达诉讼文书,应当直接送交受送达人。受送达人是公民的,如本人不在,交其同住成年家属签收;受送达人是法人或者其他组织的,应当由法人的法定代表人、其他组织的主要负责人或者该法人、组织负责收件的人签收;受送达人有诉讼代理人的,可以送交其代理人签收;受送达人已向人民法院指定代收人的,送交代收人签收。受送达人在送达回证上的签收日期为送达日期。受送达人的同住成年家属,法人或者其他组织的负责收件的人,诉讼代理人或者代收人在送达回证上签收的日期为送达日期。

(2)留置送达

留置送达,是指受送达人拒绝签收所送达的诉讼文书的,送达人依法将诉讼文书放置受送达人住所的送达方式。按照《民事诉讼法》的规定,受送达人或者其同住成年家属拒绝接收诉讼文书的,送达人可以邀请有关基层组织或者所在单位的代表到场,说明情况,在送达回证上记明拒收事由和日期,由送达人、见证人签名或者盖章,把诉讼文书留在受送达人的住所;也可以把诉讼文书留在受送达人的住所,并采用拍照、录像等方式记录送达过程,即视为送达。

(3)委托送达

委托送达,是指受诉人民法院直接送达诉讼文书有困难的,可以委托其他人民法院代为送达。委托送达的,委托法院应当出具委托函,并附需要送达的诉讼文书和送达回证。

(4)邮寄送达

邮件送达,是指受诉人民法院采用直接送达诉讼文书有困难时,通过将诉讼文书以邮局挂号方式邮寄给受送达人的送达方式。邮寄送达的,以回执上注明的收件日期为送达日期。

(5)转交送达

转交送达,是指人民法院将诉讼文书委托受送达人所在机关、单位转交给受送达人的送达方式。按照《民事诉讼法》的规定,受送达人是军人的,通过其所在部队团以上单位的政治机关转交。受送达人被监禁的,通过其所在监所转交。受送达人被采取强制性教育措施的,通过其所在强制性教育机构转交。代为转交的机关、单位收到诉讼文书后,必须立即交受送达人签收,以在送达回证上的签收日期,为送达日期。

(6)公告送达

公告送达,是指受送达人下落不明或者采用其他送达方式无法送达时,法院发出公告将送达内容告知社会公众,经过法定期间即视为送达的送达方式。受送达人下落不明,或者采用《民事诉讼法》规定的其他方式无法送达的,公告送达。自发出公告之日起,经过 60 日,即视为送达。公告送达,应当在案卷中记明原因和经过。

(7)电子送达

电子送达,是指通过传真、电子邮件、手机短信等方式送达诉讼文书。经受送达人同意,人民法院可以采用传真、电子邮件等能够确认其收悉的方式送达诉讼文书,但判决书、裁定书、调解书除外。传真、电子邮件等到达受送达人特定系统的日期为送达日期。

3. 强制措施

强制措施,是指法院在民事诉讼过程中,为保证民事诉讼程序的顺利进行,对实施妨害民事诉讼行为的人所采取的各种强制性手段。

(1)拘传

人民法院对必须到庭的被告,经两次传票传唤,无正当理由拒不到庭的,可以拘传。采用拘传措施的,应当由合议庭或者独任审判员提出意见,报经本院院长批准,并填写拘传票,直接送达被拘传人,由被拘传人签字或者盖章。

(2)训诫

训诫,是指人民法院对于妨害民事诉讼行为情节较轻的人,通过批评、教育的方式,指出其违法之处并责令其加以改正的强制措施。人民法院对违反法庭规则的人,可以予以训诫。

(3)责令退出法庭

责令退出法庭,是指人民法院对于违反法庭规则,妨碍民事诉讼法庭审判程序顺利进行的人,命令其离开法庭的强制措施。责令退出法庭的适用对象是违反法庭规则的诉讼参与人或者其他人。

(4)罚款

罚款,是指人民法院对于妨害民事诉讼行为人所采取的强令其在指定期间缴纳一定数额金钱的强制措施。罚款必须经院长批准,并出具"罚款决定书"。对个人的罚款金额,为人民币十万元以下。对单位的罚款金额,为人民币五万元以上一百万元以下。

(5)拘留

拘留,是指人民法院对于妨害民事诉讼行为严重的人,在一定期间内限制其人身自由的强制措施。拘留必须由合议庭或者独任审判员提出,报请院长批准,并制作"拘留决定书"。拘留期限为 15 日以下。

第三节　民事诉讼的一审普通程序

民事诉讼采用两审终审制,一审适用一审程序,二审适用二审程序。二审程序以一审程序为基础。一审程序可以区分为普通程序、简易程序、小额诉讼程序和特别程序。普通程序是人民法院审理第一审民事案件通常适用的程序。普通程序是最为完整的基本性程序,其他程序没有特殊规定的,都适用普通程序的规定。普通程序在各种程序中起着通则的作用,是整个民事审判程序的基础。

一、起诉和受理

(一)起诉

民事诉讼的起诉,是指民事主体认为自己所享有的权益受到他人侵害或者与他人发生争议,以自己的名义请求人民法院通过审判给予司法保护的诉讼行为。由于民事诉讼实行不告不理的原则,只有当事人起诉,才能引起民事诉讼程序的开始,法院不能主动启动民事诉讼程序。原告提起诉讼后,产生如下法律效力:一是法院必须对原告的起诉进行审查,并做出是否立案的决定;二是原告不得另行起诉;三是起诉是整个诉讼程序的起点。原告起诉后,可以申请撤销。

1. 诉讼的条件

根据《民事诉讼法》第119条的规定,起诉必须符合下列四项条件:

(1)原告是与本案有直接利害关系的公民、法人和其他组织。直接利害关系是指原告认为自己的权益受到侵害。人民法院在立案阶段对直接利害关系的审查为形式审查,不作实质审查。

(2)有明确的被告。明确的被告是指被告必须能够确定,即确定为具体的个人或者法人。原告不能确定被告的,人民法院裁定不予受理。

(3)有具体的诉讼请求和事实、理由。原告在起诉时必须提出具体的诉讼请求,以便于人民法院明确审判的对象和范围。事实包括原告权利义务关系发生的事实和权益被侵害的事实。理由是指原告用来证明自己权利主张的证据材料和相应的法律依据。

(4)属于人民法院受理民事诉讼的范围和受诉人民法院管辖。人民法院并不负责处理所有的民事纠纷,不属于人民法院负责处理的民事纠纷,人民法院不能行使审判权,不得受理。

2. 起诉的方式

原告提起诉讼,必须向人民法院递交起诉状(样式见附录一),并按照被告人数提出副本。原告书写起诉状确有困难的,可以口头起诉,由人民法院记入笔录,并告知对方当事人。起诉状应当记明下列事项:(1)原告的姓名、性别、年龄、民族、职业、工作单位、住所、联系方式,法人或者其他组织的名称、住所和法定代表人或者主要负责人的姓名、职务、联系方式;(2)被告的姓名、性别、工作单位、住所等信息,法人或者其他组织的名称、住所等信息;(3)诉讼请求和所根据的事实与理由;(4)证据和证据来源,证人姓名和住所。除上述内容外,起诉状还应当写明受诉人民法院的全称和起诉的具体日期。原告应当在起诉状上签名或者盖章。

3. 案前调解

当事人起诉到人民法院的民事纠纷,适宜调解的,先行调解,但当事人拒绝调解的除外。对于当事人拒绝调解的案件,人民法院应当及时进行审查,决定是否受理。

(二)受理

受理,是指人民法院对原告提起的起诉进行审查,并决定是否立案予以审判的诉讼行为。当事人提起诉讼,只有经过人民法院立案受理后,才能进入审理程序。当事人的起诉一经人民法院受理,即产生两方面的法律效力:一是程序法上,当事人不得再就同一事实向其他人民法院提起诉讼,受理案件的人民法院取得了对该案件的审判权,其他人民法院不能再就同一案件立案受理;二是实体法上,当事人的起诉一经人民法院受理,即产生诉讼时效中断的法律效力。

《民事诉讼法》第123条规定,"人民法院应当保障当事人依照法律规定享有的起诉权利。对符合本法第一百一十九条的起诉,必须受理。符合起诉条件的,应当在七日内立案,并通知当事人;不符合起诉条件的,应当在七日内做出裁定书,不予受理;原告对裁定不服的,可以提起上诉"。人民法院受理原告起诉的,即导致诉讼时效中断。

《民事诉讼法》第124条规定,"人民法院对下列起诉,分别情形,予以处理:(一)依照行政诉讼法的规定,属于行政诉讼受案范围的,告知原告提起行政诉讼;(二)依照法律规定,双方当事人达成书面仲裁协议申请仲裁、不得向人民法院起诉的,告知原告向仲裁机构申请仲裁;(三)依照法律规定,应当由其他机关处理的争议,告知原告向有关机关申请解决;(四)对不属于本院管辖的案件,告知原告向有管辖权的人民法院起诉;(五)对判决、裁定、调解书已经发生法律效力的案件,当事人又起诉的,告知原告申请再审,但人民法院准许撤诉的裁定除外;(六)依照法律规定,在一定期限内不得起诉的案件,在不得起诉的期限内起诉的,不予受理;(七)判决不准离婚和调解和好的离婚案件,判决、调解维持收养关系的案件,没有新情况、新理由,原告在六个月内又起诉的,不予受理"。

二、审理前的准备

审理前的准备,是指人民法院受理案件后,为保证庭审活动的顺利进行而在开庭审理前所依法进行的一系列准备工作的总称。

1. 送达诉讼文书

人民法院应当在立案之日起五日内将起诉状副本发送被告,被告应当在收到之日起十五日内提出答辩状。答辩状应当记明被告的姓名、性别、年龄、民族、职业、工作单位、住所、联系方式;法人或者其他组织的名称、住所和法定代表人或者主要负责人的姓名、职务、联系方式。人民法院应当在收到答辩状之日起五日内将答辩状副本发送原告。被告不提出答辩状的,不影响人民法院审理。

2. 告知当事人诉讼权利和合议庭组成人员

人民法院对决定受理的案件,应当在受理案件通知书和应诉通知书中向当事人告知有关的诉讼权利义务,或者口头告知。合议庭组成人员确定后,应当在 3 日内告知当事人。

3. 审核诉讼材料,调查收集必要的证据

审判人员必须认真审核诉讼材料,调查收集必要的证据。人民法院派出人员进行调查时,应当向被调查人出示证件。调查笔录经被调查人校阅后,由被调查人、调查人签名或者盖章。人民法院在必要时可以委托外地人民法院调查。委托调查,必须提出明确的项目和要求。受委托人民法院可以主动补充调查。受委托人民法院收到委托书后,应当在三十日内完成调查。因故不能完成的,应当在上述期限内函告委托人民法院。

4. 追加当事人

必须共同进行诉讼的当事人没有参加诉讼的,人民法院应当通知其参加诉讼。追加当事人参加诉讼,有利于人民法院彻底解决当事人之间的争议,全面保护当事人的合法权益。

5. 程序分流

人民法院对受理的案件,分别情形,予以处理:(1)当事人没有争议,符合督促程序规定条件的,可以转入督促程序;(2)开庭前可以调解的,采取调解方式及时解决纠纷;(3)根据案件情况,确定适用简易程序或者普通程序;(4)需要开庭审理的,通过要求当事人交换证据等方式,明确争议焦点。

6. 召集庭前会议

庭前会议的作用在于明确:(1)明确原告的诉讼请求和被告的答辩意见;(2)审查处理当事人增加、变更诉讼请求的申请和提出的反诉,以及第三人提出的与本案有关的诉讼请求;(3)根据当事人的申请决定调查收集证据,委托鉴定,要求当事人提供证据,进行勘验,进行证据保全;(4)组织交换证据;(5)归纳争议焦点;(6)进行调解。

三、开庭审理

开庭审理,是指人民法院在当事人和其他诉讼参与人的参加下,依照法定的程序和形式,对民事案件进行实体审理的诉讼活动。开庭审理是整个诉讼程序的核心环节,是人民法院做出最终裁判的基础和依据。开庭审理的基本要求为:一是法庭审理,即必须审判法庭进行;二是公开审理为原则,除涉及国家秘密、个人隐私或者法律另有规定的以外,应当公开进行;三是言辞审理,即相对于书面审理而言的口头审理;四是直接审理,即作出裁判的法官必须直接参与当事人的辩论及证据调查。开庭审理包括开庭准备、法庭调查、法庭辩论、合议庭评议和宣告判决五个阶段。

(一)开庭准备

开庭准备工作包括:一是告知当事人和其他诉讼参与人的出庭日期。《民事诉讼法》第136 条规定,"人民法院审理民事案件,应当在开庭三日前通知当事人和其他诉讼参与人。公开审理的,应当公告当事人姓名、案由和开庭的时间、地点"。二是查明当事人和其他诉讼参与人是否到庭,宣布法庭纪律。三是核对当事人,宣告案由和审判人员、书记员名单,告知当事人有关诉讼权利义务,询问当事人是否提出回避申请。

(二)法庭调查

法庭调查,是指由人民法院依照法定程序,在法庭上向当事人和其他诉讼参与人审查核实各种证据的活动。法庭调查在开庭审理中居于核心环节。法庭调查主要围绕当事人争议的事实、证据和法律适用等焦点问题展开。《民事诉讼法》第 138 条规定，"法庭调查按照下列顺序进行：（一）当事人陈述；（二）告知证人的权利义务，证人作证，宣读未到庭的证人证言；（三）出示书证、物证、视听资料和电子数据；（四）宣读鉴定意见；（五）宣读勘验笔录"。

（三）法庭辩论

法庭辩论，是指在法庭调查的基础上，双方当事人围绕争议焦点，就案件事实的认定和法律适用向法庭阐明自己的观点，反驳对方的主张，进行论证和辩论的活动。《民事诉讼法》第 141 条规定，"法庭辩论按照下列顺序进行：（一）原告及其诉讼代理人发言；（二）被告及其诉讼代理人答辩；（三）第三人及其诉讼代理人发言或者答辩；（四）互相辩论。法庭辩论终结，由审判长按照原告、被告、第三人的先后顺序征询各方最后意见"。当事人进行法庭辩论的主要书面材料是代理词（样式见附录二）。

（四）合议庭评议

法庭辩论结束后，由审判长宣布休庭，合议庭组成人员对案件进行评议。合议庭评议的任务是依据法庭调查和法庭辩论的情况，就案件的性质、认定的事实、适用的法律、是非责任和处理结果等进行评议并做出结论。合议庭评议不对外公开，秘密进行。

（五）宣告判决

人民法院对案件作出裁判，应当公开宣告。宣告判决可以区分为当庭宣判和定期宣判两种情形。判决书应当写明判决结果和做出该判决的理由。

四、审结期限

审结期限，是指人民法院必须按照法律规定审结民事案件的时间限制。法律设立审结期限的目的在于督促人民法院及时审结案件，防止诉讼拖延，提高诉讼效率，以充分保护当事人的合法权益。

1. 审结期限

人民法院适用普通程序审理的案件，应当在立案之日起 6 个月内审结。有特殊情况需要延长的，由受诉人民法院院长批准，可以延长 6 个月；还需要延长的，报请上级人民法院批准。

2. 延期审理

延期审理，是指人民法院确定开庭审理日期后，或者在开庭审理的过程中，由于出现某种法定事由，导致开庭审理不能如期进行，或者已经开始的庭审无法继续进行，从而决定推迟审理的制度。

《民事诉讼法》第 146 条规定，"有下列情形之一的，可以延期开庭审理：（一）必须到庭的当事人和其他诉讼参与人有正当理由没有到庭的；（二）当事人临时提出回避申请的；（三）需要通知新的证人到庭，调取新的证据，重新鉴定、勘验，或者需要补充调查的；（四）其他应当延期的情形"。

3. 诉讼中止

诉讼中止，是指在诉讼进行过程中，由于某种法定情形的出现而导致诉讼活动难以继续进行,受诉人民法院裁定暂时停止本案诉讼程序的制度。

《民事诉讼法》第150条规定,"有下列情形之一的,中止诉讼:(一)一方当事人死亡,需要等待继承人表明是否参加诉讼的;(二)一方当事人丧失诉讼行为能力,尚未确定法定代理人的;(三)作为一方当事人的法人或者其他组织终止,尚未确定权利义务承受人的;(四)一方当事人因不可抗拒的事由,不能参加诉讼的;(五)本案必须以另一案的审理结果为依据,而另一案尚未审结的;(六)其他应当中止诉讼的情形。中止诉讼的原因消除后,恢复诉讼。"

4. 诉讼终结

诉讼终结,是指在诉讼进行过程中,由于某种法定事由的出现,导致本案诉讼程序无法或者没有必要继续进行,受诉人民法院裁定结束本案诉讼程序的制度。

《民事诉讼法》第151条规定,"有下列情形之一的,终结诉讼:(一)原告死亡,没有继承人,或者继承人放弃诉讼权利的;(二)被告死亡,没有遗产,也没有应当承担义务的人的;(三)离婚案件一方当事人死亡的;(四)追索赡养费、扶养费、抚育费以及解除收养关系案件的一方当事人死亡的。"

五、审判裁决

人民法院审理民事案件,最终需要作出裁判。人民法院做出的裁判,具有如下权威性、特定性、法定性和公开性等特征。权威性是指人民法院作为国家审判机关,代表国家行使审判职权,做出的裁判具有相应的法律效力,非经法定程序不得变更。特定性是指裁判只能由人民法院依法做出,其他任何国家机关都无权做出裁判。法定性是指人民法院做出的裁判必须符合法律规定。公开性是指人民法院做出的裁判应当依法公开。

1. 判决

判决,是指人民法院依法对案件进行审理后就案件实体问题做出的具有约束力的结论性判定。判决以判决书的形式做出。判决书内容包括:(1)案由、诉讼请求、争议的事实和理由;(2)判决认定的事实和理由、适用的法律和理由;(3)判决结果和诉讼费用的负担;(4)上诉期间和上诉的法院。判决书由审判人员、书记员署名,加盖人民法院印章。人民法院对公开审理或者不公开审理的案件,一律公开宣告判决。当庭宣判的,应当在十日内发送判决书;定期宣判的,宣判后立即发给判决书。宣告判决时,必须告知当事人上诉权利、上诉期限和上诉的法院。宣告离婚判决,必须告知当事人在判决发生法律效力前不得另行结婚。

2. 裁定

裁定,是指人民法院在诉讼过程中需要为处理程序事项和个别实体事项而做出处理的具有约束力的结论性判定。裁定适用于下列范围:(1)不予受理;(2)对管辖权有异议的;(3)驳回起诉;(4)保全和先予执行;(5)准许或者不准许撤诉;(6)中止或者终结诉讼;(7)补正判决书中的笔误;(8)中止或者终结执行;(9)撤销或者不予执行仲裁裁决;(10)不予执行公证机关赋予强制执行效力的债权文书;(11)其他需要裁定解决的事项。裁定书应当写明裁定结果和做出该裁定的理由。裁定书由审判人员、书记员署名,加盖人民法院印章。口头裁定的,记入笔录。

当事人对于人民法院做出的不予受理、管辖权异议和驳回起诉的裁定,可以上诉。

3. 决定

决定,是指人民法院在诉讼过程中为解决影响诉讼正常顺利进行的特殊性事项所作出的具有约束力的结论性判定。决定主要适用于如下事项:(1)对当事人申请回避的处理;(2)对当事人申请顺延期限的处理;(3)对妨害民事诉讼行为采取强制措施的处理;(4)对当事人申请缓交、减交、免交诉讼费用的处理;(5)对当事人申请重新进行调查、鉴定或者勘验的处理;(6)对各级人民法院院长认为需要再审的裁判处理;(7)对当事人申请暂缓执行的处理;(8)人民法院认为其他需要做出决定事项的处理。

第四节　民事诉讼的上诉审程序

一、上诉审程序的概念

我国民事诉讼实行两审终审制(法律另有规定的案件除外),当事人不服地方人民法院第一审判决的,有权在判决书送达之日起 15 日内向上一级人民法院提起上诉;不服地方人民法院第一审裁定的,有权在裁定书送达之日起 10 日内向上一级人民法院提起上诉。

二审,也称上诉审,是指当事人不服人民法院做出的一审裁判,在法定期间向原审法院上一级人民法院提起上诉,请求撤销或者变更原裁判,受理上诉的法院对案件进行审判所适用的程序。

法律设立上诉审的目的在于:一是保护当事人的权利,以纠正一审法官对案件事实认定和法律适用可能存在的错误或者不当;二是保障法律的统一解释和适用,以尽可能防止一审法官在解释和适用法律时的见解不统一乃至矛盾的情形出现。

二、上诉的提起和受理

(一)上诉的提起

上诉,是当事人对于人民法院尚未生效的裁判,向上一级人民法院声明不服,请求上一级人民法院撤销或者变更该裁判的诉讼行为。当事人上诉,必须在法定期间内向一审法院的上一级人民法院提出,且必须采用书面形式。

上诉状的内容,应当包括当事人的姓名,法人的名称及其法定代表人的姓名或者其他组织的名称及其主要负责人的姓名;原审人民法院名称、案件的编号和案由;上诉的请求和理由。

上诉状应当通过原审人民法院提出,并按照对方当事人或者代表人的人数提出副本。当事人直接向第二审人民法院上诉的,第二审人民法院应当在 5 日内将上诉状移交原审人民法院。原审人民法院收到上诉状,应当在 5 日内将上诉状副本送达对方当事人,对方当事人在收到之日起 15 日内提出答辩状。人民法院应当在收到答辩状之日起 5 日内将副本送达上诉人。对方当事人不提出答辩状的,不影响人民法院审理。原审人民法院收到上诉状、答辩状,应当在 5 日内连同全部案卷和证据,报送第二审人民法院。

(二)二审法院的立案

二审法院接到一审法院报送的上诉状、上诉答辩状以及全部案卷材料后,对所有材料进行审查,应当在收到一审法院移送的上诉材料及案卷材料后 5 日内立案。如果发现上诉案件材料不齐全的,应当在 2 日内通知一审法院,一审法院应当在接到二审法院的通知后 5 日内补齐。

三、上诉案件的审判

第二审人民法院对上诉案件,应当组成合议庭,开庭审理。经过阅卷、调查和询问当事人,对没有提出新的事实、证据或者理由,合议庭认为不需要开庭审理的,可以不开庭审理。第二审人民法院对上诉案件,经过审理,按照下列情形,分别处理:

1. 原判决、裁定认定事实清楚,适用法律正确的,以判决、裁定方式驳回上诉,维持原判决、裁定。

2. 原判决、裁定认定事实错误或者适用法律错误的,以判决、裁定方式依法改判、撤销或者变更。

3. 原判决认定基本事实不清的,裁定撤销原判决,发回原审人民法院重审,或者查清事实后改判。

4. 原判决遗漏当事人或者违法缺席判决等严重违反法定程序的,裁定撤销原判决,发回原审人民法院重审。

第二审人民法院的判决、裁定,是终审的判决、裁定。人民法院审理对判决的上诉案件,应当在第二审立案之日起 3 个月内审结。有特殊情况需要延长的,由受诉法院院长批准。人民法院审理对裁定的上诉案件,应当在第二审立案之日起 30 日内做出终审裁定。

第五节　民事诉讼的再审和执行程序

一、再审程序

再审,是指为纠正已经生效裁判的错误而对案件再次进行审理的程序。再审程序不同于其他诉讼程序,具有补充性、发动主体的特殊性的特点。补充性是指再审程序是一种补充性的救济方式,并不是每个民事案件都必经程序。发动主体的特殊性是指能够启动再审程序的人员是特定。

各级人民法院院长对本院已经发生法律效力的判决、裁定、调解书,发现确有错误,认为需要再审的,应当提交审判委员会讨论决定。最高人民法院对地方各级人民法院已经发生法律效力的判决、裁定、调解书,上级人民法院对下级人民法院已经发生法律效力的判决、裁定、调解书,发现确有错误的,有权提审或者指令下级人民法院再审。

最高人民检察院对各级人民法院已经发生法律效力的判决、裁定,上级人民检察院对下级人民法院已经发生法律效力的判决、裁定,发现有符合法律规定情形的,或者发现调解书损害国家利益、社会公共利益的,应当提出抗诉。地方各级人民检察院对同级人民法院已经发生法律效力的判决、裁定,发现有法律规定情形的,或者发现调解书损害国家利益、社会公共利益的,可以向同级人民法院提出检察建议,并报上级人民检察院备案;也可以提请上级人民检察院向同级人民法院提出抗诉。

当事人对已经发生法律效力的判决、裁定,认为有错误的,可以向上一级人民法院申请再审;当事人一方人数众多或者当事人双方为公民的案件,也可以向原审人民法院申请再审。当事人申请再审的,不停止判决、裁定的执行。当事人的申请符合下列情形之一的,人民法院应当再审:(1)有新的证据,足以推翻原判决、裁定的;(2)原判决、裁定认定的基本事实缺乏证据证明的;(3)原判决、裁定认定事实的主要证据是伪造的;(4)原判决、裁定认定事实的主要证据未经质证的;(5)对审理案件需要的主要证据,当事人因客观原因不能自行收集,书面申请人民法院调查收集,人民法院未调查收集的;(6)原判决、裁定适用法律确有错误的;(7)审判组织的组成不合法或者依法应当回避的审判人员没有回避的;(8)无诉讼行为能力人未经法定代理人代为诉讼或者应当参加诉讼的当事人,因不能归责于本人或者其诉讼代理人的事由,未参加诉讼的;(9)违反法律规定,剥夺当事人辩论权利的;(10)未经传票传唤,缺席判决的;(11)原判决、裁定遗漏或者超出诉讼请求的;(12)据以做出原判决、裁定的法律文书被撤销或者变更的;(13)审判人员审理该案件时有贪污受贿,徇私舞弊,枉法裁判行为的。

当事人申请再审的,应当提交再审申请书等材料。人民法院应当自收到再审申请书之日起 5 日内将再审申请书副本发送对方当事人。对方当事人应当自收到再审申请书副本之日起 15 日内提交书面意见;不提交书面意见的,不影响人民法院审查。人民法院可以要求申请人和对方当事人补充有关材料,询问有关事项。人民法院应当自收到再审申请书之日起 3 个月内审查,符合规定的,裁定再审;不符合规定的,裁定驳回申请。有特殊情况需要延长的,由本院院长批准。

人民法院按照审判监督程序再审的案件,发生法律效力的判决、裁定是由第一审法院做出的,按照第一审程序审理,所做的判决、裁定,当事人可以上诉;发生法律效力的判决、裁定是由第二审法院做出的,按照第二审程序审理,所做的判决、裁定,是发生法律效力的判决、裁定;上级人民法院按照审判监督程序提审的,按照第二审程序审理,所做的判决、裁定是发生法律效力的判决、裁定。

人民法院审理再审案件,应当另行组成合议庭。

二、执行程序

民事诉讼的执行,是指民事诉讼的一方当事人不履行人民法院生效裁判的,人民法院应另一方当事人的申请,以国家强制力,强制当事人履行生效裁判文书所确定的义务的活动。

发生法律效力的民事判决、裁定,当事人必须履行。一方拒绝履行的,对方当事人可以向人民法院申请执行,也可以由审判员移送执行员执行。调解书和其他应当由人民法院执行的法律文书,当事人必须履行。一方拒绝履行的,对方当事人可以向人民法院申请执行。申请执行的期间为 2 年。申请执行时效的中止、中断,适用法律有关诉讼时效中止、中断的规定。申请执行的期间,从法律文书规定履行期间的最后 1 日起计算;法律文书规定分期履行的,从规定的每次履行期间的最后 1 日起计算;法律文书未规定履行期间的,从法律文书生效之日起计算。

发生法律效力的民事判决、裁定,以及刑事判决、裁定中的财产部分,由第一审人民法院或者与第一审人民法院同级的被执行的财产所在地人民法院执行。人民法院自收到申请执行书之日起超过 6 个月未执行的,申请执行人可以向上一级人民法院申请执行。上一级人民法院经审查,可以责令原人民法院在一定期限内执行,也可以决定由本院执行或者指令其他人民法院执行。

被执行人未按执行通知履行法律文书确定的义务,人民法院有权向有关单位查询被执行人的存款、债券、股票、基金份额等财产情况。人民法院有权根据不同情形扣押、冻结、划拨、变价被执行人的财产。人民法院查询、扣押、冻结、划拨、变价的财产不得超出被执行人应当履行义务的范围。人民法院决定扣押、冻结、划拨、变价财产,应当做出裁定,并发出协助执行通知书,有关单位必须办理。

被执行人未按执行通知履行法律文书确定的义务,人民法院有权扣留、提取被执行人应当履行义务部分的收入,但应当保留被执行人及其所扶养家属的生活必需费用。人民法院扣留、提取收入时,应当做出裁定,并发出协助执行通知书,被执行人所在单位、银行、信用合作社和其他有储蓄业务的单位必须办理。

被执行人未按执行通知履行法律文书确定的义务,人民法院有权查封、扣押、冻结、拍卖、变卖被执行人应当履行义务部分的财产,但应当保留被执行人及其所扶养家属的生活必需品。

人民法院查封、扣押财产时,被执行人是公民的,应当通知被执行人或者他的成年家属到场;被执行人是法人或者其他组织的,应当通知其法定代表人或者主要负责人到场。拒不到场的,不影响执行。被执行人是公民的,其工作单位或者财产所在地的基层组织应当派人参加。对被查封、扣押的财产,执行员必须造具清单,由在场人签名或者盖章后,交被执行人一份。被执行人是公民的,也可以交他的成年家属一份。

复习思考题

1. 民事纠纷的解决方式有哪些?
2. 试述民事诉讼的特征?
3. 试述民事之诉的三要素。
4. 试述民事诉讼的基本原则。
5. 试述民事诉讼的基本制度。
6. 试述民事诉讼管辖的确定原则。
7. 试述民事诉讼的证据种类。
8. 民事诉讼中的送达方式有哪些?
9. 试述民事诉讼一审普通程序的主要步骤。
10. 铁路运输法院管辖的案件有哪些?

参 考 文 献

[1]梁慧星. 民法解释学[M]. 北京:中国政法大学出版社,1995.

[2]张志铭. 法律解释操作分析[M]. 北京:中国政法大学出版社,1999.

[3]梁慧星. 裁判的方法[M]. 北京:法律出版社,2003.

[4]王海明. 伦理学原理[M]. 2 版. 北京:北京大学出版社,2005.

[5]舒国滢:法理学阶梯[M]. 北京:清华大学出版社,2006.

[6]陈斌. 运输经济法规[M]. 北京:中国铁道出版社,2008.

[7]朱慈蕴. 公司法原论[M]. 北京:清华大学出版社,2011.

[8]程啸. 侵权责任法[M]. 北京:法律出版社,2011.

[9]郑国华. 交通运输法概论[M]. 长沙:中南大学出版社,2011.

[10]李建伟. 公司法学[M]. 2 版. 北京:中国人民大学出版社,2011.

[11]张长青,郑翔. 铁路法研究[M]. 北京:北京交通大学出版社,2012.

[12]齐凤. 铁路运输经济法规[M]. 北京:北京交通大学出版社,2014.

[13]季令. 铁路运输政策与法规[M]. 北京:中国铁道出版社,2014.

[14]陈家宏,林毅. 交通运输法[M]. 成都:西南交通大学出版社,2014.

[15]江伟,肖建国. 民事诉讼法[M]. 北京:中国人民大学出版社,2015.

[16]孔荣. 铁路运输经济法规[M]. 成都:西南交通大学出版社,2015.

[17]莱因荷德·齐柏里乌斯. 法学导论[M]. 金振豹,译. 北京:中国政法大学出版社,2007.

[18]国家法官学院,德国国际合作机构. 法律适用方法—合同法案例分析[M]. 北京:中国法制出版社,2012.

[19]陈卫佐. 德国民法总论[M]. 北京:法律出版社,2007.

附 录

附录一　民事起诉状（实例）

民 事 诉 状

原告株洲××实业有限责任公司,住所地:株洲市石峰区清水塘。

法定代表人邓××,董事长。　　电话:××××(办)

被告(1)××县银铅矿,住所地:江西省××县长龙镇。

法定代表人何××,董事长。　　电话:××××(办)

被告(2)××县相聚贸易有限公司,住所地:江西省××县衡水镇。

法定代表人何××,总经理。　　电话:××××(办)

诉讼请求

1. 请求依法判令第一被告向原告返回货款 182 183.51 元,第二被告承担连带返还责任。

2. 请求判令两被告承担违约责任 15 685 元(原告利息损失 410 天×182 183.51 元×2.1/10 000＝15 685 元)。

3. 本案诉讼费由两被告承担。

事实和理由

2006 年 2 月 20 日,原告株洲××实业有限责任公司与第二被告××县相聚贸易有限公司经口头协商,由被告向原告供应锌精矿,原告当日向被告转账 15 万元作为预付货款。2006 年 3 月 13 日原告与被告正式签订两份《锌精矿买卖合同》。合同约定由被告向原告提供符合约定质量标准的锌精矿,同时,合同还对付款方式、结算方式均予以明确约定,待验斤、化验数据结果及买方开出增值税发票后,再结清余款。尔后,原告又与被告签订了二份《锌精矿买卖合同》,该合同内容与前两份合同内容基本一致。2006 年 7 月 19 日,原告与第一被告又签订了最后一份《锌精矿买卖合同》,合同有效期截止至 2006 年 9 月 19 日。2006 年 10 月 15 日,第一被告××县银铅矿向原告出具证明,并说明第一被告与原告的锌精矿贸易虽是以第二被告××县相聚贸易有限公司进行的,但实际均是第一被告××县银铅矿。据此,第二被告应对货款返还承担连带法律责任。

合同履行过程中,原告共向被告总计支付了 1 531 075.84 元货款,而被告向原告供应锌精矿总价值为 1 348 892.33 元,远远低于原告所支付的货款。经原告催收,第一被告向原告

承诺于 2007 年 8 月底还款,但被告不讲诚信拖延拒还,直至今日仍拖欠原告货款
182 183.51。有鉴于此,原告特诉至贵院,望判如所请。

　　此致
株洲市石峰区人民法院

具状人:株洲××实业有限责任公司
2015 年 5 月 8 日

附本起诉状副本 2 份。

附录二 代理词（实例）

买卖合同标的物的风险转移，一般以"交付"作为判断标准
——为大唐石门公司买卖合同纠纷一案的代理意见

尊敬的审判长、审判员：

湖南唯楚律师事务所依法接受上诉人（原审本诉被告、反诉原告）××发电有限公司的委托，指派本律师作为诉讼代理人出席法庭审理。依据法庭查明的事实，并结合我国相关法律的规定，本代理律师特发表以下几点代理意见，供合议庭参考并望采纳。

一、《3 号煤场储煤预结算协议》的法律性质。

本律师认为：《3 号煤场储煤预结算协议》属于买卖合同，但是该协议又有其特别之处。2008 年初，湖南突遇冰灾，××发电公司为"调煤保电"，为弥补卖方××公司流动资金的不足，签订了《3 号煤场储煤预结算协议》，该协议分为两个部分，即：第一阶段卖方（××公司）为买方（××发电公司）储煤，确保"调煤保电"，买方为卖方预结算（付款），确保卖方资金充足；第二阶段实际结算，以买方电子轨道衡计量，以买方煤质验收为依据，实行一票结算。此买卖合同双方约定将交易分为两个步骤来完成。打个比方说："我们到商场采购冰箱，我们开始对于冰箱型号还不能确定，因为可能装修还没做完，这时我们可以将货款给付商场，等到一切准备就绪，我们可以电话通知商场送货，以实际送达的货品作为计价的实际依据"。换一句话说：此种类型的交易，首先储煤并预付款项；其次实际交付并实际结算。明确了《3 号煤场储煤预结算协议》的法律性质，就为我们解决本案标的物——"燃煤"的损失风险，提供了逻辑思维的前提基础和适用法律的正确依据。

二、买卖合同标的物损失风险，以交付作为判断标准。

《合同法》第 142 条规定："标的物毁损、灭失的风险，在交付标的物之前由出卖人承担，交付之后由买受人承担，但法律另有规定或当事人另有约定的除外"。由此可见，除法律另有规定或当事人另有约定外，标的物损失风险以"交付"作为基本判断的分界点。故此，如何分析、判断本案标的物的"交付"，就是解决本案的关键之所在。

本律师认为：本案所涉协议，对于标的物的交付，并没有明确约定。××工贸有限公司依据《3 号煤场储煤预结算协议》将标的物（燃煤）存储于 3 号煤场，不应视为标的物已经实际交付，其具体理由阐述如下：

法律对于合同相关条款没有明确约定的时候，这涉及合同解释的问题。当然，合同条款的解释不能各执一词，法律对于合同的解释制定了相应的规则。《合同法》第 125 条规定："当事人对合同条款的理解有争议的，应当按照合同所使用的词句、合同的条款、合同的目的、交易习惯以及诚实信用原则，确定该条款的真实意思。"鉴此，合同法的规定为我们分析本案标的物是否已经交付提供了法律依据和判断标准。

第一，从合同使用的词句、合同条款、合同约定的角度予以判断和分析。《3 号煤场储煤预结算协议》第三条约定："储煤预结算方式：1. 甲方对 3 号煤场实际盘存煤量为预结算煤量；2. 预结算热量：4 700 大卡/千克；3. 预结算价格：420 元/吨；4. 资金支付方式：每旬支付一次，按预结算金额的 95％付款"。据此可见，××公司拖运至 3 号煤场的燃煤，买方仅是履

行"预"的行为,"预"之行为代表预订之含义,并非代表实质之交付。《3号煤场储煤预结算协议》第四条约定:"实际结算方式:1.煤量以甲方电子轨道衡实际过衡量为依据;2.煤质以甲方进厂煤煤质验收报告为依据;3.价格:按合同执行;4.实行一票结算"。从该条的约定,我们可以得知:本案所涉标的物的煤量、煤质均以甲方的轨道衡,煤质验收为依据,此时卖方即完成"交付"的合同义务。卖方可以以标的物的煤量与煤质为依据要求买方给付对价。同时,在国际贸易"FOB"的交易规则中,货物以越过船舷视为"交付",本案也是如此,标的物的交付以货至××发电公司火车车皮视为"交付"。而且,该条中有"验收"之表述,何谓"验",即检验之意,何谓"收"即收到之意。

第二,从交易习惯上予以判断和分析。在法庭调查中,××公司的代理人回答提问时曾陈述:2008年1月9日的协议是2007年6月14协议的业务延续。2007年6月14日《3号煤场储煤预结算协议》第五条第四项明确约定:"场损和热值损失补偿10元/吨",由此可以得知:储存于3号煤场的标的物并未交付,如卖方履行交付义务则买方无须承担储存于3号煤场标的物的损失。同时,从此条约定我们还可以得知:合同双方当事人对于储存于3号煤场的标的物,明知道存在损失的必然,但2007年的协议有约定,买方概括承担10元/吨的损失,而2008年的协议无此约定,明显意味着储存于3号煤场的标的物之损失,概由卖方负责。

第三,从3号煤场的实际使用权为视角予以判断和分析。法庭调查的事实清晰表明:3号煤场地磅的修建、场地的平整、人员的配置、费用的给付等等均由石门神洲公司负责和承担,3号煤场由××公司管理和控制,作为本案合同的买方不可能在3号煤场即取得标的物的所有权,并且卖方将腊树垭煤矿的燃煤再行转运的行为,我们也可管中窥豹,如卖方已履行交付义务,则其何来再行转运之权利。

综合以上三点,本律师认为:储存于3号煤场的标的物并未交付,其标的物的损失风险应由卖方承担。

三、3号煤场的标的物是否处于"双控阶段"? 双控能否作为买卖合同标的物损失风险承担的法律依据?

首先,本案双方当事人均否认3号煤场存在双控,这充分辩驳原审法院关于双控之说,纯属于主观臆断。

其次,3号煤场属于卖方实际控制,本律师曾在第二点论述中有充分阐述,客观事实不容置疑。

第三,关于管理过错的问题。首先,我们应当分析燃煤露天堆放,发生煤量与热值的损耗是"自然因素"还是"管理不善"? 实际管理是否善良与煤量、热值的损失并不具有必然的联系,燃煤露天堆放必有损失,这不以人的意志为转移,它是自然的规律、物质的属性所决定,燃煤无论由谁来控制,无论由谁来管理,它肯定存在损失。所以,本律师认为,原审法院以管理过错衡平标的物损失的风险缺乏科学判断、缺乏法律依据的支持。退一万步来说,即使按照原审判决的逻辑,××公司是3号煤场主要的管理义务人,但判决只承担30%的过错责任,显然于情于理不符,确有欠失公允之嫌。

第四,本案合同双方当事人的燃煤买卖应如何计算的问题。关于《3号煤场储煤预结算协议》第四条实际结算方式已有明确约定,双方按此进行结算应不存在任何争议。

第五,上诉人××公司的上诉请求能否成立的问题。本案在二审法庭调查中,上诉人对于合议庭提出的关于总供货量、热值标准,损失额等等均无法明确作答。依据民事诉讼中"谁主张,谁举证"的证明原则,上诉人对于其上诉请求(一审的诉讼请求)显然属于举证不能,二审人民法院理应驳回其上述。

综上所述,本代理律师恳请二审人民法院根据事实、依据法律公正判决,以维护当事人的合法权益。

湖南唯楚律师事务所律师:孙创前
2012 年 11 月 2 日